発達障害の臨床心理学

次良丸睦子

五十嵐一枝

北大路書房

まえがき

　昨今は LD とか ADHD などの用語を新聞紙上でも見かけることがあるように思います。LD は学習障害（learning disability），ADHD は注意欠陥・多動性障害（attenntion defective hyperactive disorder）の略称で，これから本文でもたびたび出てくる用語です。新聞の話題にもなるというのは，これが今日的問題でもあるからですが，たとえば学級崩壊というのがあります。学級崩壊のみんながみんな LD や ADHD の子どもたちのせいではなく，これはもっと広く社会病理的な原因によるのでしょうが，若干は LD や ADHD などとの関係を連想させないわけではありません。

　LD は勉強のできない子，ADHD は落ち着きのない子で，こういう子どもたちは昔もいたはずですが，昔は要するに「困った子」として，学級のお荷物あつかい，見放されてしまうのがオチでした。しかし（みんながみんなそうではないのでしょうが）こういう子どもたちも「できない子」がけっして怠け者でもなく，「落ち着きのない子」が必ずしも親のしつけがなってなかったからでもなく，じつはこれらはなんらかの意味での身体的器質障害の故なのだという認識が高まってきたのが昨今です。

　LD や ADHD の身体的理由といえば，つまるところ脳の機能にあることになります。それがなにかは未だよくわからないにしても，微細脳機能障害（minimal brain dysfunction：MBD）などということばがあるように，たとえば脳細胞に原因を求めようとしていることは確かです。そして事実，脳科学が進んで，しだいにそれも明らかになりつつあります。かつて CT（computerized tomography）といえば，X 線断層写真としてポピュラーなことばにもなりましたが，今では一歩も二歩も進んだ磁気共鳴画像法 MRI（magnetic resonance imaging）がとって代わろうとしており，それが脳研究に威力を発揮しています。また分子遺伝学が進んで，障害の原因を遺伝子にまで遡って明らかにしつつあります。

　世界保健機構（World Health Organization：WHO）は，障害を疾病（disease），機能障害（impairment），その結果としての能力障害（disability）

または活動の限界（limitation of activity），社会的不利（handicap）または参加の制限（restriction of participation）に分類していますが，こうしたことの背景には，それが治る治らないにかかわらず，発達障害を含めて，とにかくこれをケアと援助の対象としてみるという思想を見逃すことはできません。もっと究極的には，あらためて人間愛と人権尊重でしょうか。

　子は天の授かり，神の恵みであり，宝物であることは昔も今も変わりませんが，多産多死の時代は過去のこと，今，少子化の時代を迎えて，子どもへの期待はいっそう重みを加えています。それに比例するかのように高まっているのが子どもの発達障害への関心で，さればこそLDやADHDが新聞の話題にもなるわけです。本書は発達障害としての，LD，ADHDのほか，自閉症，精神遅滞，てんかん，などについて，そのような今日的関心にこたえるべく，臨床心理学的ケアと援助の視点に重点をおいて述べようとするものですが，そういった本書の意図について，詳しくは共著者による序論の章に譲ります。

　これらの障害の示す症候群として，本書で私はウィリアムズ症候群とサヴァン症候群について述べますが，これらの症例はたいへん少なく，じつを言いますと，私もそれぞれ1例しか経験がありません。それにもかかわらず，せっかちにも本書に採り上げましたのは，このような問題の特異性と意義をぜひお伝えしたかったからです。

　ところが，ウィリアムズ症候群については，本書擱筆の後，ウィリアムズ症候群児6人を中心とした音楽キャンプという研究集会にたまたま参加する機会を得ました。そこで彼らの，噂に違わぬ態様を目の当たりにして，強い印象を受けました。ウィリアムズ症候群とはなにか，については本文を見ていただかねばなりませんが，彼らの身体的特徴としての妖精顔貌は言われるとおりで，『白雪姫と七人の小人』に登場する小人さながらと言ってよいでしょう。実際，物語に出てくる妖精は，ウィリアムズ症候群をモデルにしたものかもしれないという学者もいます。また彼らの度の過ぎた社会性も，一例をあげれば，5歳の男児が美貌の成人女性にまつわりついて，しきりにキスを求めているなどのようすにみられました。言語的に多弁でもあります。

　そのグループが音楽キャンプであったせいかもしれませんが，彼らはみな音楽をよく聞きました。どちらかといえば静かな音楽を好むらしくみえるのは，

音刺激に対する彼らの過敏性によるのかもしれません。あえてサヴァン（天才）とはいいませんが，音の聞き分け（車のエンジン音など）や旋律の記憶はよく，ピアノを弾ける子も当然いました。音楽とウィリアムズ症候群との親和性は本文に書きませんでしたので，（「まえがき」に事後談もおかしいのですが）ここに付け加えるしだいです。

　ついでながら本文で私の紹介した音楽と計算サヴァンの現在のことですが，彼はいま小学3年生になったばかりです。近々予定されている彼のピアノ教室の発表会でベートーベンの『月光』を弾くそうですが，彼は『月光』よりも『悲愴』が好きだそうです。

　もうひとつ，音楽をめぐって。それは私の指導した高機能自閉症児（本文参照）の13歳ごろのことです。彼の言語表出ははなはだ貧困で，会話もなかなか成立しなかったのですが，歌は好きで，しかし歌詞を勝手に替えて歌ったものでした。たとえば『勇気一つを友にして』は次のようになりました。

1．<u>さゆりの涙はさびしくて，友の勇気をだきしめたい。</u>
　<u>勇気を出して，勇気を出して，夢を見つつ，前へ進め。</u>
　勇気一つを友にして。
2．<u>さゆりの涙はさびしくて，友の悲しみをだきしめたい。</u>
　<u>勇気を出して，飛び立った。</u>
　<u>友の力で，前へ進め。</u>
　勇気一つを友にして。

（アンダーラインが替え歌部分）

　末筆になりましたが，本書の執筆にあたり，北大路書房の田中美由紀さんにはたびたび貴重なご意見を頂戴いたしましたことに心より御礼申し上げます。

　2002年4月

著者代表　次良丸睦子

〔編集部注記〕
　ここ数年において，「被験者，児」(subject)という呼称は，実験を行なう者と実験をされる者とが対等でない等の誤解を招くことから，「実験参加者，児」(participant)へと変更する流れになってきている。本書もそれに準じ変更すべきところであるが，執筆当時の表記のままとしている。文中に出現する「被験者，児」は「実験参加者，児」と読み替えていただきたい。

目次

序論　発達障害の心理臨床的課題とその方法　*1*

1．発達障害とは　*1*
2．発達障害と心理臨床　*2*
3．課題と方法：ADHDの症例から　*5*

第1章　精神遅滞　*9*

第1節　精神遅滞とは　*10*
1．定義　*10*
2．発達論モデルと差異論　*11*
3．認知的アプローチによる最近の理論　*12*

第2節　精神遅滞児の特徴　*12*
1．精神遅滞の原因とタイプ　*12*
　(1) 生理的原因　*13*／(2) 病理的原因　*13*／(3) 心理・社会的要因　*13*
2．精神遅滞の現れ方　*13*
3．発達検査・知能検査にみられる特徴　*15*
4．精神遅滞児の問題行動　*15*

第3節　治療教育と技法　*19*
1．行動療法　*19*
2．認知行動療法　*20*
3．遊戯療法　*21*
4．ソーシャル・スキル・トレーニング　*21*
5．音楽療法　*22*
6．カウンセリング　*22*

第4節　援助事例　*23*
症例　A　精神遅滞　*23*
　(1) 主訴　*23*／(2) 目的　*24*／(3) 方法　*24*／(4) 結果　*26*／(5) 考察　*27*

第5節　親への支援・カウンセリング　*29*

第2章　LD（学習障害）　*31*

第1節　LDとは　*32*
1．LDの歴史　*32*
2．LDの定義　*33*

第2節　LDの特徴　*35*
1．行動および学習上の特徴　*35*
2．LDのタイプ　*36*

v

3．LDの診断・評価の方法　37
　　4．心理学的検査にみられる特徴　38
　　　(1) 症例B　38／(2) 症例C　39／(3) 症例D　40／(4) 症例E　41
　　5．LDとワーキングメモリ　41
　第3節　治療教育と技法　42
　第4節　援助事例　45
　　1．症例　F　45
　　　(1) プロフィール　45／(2) 心理検査　45／(3) 治療教育と援助　46
　　2．症例　G　48
　　　(1) プロフィール　48／(2) 心理検査　51／(3) 治療教育と援助　51
　第5節　親への支援・カウンセリング　53

第3章　ADHD（注意欠陥・多動性障害）　55

　第1節　ADHDとは　56
　第2節　ADHDの行動特徴　59
　　1．ADHAの症例　59
　　　(1) 乳幼児期　59／(2) 学童期　60／(3) 思春期以降　61
　　2．ADHDの原因　62
　　3．ADHDと学習困難　63
　　4．ADHDの二次障害　65
　第3節　治療教育と技法　66
　　1．薬物治療　66
　　2．心理・教育的援助　67
　第4節　援助事例　68
　　症例M　68
　　　(1) 生育歴および主訴　68／(2) 受診時の行動特徴と家族　70／(3) 治療教育と援助　70
　第5節　親への支援・カウンセリング　77
　　1．ADHDの診断をめぐって　77
　　2．ADHDと診断されたら　78
　　3．グループ面接　79

第4章　自閉症　81

　第1節　自閉症の脳科学的視点と診断　82
　　1．自閉症とは何か　82
　　2．自閉症の脳科学的視点　84
　第2節　広汎性発達障害　89
　　1．高機能自閉症　89

2．高機能アスペルガー症候群　　90
　　3．高機能非定型自閉症　　92
　　4．特定不能の広汎性発達障害　　93
　第3節　自閉症の行動的特徴　　93
　　1．自閉症者の行動　　93
　　2．自閉症児の学習行動　　95
　　3．自閉症者の精神内界　　96
　第4節　援助事例　　98
　　症例N　　98
　　　(1)　生育歴　98／(2)　精研式CLACⅡ，CLACⅢの結果　99／(3)　知能診断検査の結果　100／(4)　本児の特異的言語行動　102
　第5節　親への支援カウンセリング　　104

第5章　ウィリアムズ症候群　　105

　第1節　ウィリアムズ症候群の定義とその遺伝学的神経学的背景　　106
　　1．ウィリアムズ症候群の特異性　　106
　　2．その遺伝学的神経学的背景　　107
　第2節　ウィリアムズ症候群の症状と行動　　109
　　1．身体的行動的特徴　　109
　　2．視覚認知と運動機能の障害　　111
　　3．知的障害　　112
　　4．言語における特異行動　　115
　　5．成人のウィリアムズ症候群　　117
　第3節　ウィリアムズ症候群と他の症候群との比較　　118
　　1．ウィリアムズ症候群と自閉症　　118
　　2．ウィリアムズ症候群とダウン症候群　　120
　第4節　ウィリアムズ症候群の治療教育とその技法　　121
　　1．心理・行動治療のための心理査定　　121
　　2．心理療法的技法　　122
　第5節　ウィリアムズ症候群の支援ガイドライン　　123
　　1．ウィリアムズ症候群の家族の状況　　123
　　2．親への支援のガイドライン　　125
　　3．就学のためのガイドライン　　128
　　4．ウィリアムズ症候群児の今後の課題　　130

第6章　サヴァン症候群　　131

　第1節　サヴァンの不思議　　132
　第2節　サヴァン症候群に特異な脳機能障害　　133

第3節　サヴァンの症例　136
 1．筆者の出会った症例から　136
  (1) 生育歴　136／(2) 本児の日常行動の特徴　137／(3) 本児にみる日常行動特性　139／(4) 本児における各種心理臨床検査結果　140／(5) 発達臨床心理学の視点から　142
 2．熊谷の紹介する症例から　144
 3．東條・水谷の調査におけるカレンダー・サヴァン　145
 4．トレファートに登場するサヴァンたち　147
第4節　サヴァンの心理学的説明　150
第5節　サヴァンと脳科学　152

第7章　てんかん　157

第1節　てんかんとは　158
第2節　てんかんの特徴　161
 1．てんかんと認知障害　161
  (1) 側頭葉てんかん　163／(2) 前頭葉てんかん　165
 2．てんかんの臨床心理　167
第3節　治療教育と技法　168
 1．神経心理学と神経心理学的検査　168
 2．心因性の問題と親のカウンセリング　170
第4節　援助事例　170
 1．症例P　170
  (1) 主訴　170／(2) 生育歴・病歴　170／(3) 神経心理学的検査　171／(4) 治療教育と援助　171
 2．全般てんかん症例P　175
第5節　親への支援・カウンセリング　177
 症例Q　177

付章　発達臨床における心理査定　181

引用参考文献　199

参考図書　211

人名索引　215

事項索引　217

序論

発達障害の心理臨床的課題とその方法

1．発達障害とは

心理学辞典では，発達障害（developmenntal disorders）を以下のように定義している。
「通常，幼児期や児童期または青年期に初めて診断され，その障害（impairment）の起因が精神的，または身体的であるか，あるいは心身両面にわたり，その状態がいつまで続くか予測することができず，自己管理，言語機能，学習，移動，自律した生活能力，経済的自立等のいくつかの領域で機能上の制限のあるものを発達障害という。したがって，症状が成人期に認められた場合にあっても，症状が幼児期や児童期といった狭義の発達期に生じたと認められれば，発達障害という診断が下される場合がある。
　アメリカ精神医学会のDSM-Ⅳ（APA, 1994）では，18歳未満に発症した明らかに平均以下の知的機能と適応機能の障害をもつ精神遅滞，生活年齢，測定された知能，年齢に応じた教育などから期待される基準よりも相当に低い学業的機能によって特徴づけられる学習障害，生活年齢，測定された知能などから期待される水準よりも相当に低い協調運動能力によって特徴づけられる発達性協調運動障害（developmental coordination disorder），表出性言語障害，受容―表出混合性言語障害，音韻障害などのように，会話，および言語における困難さによって特徴づけられるコミュニケーション障害（communication disorders），これまで自閉症と総称されていた自閉性障害や，アスペルガー障害（自閉的精神病質），レット障害等を含む，多彩な領域における発達の重度の欠陥および広汎な障害によって特徴づけられる広汎性発達障害（pervasive

developmental disorders），不注意および／または多動性・衝動性の著明な症状をもつ注意欠陥・多動障害や，他人の基本的権利あるいは年齢相応の重要な社会規範または規則を犯す行動様式によって特徴づけられる行動傷害等が含まれる注意欠陥および破壊的行動障害（attenntion-deficit and disruptive disorders)等が代表的な障害であるとされている。この他にも，幼児期または児童期早期の哺食・節食障害，チック障害，排泄障害等が含まれている」（『心理学辞典』有斐閣，1999)

また，発達障害の発生メカニズムについては「遺伝子病，染色体異常，胎芽期・胎児期における環境からの有害因子による発生異常，出生に伴う周生期障害，生後早期の外傷，疾患，栄養障害等の原因によって，遺伝プログラムの異常や，発生発達途上における外界からの侵襲（環境要因）もしくはその両者の複合によって個体と外界との円滑な相互作用の実現に支障が生じ，その後の中枢神経系その他の構造・機能システムの形成が部分的，あるいは全般的に阻害された状態といえる。したがって発達障害は，単なる固定的な機能不全ではなく，機能形成不全（すなわち発達の障害）の側面をもつという捉え方が重要になる。生育後の障害が，いったん獲得された機能が失われることによる困難であるのに対し，発達障害は発生，発達途上の異常により，機能，形態の形成・獲得過程に困難が存在する」（西村・小松，1996）と説明されている。

2．発達障害と心理臨床

最近，頻繁に生じている青少年の犯罪について，その背景因子としてADHD（注意欠陥・多動性障害)，LD（学習障害)，アスペルガー障害などがにわかに注目されている。その理由は，いわゆる問題児と見なされるこれら青少年のなかに，情緒が不安定で，落ち着きに欠け，衝動性が高く，キレやすく，学業も不振であり，友人関係も不良で，生活態度にも問題が多い，などなどの特徴をもち，かつてADHD, LD, アスペルガー障害などと診断された既往歴をもつ人が含まれていることによる。そのため，これらLD周辺にある発達障害の子どもたちが，思春期以降において生ずる行動障害の予備軍であるかのごとく考えられている。

顕著な知的遅れがなく，一見すると他の健康な子どもと同じにみえるにもか

かわらず，中枢神経の機能障害による認知発達の偏りをもち，適応に困難を生じているような発達障害の子どもと親の苦悩は大きい。重度の障害児ではなく，「いわゆる障害児と健常児のはざまにある子ども達」（森永，1980）に対して，適切な診断とその後の治療教育的対応，および親子への発達臨床心理学的カウンセリングが重要であるが，従来の障害児の概念におさまらないこのような子どもたちの存在は，社会的にも教育的にもまだ十分な理解が得られていないのが現状である。

　一方で，この数年間の臨床心理学への関心の高まりはいまだに衰えを知らない。大学および大学院で臨床心理学を学び心理臨床の道へ進むことを志す学生が多く，臨床心理学関連の研究科の入学競争率が2桁にのぼる大学院が続出している。子どもを対象にした場合は，親子関係のゆがみ，社会適応の失敗，虐待などに専門家や学生の関心が集まっている。従来，臨床心理学の主流は心因性障害や心身症の患者に対する精神力動的アプローチにあり，臨床心理学の領域ではこれまで発達臨床に積極的関心を向ける専門家が少なかった。この傾向は現在も認められる。

　発達障害と関連が深く，最近発展の著しい研究領域に認知神経科学がある。認知神経科学とは「人間の認知活動を大脳皮質を中心とするその神経系の働きとして，そのメカニズムを具体的に解明すること，言い換えると，心理学，神経科学という学問領域を越えた研究課題・領域で，ヒトの認知能力の生物学的基盤，メカニズムを解明することに重点をおく研究領域」（『心理学辞典』より）である。この認知神経科学的研究の進歩とともに，自閉症スペクトラムや，ADHD, LDなどの認知発達障害の実態と病理が解明されつつあり，おのおのの障害に対する的確な対応の焦点が絞られてきている。また，てんかんやウィリアムズ症候群をはじめとしてさまざまな疾病における認知障害も見いだされている。かつては母子関係や人間関係に由来する心因性の問題と見なされていた行動や症状が，その子どもの認知障害の病理に由来するものであったり，あるいは認知障害の本質を正しく理解されないことから派生した二次障害といわれるものであったりすることがわかってきた。ADHD児の行動問題と適応障害，LD児の認知特性，いくつかの疾病における学習障害，高機能自閉症やアスペルガー障害，非言語性LDにおけるコミュニケーション障害，および青年期での挫

折等々の問題については，従来と異なる心理臨床的視点や，認知神経科学的見地からの理解と対応が必須である。

　このように発達障害における心理臨床的課題が提示されているにもかかわらず，臨床心理学の初学者のなかには，不登校児にも，被虐待児にも，心因性頭痛や腹痛についても，また精神発達遅滞や自閉症にも，ADHDやLDにも，母子関係を重視し深層心理分析と分析的プレイセラピーが適用されると考えている者が多い。あるいは，発達障害を心理臨床の枠外に置いて考える臨床家や学生がいることはきわめて残念なことである。

　近年，発達心理学は，乳幼児期から青年期までの発達に関する心理学的研究から，中高年期や老人期を含む生涯発達心理学へと発展してきている。また一方では，発達上の遅れや異常を呈する子どもや大人への関心の高まりが認められ，発達途上におけるさまざまな障害の内容の解明と今後の課題が注目されている。すなわち，発達障害児・者の発達課題についての心理学的研究と援助への関心もまた高まっている。

　発達障害の心理臨床は，広く認知や情緒の発達に障害をもつ子どもたちを対象とするが，その親や同胞をはじめとする環境全体を視野に入れて心理学的援助を行う必要がある。子ども本人と，家族全体の生活の質的向上をめざさなければならない。そのためには，狭義の臨床心理学的援助にとどまらず，視野の広い駆動性をもった心理臨床でなければならない。最近の発達障害の臨床において，ようやく，関連諸領域と連携して子どもの問題についてより科学的総合的に考えていこうとする兆しがみとめられるようになってきた。さまざまな発達の問題をもつ子どもたちをどのように理解すればよいか，また，どう対処すればよいかについて，教師や相談員など心理・教育現場で子どもと向き合う指導者は切実に指針を求めている。心理学，教育学，医学をはじめとして，その他多領域から発達障害を認知神経科学的に理解し，その新たな視点からの心理学的援助，すなわち治療教育と発達臨床的カウンセリングを行う研究領域が発達臨床心理学であると考える。発達臨床心理学という用語の使用およびその課題については，研究者間にまだはっきりとした合意はない。しかし，これからの心理臨床において重要な実践と研究の分野であることを強調したい。

3．課題と方法：ADHD の症例から

　いまから4年前に出会ったある ADHD の症例は，発達障害の心理臨床的課題と方法を考えるうえで，筆者にとって印象深く，また教えさせられることの多い症例である。

　3歳にもなった女の子なのに，髪を振り乱して走り回る，どこにでも座り込んできれいな洋服を泥だらけにする，レストランでは5分と着席ができない，口のまわりや手を食べ物でベトベトにする，電車の通路を奇声をあげて走り回る，エレベーターの扉が開くと同時に人を突き飛ばして外へ飛び出す。このような行動をとる子どもは，しつけられていないわがままな子どもと周囲に映った。母親は，祖父母や親戚，近所の人々，保育者などから「親のしつけがなっていない」と非難，攻撃され，また，見知らぬ紳士から「バカヤロー」と一喝されることもたびたびであった。母親は，子どもの養育に自信を失い，いらだってこの子をぶったり，きらったりした。また，このような母と子の状態が原因となって，子どもにはチック，爪かみ，自傷，注意引き行動がみとめられた。一方母親には，この子がしばしばパニックを起こすような場所，たとえば電車の中やデパートなどで過呼吸発作が起こるようになり，夫がいっしょでないと電車や自動車での外出ができなくなった。この子の2歳違いの姉は，妹が物を放り投げ，奇声をあげて走り回り，人に叱られる姿を見るたびに，わがことのように縮みあがって，「ごめんなさい，ごめんなさい」と頭を下げた。姉は，夜中に目を覚まして「怖い」「助けて」とおびえて母親に助けを求めた。

　この子が示した行動のなかには ADHD 本来の行動ではなく，周囲の無理解が原因で起こっている二次的な問題行動も含まれている。母親が訪れた相談機関や医療機関では，母子関係や同胞間の葛藤を指摘され，またこの子の奇異な言動は精神遅滞が原因であると判断されている。多動や注意の問題や衝動的言動が，母親のしつけの失敗ではなく，本人の知的能力の欠陥ややる気のなさによるものでもなく，この子のもつ特性であり，このような行動を示す子どもが ADHD であると診断されるまでに，親はいくつもの相談機関や医療機関を転々としている。それまでの間，子どもは社会のいろいろな場面で奇異な目で見られ，子どもたちが楽しむような場所から遠ざけられ，孤立していた。母親もま

た周囲の無理解と地域の偏見のなかで同様に孤立し援助を求めていた。姉は年齢不相応な心理的負担をかかえながら耐えていた。この母子にどのような心理臨床的援助が可能であろうか。心理面接室やプレイルームの中で，セラピストが子どもや親と1対1で向かい合う臨床技法のみでは対応しきれない問題である。この子どもの場合は，発達臨床心理学の専門家と小児神経科医，幼稚園や小学校の教師とが連携して，子どもと両親と姉を含んでの治療教育，医学的ケア，カウンセリングを開始したのである。両親に子どもの行動の本質について説明し，治療教育的指導や薬物治療の導入についての理解を求め，養育方法の変更を提案した。月1回の母親面接（時には父親同伴で）を行って，親の苦しみや不安の解決を援助し，日々の生活の中での子どもへの接し方を話し合った。必要があれば保育者や身近な人々やほかの子どもの保護者にもADHDについて知ってもらう機会をつくった。子どもに対しては，家庭や幼稚園や子どもの小集団の中で，親や他の子どもたちや保育者とのかかわりをとおして，みずからの行動を生活しやすいようにコントロールすることを指導していった。また臨床心理士が姉のために定期的に個別に心理面接を行って，姉の心理的解放を助けた。このような連携による援助のもとでこのADHDの子どもの発達はしだいに統合され，その後，公立小学校の普通クラスに入学した。現在も，行動や言語面で「ユニークだ」といわれる特徴は多々あるものの，クラスの一員として小学校に適応している。

　かつて，自閉症が母子関係に原因がある心因性障害であると考えられた時代があった。その原因論も治療法も誤りであることが明らかになり，新たな治療教育的方法に変更されるまでに長い歳月を要した。脳神経科領域の画像検査技術が飛躍的進歩を遂げ，脳と心のしくみが急速に明らかにされつつある現在では，自閉症の原因論や治療法の変遷にあるような混乱は回避されるようになってきたのであろう。しかしなお，解明されるべき新たな発達障害は存在しており，発達障害の臨床において心理学が果たす役割は多々ある。発達障害についての深い知識と障害の本質を見抜く観察力をもって，子どもとその家族を理解しなければならない。そして，障害の特徴に対応する治療教育と，親子への心理学的援助を行わなければならない。

　本書は発達障害の臨床を学ぶ学生や専門家を対象として，さまざまな認知発

達の問題をもつ子どもとかかわる現場からの最新情報を提供し，発達障害を認知神経科学的に理解することと，新しい視点からの治療教育およびカウンセリングの実際を学ぶことを目的に構成された。

　本書では，精神発達遅滞，LD，ADHD，自閉症，ウィリアムズ症候群，サヴァン症候群，てんかんを取り上げた。そして，健常と従来の重い発達障害の中間に位置し，これまでは見逃されがちであったソフトな障害にも注目しようとしている。これらの発達障害を考えるときに，認知能力の発達はいずれの障害にも共通する重要な要因である。発達の初期に認知の遅れがあり，しかし数年の経過のうちに遅れを取りもどす子どもがいる。一方，ある程度の遅れをもったまま思春期に至る子どももいる。知的遅れがないにもかかわらず認知発達のバランスが悪く，学習困難を示す子どもや，対人関係やコミュニケーションに問題を示す子どももいる。知的遅れがあっても，特別な限定された能力をもつ子どももいる。自閉症児の多くは知的遅れをもつが，なかには高知能の自閉症児も認められる。

　このようにいろいろなタイプの発達障害が存在することは，障害の特徴を明らかにして治療教育とカウンセリングを行うことが必要であることを示している。一部の心理臨床家からは，心理学的検査による発達評価や能力評価に対して「差別」「レッテル貼り」といった非難の声が聞かれないではない。また，障害児に対して特別な教育と援助を行うこともまた，差別であると，きらう人もいる。しかし著者らは，発達障害に生物学的因子の関与が大きくその病理がしだいに明らかにされつつある現在，サイエンスとしての心理学的眼をもって障害を理解してほしいと願うものである。本書ではこのような考えから，認知発達の評価の為の心理学的検査を積極的に行った症例や，治療教育やカウンセリングの継続例を呈示している。ここで取り上げた各障害についての概論や各論については多くの優れた専門書が出版されており，本書の及ぶところではない。著者らが願っていることは，臨床の現場からの詳細な心理・教育的情報を読者に伝えることにより，読者自らが障害の本質を明らかにして治療教育とカウンセリングの方針を決める手がかりをつかみとることである。

　本書が，そのような心理臨床家としての力を養うための一助となれば幸いである。

第1章

精神遅滞

第1章 精神遅滞

第1節　精神遅滞とは

1．定義

　日本では，1953年に文部省（現文部科学省）により「教育上特別な取り扱いを要する児童生徒の判別基準」が示され，精神遅滞は恒久的遅滞としてとらえられている。1962年には「判別基準」を失効させ，「心身障害児の判別と就学指導」（1966）で定義を示し，脳になんらかの障害をもつことが定義の要件としてあげられた。知的障害は脳の器質的障害がない場合でも生じるので，この定義は知的障害に関する狭義の定義に相当する。現在の日本では，1978年の文部省の通達「教育上特別な取り扱いを要する児童・生徒の教育措置について」のなかで知的障害の程度が分類され教育との関係が示唆された（小池・北島，2001）。

　一方，脳の器質的障害を含めず状態像に基づく定義として広く認められている定義には，アメリカ精神遅滞学会 (American Association on Mental Retardation : AAMR) によるものや，アメリカ精神医学会 (The American Psychiatric Association) の診断統計マニュアル第4版（DSM-IV）によるもの，さらに世界保健機構（WHO）の国際疾病分類第10版（ICD-10）による定義があ

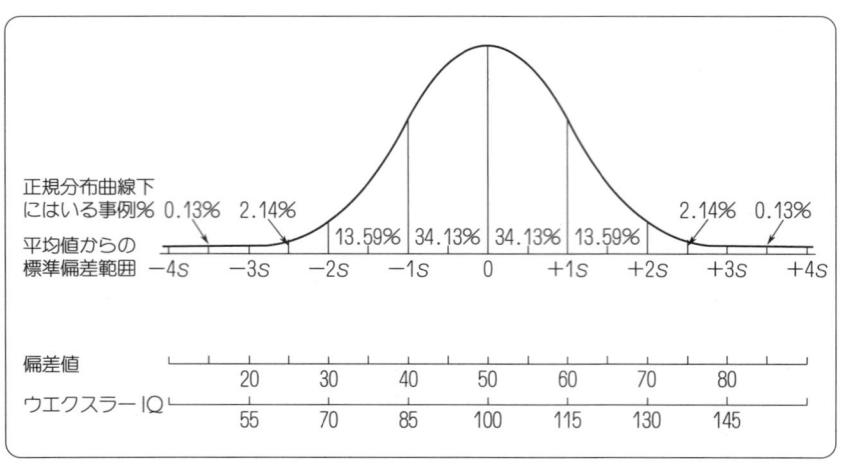

★図1-1　正規分布の標準偏差とIQ

★表1-1 精神遅滞の区分（DSM-Ⅲより）

軽度精神遅滞	IQレベル 50～55からおよそ70
中等度精神遅滞	IQレベル 35～40からおよそ50～55
重度精神遅滞	IQレベル 20～25からおよそ35～40
最重度精神遅滞	IQレベル 20～25以下

精神遅滞，重症度は特定不能：精神遅滞が強く疑われるが，その人の知能が標準的検査では測定不能の場合（例：あまりにも障害がひどい，または非協力的，または幼児の場合）

る。AAMRとDSM-Ⅳの定義はほぼ同じであり，以下，この2つの定義をあわせた内容で紹介する。

精神遅滞（mental retardation）は，明らかに平均以下の知的機能であること，適応機能がその子どもの年齢に対して期待される水準より低いこと，および18歳未満の発症であることの3つの基準により診断される。知的機能は，知能検査によって得られる知能指数（intelligence quotient：IQ）により評価される。知能指数は正規分布（図1-1）を示すが，「明らかに平均以下の知的機能」とは，個別施行による知能検査で，平均より2標準偏差以下，すなわちおよそ70またはそれ以下の知能指数を意味している。また，適応機能については，意思伝達，自己管理，家庭生活，社会的・対人的機能，地域社会資源の利用，自律性，発揮される学習能力，仕事，余暇，健康，安全などの領域において，個人的自立や社会的責任の基準を満たしている程度をさしている。

精神遅滞の重症度は表1-1のように区分される。この区分におけるIQ値は，知能検査の標準偏差（1標準偏差＝15）に基づいているが，検査上あるいは臨床上の要因を考慮して多少の幅を含んでいる。IQが70以上で，平均より1標準偏差以下（IQ 85前後）の場合を境界線級（borderline class）としている。

2．発達論モデルと差異論

精神遅滞児の発達過程については，健常児の発達との比較において意見の対立がみられる。すなわち，以下のような「発達一差異論争」である。「器質的原因によらない精神遅滞児（非器質型）の発達過程について，発達論モデルの提唱者らは，非器質型（生理型）の精神遅滞児の場合，認知構造の高次化の順序は健常児と同じであり，認知構造自体も両者に違いはなく，両者の違いは，高

次化の速度と最終の到達水準のみにすぎないと主張する。これに対して差異論者は、器質型（病理型）だけでなく非器質型（生理型）の精神遅滞児の認知構造も、健常児との場合とは質的に異なっており、認知構造の質的な違いは、認知構造の柔軟性の欠如、短期記憶の障害、弁別学習障害、言語系や定位反応の障害などによってもたらされると述べている」（西村・小松, 1996）。

3. 認知的アプローチによる最近の理論

精神遅滞を説明するための従来の理論は、ウェクスラー法やビネー法の知能検査の理論的基礎となっている「能力」の概念、すなわち、能力は個人がもっている一定「容量」であり、能力はさまざまな課題の遂行を決定していると考えるものである。一方、前川(2001)はカナダのダス(Dass, J. P., 1999)のPASSモデルを紹介して、認知的アプローチからの知的障害の評価の可能性について論じている。PASSモデルは、ルリア（Luria, A. P., 1973）による脳の3つの機能単位に関する理論を基に考案された。想定される3つの機能単位とは、①注意・覚醒 (attention and arousal)、②同時処理 (simaltaneous processing)、継次処理 (sequential processing)、③プランニング (planning) であり、これらの単位は相互に依存し、処理容量の削減に関与している。このような視点から個人の認知的特徴を理解し、障害の状況を説明することにより、個別教育計画や援助の情報を提供できると述べている（前川, 2001）。

第2節　精神遅滞児の特徴

1. 精神遅滞の原因とタイプ

精神遅滞は従来からいろいろに分類されてきたが、前節にもあげたように、なんらかの病的原因によるものを「器質性」、病的原因をもたず家族性に出現するものと、環境的原因によるものとを「非器質型」に分ける方法がある。非器質型は、精神遅滞全体の中で80％を占めるといわれる。本節では、病的原因の有無によるタイプ分けを紹介する。

(1) 生理的原因

知能指数の正規分布（図1-1）のなかで，平均知能から2標準偏差だけ低いほうへ偏ったIQ 70以下に相当する人数は，統計理論上人口の2.27％である。ここに属する精神遅滞は軽度のものが多く，脳障害を伴わず，病的因子の関与もない。家族性に出現しやすい。

(2) 病理的原因

なんらかの病的因子の影響によって，病的過程のなかで脳の発達が障害されたものである。病理的原因として，遺伝因子と外的因子が考えられる。遺伝因子には病的遺伝子や染色体異常があり，外的因子としては，胎生期や出生後の感染，薬物や毒物による中毒，栄養障害，代謝異常，外傷などがあげられる。病理的原因によって生ずる精神遅滞には重症例が多い。

(3) 心理・社会的要因

子どもが育つ環境条件が整わないために，あるいはまったく放置されたために学習の機会が得られず，そのために精神遅滞を生ずることがある。このようにして生じた遅滞は，原因の早期発見と適切な治療教育によって，回復が可能である場合と回復困難な場合がある。その決定要因として，何歳で遅滞に対する治療的処置がとられたか，すなわち発達心理学における発達の臨界期の問題がかかわる。

2．精神遅滞の現れ方

知的機能の障害が重度の場合は，発達の早期すなわち乳児期に障害が発見される。障害が境界線から軽度の場合には，幼児期から学齢に進むまで気づかれないこともある。最近では，どのような障害であれ，障害児への早期治療教育と家族への援助の必要性が強調されている。精神遅滞についても，早期からの発達促進のための療育が試みられている。このような点からも，障害の早期発見と障害の程度の把握は重要である。では，子どもの知的遅れはどのような現れ方をするのだろうか。

子どもは低年齢であるほど未分化であり，精神も身体も全体として機能して

★表1-2　症例A：精神遅滞

暦年齢（CA）：8歳5か月（男）
発達年齢：1歳6か月
発達指数：18

発達プロフィール
　運動24か月　探索・操作18か月　社会性21
　か月　生活習慣19か月　言語13か月

発達経過
　生下時体重3300g，生下時身長50cm
　定頸5か月　初坐り9か月　這う10か月
　つかまり立ち18か月　伝い歩き24か月
　一人歩き30か月　始語（一）

★表1-3　症例B：発達遅滞

暦年齢（CA）：1歳9か月（女）
発達年齢：1歳3か月
発達指数：71

発達プロフィール
　運動11か月　探索・操作18か月　社会性18
　か月　生活習慣21か月　言語18か月

発達経過
　生下時体重2830g，生下時身長48cm
　定頸4か月　初坐り7か月　つかまり立ち
　13か月　一人歩き（一）　始語19か月

いる。精神機能の重要な部分を占める知的機能も同様である。乳児期や幼児期早期では，自閉症などの特殊な発達障害を除いては，身体各部分の動きや全身運動，食事行動なども含む全機能の発達状態が知的機能の発達のめやすとなる。なかでも，首のすわり（定頸），一人すわり，一人歩き（始歩），一語を話す（始語）などがどの時期で可能になったかは，乳幼児の発達が順調であるか否かを知る手だてとなる。健常児の多くは，3か月ごろに首がすわり，15か月ごろまでに一人歩きが可能になり，1歳半ごろまでに一語を話すが，精神遅滞児の場合はこれらの項目の発達経過に遅れが認められる。

　表1-2，表1-3に症例を示す。症例A（表1-2）は，生下時の体重も身長も正常値であり，身体発育は問題なかった。発達過程は，定頸5か月，一人歩き2歳6か月と，乳幼児期から運動機能の発達に遅れが認められている。8歳5か月現在の発達検査では，運動，社会性，興味・関心，言語のすべての発達領域にわたって遅滞が認められる。いまだに有意語をもたない重度から最重度の精神遅滞児である。症例B（表1-3）は，生下時の体重はやや軽めであったが，その後の身体発育は順調であった。定頸4か月，初すわり7か月，始語19か月と，運動機能と言語領域はやや遅い発達経過である。1歳9か月現在の発達検査では，生活習慣は年齢相当の発達をしているものの，その他の発達はやや遅めであり，発達指数は境界線級の遅れを示している。

　各機能の発達のおもなチェックポイントを表1-4に示す。これらの項目につ

★表1-4　早期の発達のチェックポイント

運動	興味・操作（物）	社会性（人）	食事	理解・言語
首がすわる	目で追う	じっと見る	哺乳ビンや食物への反応，催促	喃語
寝返り	握る	あやすと笑う	スプーン・コップ・皿などへの関心	赤ちゃん芸
一人で坐る	手を出す	目で追う		簡単な言葉の理解
つかまり立ち	つかむ	かまわないとぐずる		始語
這う	いじる			
伝い歩き	遊ぶ	人見知り		
一人で歩く		愛着		

いて，母親や保育者が家庭や保育所，幼稚園での子どものようすを注意深く観察し，比較的容易にできるような発達スクリーニングテストを利用することで，軽微な遅れの徴候を発見することが可能である。遅れに気づいたら，専門家による客観的発達診断や知能検査を行って，発達を援助する具体的方法を考えていく必要がある。

3．発達検査・知能検査にみられる特徴

　幼児期の後期以降になると，運動・食事・排泄などの行動や生活習慣の獲得と，知的好奇心や大人や子どもとのかかわり，言語理解と表現といった領域の発達がそれぞれ分化してくる。したがって，知的機能に関連の深い領域で発達の遅れが認められるようになってくる。発達検査を例にとると，探索・操作や，社会性，理解・言語の領域で遅れが顕著になる（図1-2）。歴年齢4歳10か月であるが，探索操作と社会性が18〜21か月，言語21か月と知的機能の発達に遅れが認められる。また，児童期以降では，各種知能検査と社会適応能力検査で遅れが認められる。知能検査は，知的発達の程度を客観的に知るために有効である。生理的原因によるタイプ（表1-5）では，知的能力全般に遅れが認められることが多いが，病理的原因によるタイプ（表1-6）では知的能力にアンバランスが認められることがある。

4．精神遅滞児の問題行動

　精神遅滞児は知的機能に遅れがあるため，新しいことがらを学習したり，記憶したり，応用したりすることに時間を要したり，困難であったりする。年齢

★表1-5 精神遅滞児(生理的原因によるタイプ)の知能検査

全訂版田研・田中ビネー式知能検査

暦年齢	精神年齢	IQ	性別
6歳 1か月	4歳 1か月	67	女

★表1-6 精神遅滞児(病理的原因によるタイプ)の知能検査

WISC-III知能検査

暦年齢　10歳0か月(女)

言語性(V)IQ=60　動作性(P)IQ=47　全検査(F)IQ=49

評価点		評価点	
知識	3	絵画完成	6
類似	1	符号	1
算数	4	絵画配列	3
単語	4	積木	1
理解	6	組合せ	1
数唱	7	記号	2
		迷路	1

言語理解：61　　　注意記憶：73
知覚統合：53　　　処理速度：52

FIQは，中度の知的遅れである。内容的には，VIQ>PIQ有意で知覚統合と処理速度が有意に劣っている。

相応の言語理解や言語表現ができず，周囲の子どもや大人とのコミュニケーションが十分とれない場合もある。情緒の発達にも遅れがあり，感情のコントロールがへたであったり幼稚であったりする。遅れが重い場合は，食事や排泄他の生活習慣が自立していないこともある。幼稚園や保育所，学校や家庭など日常生活のさまざまな場面で，とまどったり，困ったり，恥ずかしい思いをしたり，からかわれたりしがちである。このようなことを背景にして，心因性の問題行動や症状が生じてくることがある。指しゃぶり，爪かみ，頻尿，失禁，常同行動，チックなどがしばしば認められる。さらにストレスが強い場合は，嘔吐，異食，抜毛，自傷行為，攻撃行動などもみられることがある。

　心理的原因を除去してやりストレスを軽減させるとともに，本人の知的発達

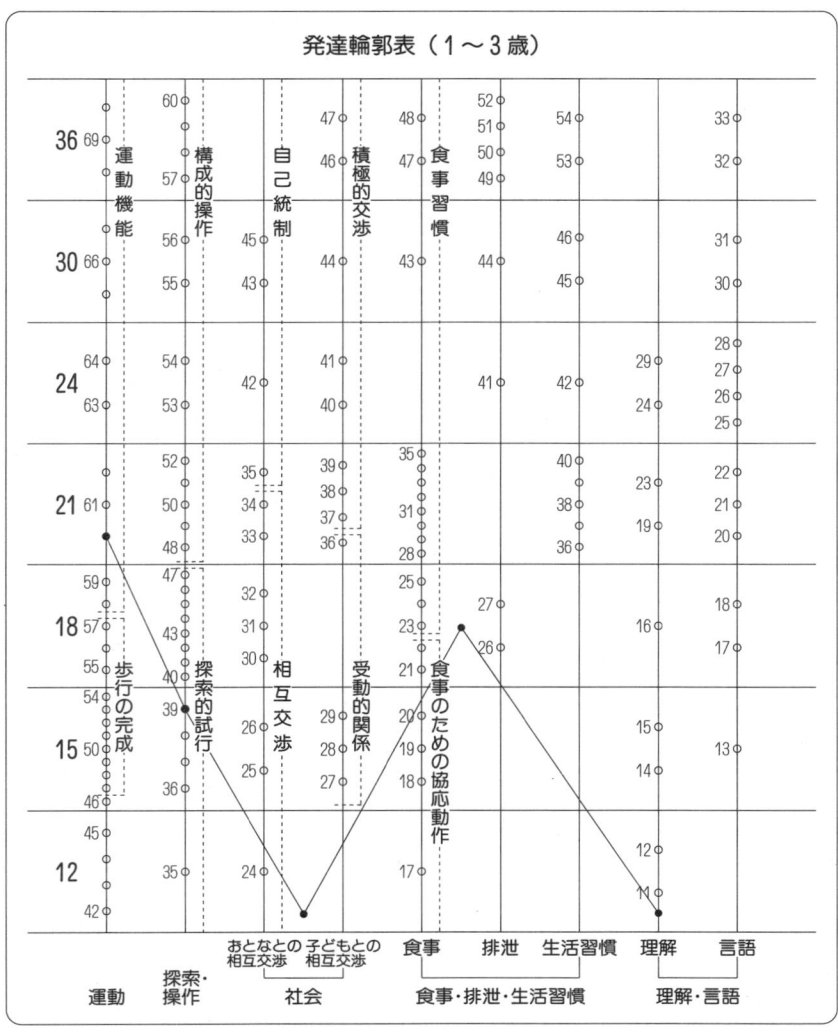

★図1-2a　自閉症児の津守・稲毛式乳幼児精神発達質問紙（男：1歳8か月）

状態と興味や関心を考慮した教育指導が必要となる。これらの行動は，重度の精神遅滞児において，環境変化と無関係に生ずる場合もあり，心因性と区別して対応することが必要となる。

　中根（1999）は，重度の精神遅滞児や自閉症を伴う精神遅滞児にみられる多

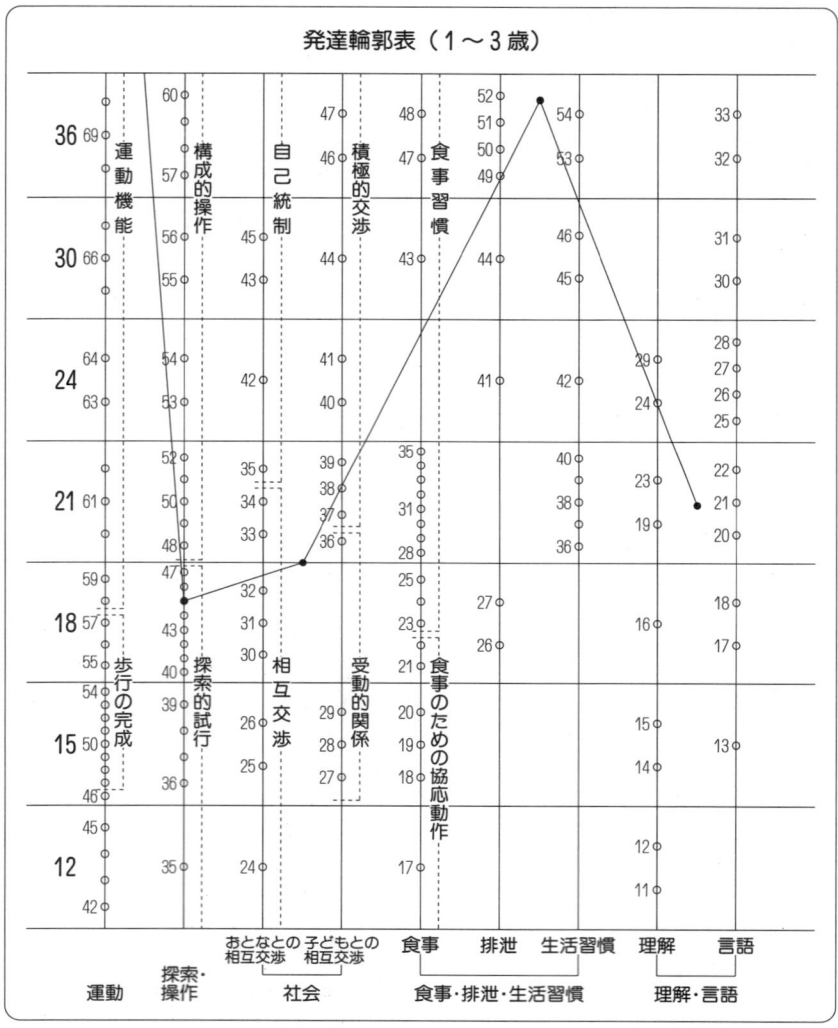

★図1-2b　精神遅滞児の津守・稲毛式乳幼児精神発達質問紙（男：4歳10か月）

彩な行動障害について，行動障害を"障害をベースに起こった社会的に好ましくない，または本人の安全や身体的健康にとって好ましくない，かつ正常には現れにくい行動"と定義したうえで，その生物学的基盤との関係で論じている。
「これらの障害児の発達は，生物学的限界があり，正規にはおこりにくい反応

パターンとしての行動障害がわずかなことで生起し，そこには精神生理的，神経心理学的に正常ではない機構，すなわち，知的判断力の低下，認知能力の障害，言語による表現の困難，感情統制の不全が存在する」。そして，このような行動障害の治療には，非指示的心理療法は無効であるばかりでなく，かえって問題行動をエスカレートさせると強調し，禁止，無視，ほめることといったマイナスとプラスの強化子を用いながら具体的に行動調整を行い，正しい行動を維持，定着させる必要があり，行動療法が基本的には有効であると述べている（中根，1999）。

第3節　治療教育と技法

　第1節の2で述べたように，精神遅滞の発達過程については論争があるが，中根（1999）も述べているように，精神遅滞児の発達に生物学的限界があることは認めざるを得ない。治療教育や臨床心理学的に用いられる技法のなかには，通常レベルの知的発達を前提とするため精神遅滞への適応が不可能なものもある。しかし，技法の中心的考え方は，精神遅滞であっても応用可能なものもある。ここでは，精神遅滞の生物学的基盤を考慮し，また，精神遅滞児の親という視点に立ったときに臨床的に有用であると思われる教育方法と技法について，各技法の「型」にとらわれることなく活用することを提案したい。

1．行動療法

　行動療法（behavior therapy）とは，実験によって証明された学習理論あるいは行動理論を理論的基盤として行動変容を図る治療技法である。人の行動の多くは経験と練習によって獲得されたものであり，問題行動や不適応行動の発生メカニズムや行動修正もこの視点から考えられる。すなわち，「実験的に確立された行動学習の諸原理を応用して，不適応行動を少なくしたり，除くとともに，適応行動を触発し強化する方法（Wolpe, J., 1969），学習理論にもとづいて人間の行動を変容する方法のシステムあるいはプログラム（内山，1988）などと定義される。条件づけ理論は実験的に神経症をつくったりするが，その逆をすれば神経症の治療にもなるわけで，それが行動療法である。したがって強化，

消去，抑制，その他の条件づけの概念や技法が多用される」（次良丸，2000）と定義，説明される。オペラント条件づけ法，脱感作法，モデリング学習法などもこれに含まれる。精神遅滞，自閉症，ADHD，LDなどの発達障害児の治療教育や指導に有効である。

2．認知行動療法

　行動理論に基づく治療法は，従来の心理療法のような内面的なものに治療の焦点を当てず，問題行動や不適応行動そのものを修正することにおいた。しかし近年では，外部から観察できる行動のみではなく，内的なもの，すなわち，考え方や価値観，イメージなど認知的な問題を認めるようになった。認知行動療法（cognitive behavior therapy）は，「行動や情動の問題に加え，認知的な問題をも治療の標的とし，治療アプローチとしてこれまで実証的にその効果が確認されている行動的技法と認知的技法を効果的に組み合わせて用いることによって問題の改善を図ろうとする治療アプローチの総称」（中島ら編，1999）であり，自分自身の行動や態度，感情，思考過程などを客観的な事実として観察し理解すること，すなわち認知することによって，自分の問題行動の現れる状況をいっそう意識できるようになる。また，認知行動療法の応用としての認知行動カウンセリングは，本人や家族のカウンセリングに有用である。「そこには3つの基本的前提がある。①情動と行動は思考によって決まる。②情緒障害はネガティブで非現実的な思考が原因である。③したがってネガティブで非現実的な思考を改めれば情緒的問題は解決する。このように思考という内潜的な認知活動を情動と行動よりも優先させたところに，この名称の由来がある。そこではクライエントに次のことを教える。①情緒的混乱とその原因となるできごとをモニターする。②不適応な思考と信念体系をつきとめる。③思考と情動と行動との関係を理解する。④不適応な思考と信念の証拠あるいは反証を吟味することによって，それを徹底的に検証する。⑤ネガティブな思考を現実的な思考に改める」（次良丸，2000）。

　認知行動カウンセリングは，発達障害児における治療教育および二次障害の治療や，家族のカウンセリングに適用される。

3．遊戯療法

　心理療法は，通常言葉を媒介として行われる。しかし，子どもは言葉によって自分の内的葛藤を十分に表現することはむずかしい。一方，遊びは，言葉で表現できない感情や問題状況など，子どもの内的世界を表現することができる。遊戯療法（play therapy）は，子どもを対象として，遊びの特性を生かして子どもの情緒のゆがみや問題行動を治療する技法である。遊戯療法では，子どもと治療者との信頼に満ちた自由で受容的なかかわりのなかで，子どもは抑圧された感情や欲求や葛藤を表現し，浄化して，みずから成長する力を発揮するといわれる。このような遊戯療法は，情緒や行動の問題が心因性であるときに効果的である。発達障害児の二次障害の治療や，同胞間の心理的問題の治療に適用されるが，問題行動や情緒の混乱が生物学的基盤にある場合は有効でなく，むしろ問題を悪化させる。

4．ソーシャル・スキル・トレーニング

　ソーシャル・スキル・トレーニング（social skill training：SST）とは，人とのかかわり方を学び，不足している社会的相互作用のための知識を補い，不適切な対応を改善し，社会的に望ましい行動を獲得していく技法である。心理学のみならず精神医学，心身障害学，犯罪学，教育学など広い領域が関与し，とくに最近では，発達障害や教育相談などの臨床分野において，治療教育の技法として評価が高まっている。精神遅滞，自閉症，ADHD，LDにも広く適用される。SSTの基本技法は行動療法にある。「一般にクライエントはトレーニングの目的や内容についての教示を受け，モデリングによってスキルを学習し，リハーサルやロールプレイなどでスキルを練習する。治療者は逐次フィードバックを与えたり，強化を与えることによってより適切なスキルを用いることができるように援助する。さらに，こうして獲得された新しいスキルが日常場面に般化するように，家庭への課題（ホームワーク）が課される場合が多い。SSTの技法は，①言語的教示，②モデリング，③行動リハーサル，④強化（フィードバック，報酬），⑤コーチング，⑥問題解決トレーニング，⑦ホームワークからなる。描く技法の順序はケースによって工夫が可能である」（渡辺，1996）

5．音楽療法

　音楽療法（music therapy）は，音楽のもつさまざまな効果を利用して行われる心理療法の総称として用いられている。治療対象と音楽の効果的側面から，①神経症や心身症の患者に心身のリラクセーションを促進するために音楽を用いる方法，②発達障害や情緒障害児に対し音楽を楽しむことによるカタルシス効果などを生かす遊戯療法的利用，③身体機能の回復をめざすリハビリテーション領域での利用，④精神障害者に対する心理療法的利用，⑤老人施設などで交流促進や心身機能増進のためのレクリエーション療法的利用に整理される（中島ら編，1999）。筆者と山下は，本文中で紹介する症例に試みた音楽療法について以下のように定義する。「音楽療法は心理療法のひとつである。音楽を媒体とした活動によって，発達障害児のための治療教育プログラムに沿って行われる。各セッションにはその回の具体的目的があり，そしてさらに，時間をかけ獲得していく長期的な大きな目的がある。一般的に"目的"というと"到達すべき段階"と思われがちであるが，ここでは"発達的変化"といった意味合いでもう少し広いとらえ方をする。指導目的の要点は，①自己表現力を育て，各場面での適切な対応のしかたを学ぶ，②心身ともにリラックスし，情緒の安定を図る，③社会的相互性のスキルを獲得する，の3つである。以上の活動は，指導者とともに個別またはグループで行う。音楽は媒体の役割をもつが，技法全体はソーシャル・スキル・トレーニングの意味合いを強くもっている。したがって，発達障害児全般の治療教育，および社会性の発達に問題をもつ適応困難な子どもたちの治療に有効である」

6．カウンセリング

　カウンセリングは，相談者がもつさまざまな問題の解決に，おもに言語を媒体として心理学的援助を与える技法である。『心理学辞典』（中島ら編，1999）によれば，カウンセリングの概念規定は狭義と広義に分けることができる。すなわち狭義では"パーソナリティ"の再構成への援助に焦点がおかれる。つまり治療がその役割となる。したがってこれは，心理療法あるいは精神療法（とくに短期精神療法）と事実上同義となる。広義にはパーソナリティの成長と統

一に焦点がおかれる。この場合，治療とあわせて開発，予防もカウンセリングの役割と見なす。

　種々のカウンセリング理論があるが，代表的な理論としては，ロジャース（Rogers, C. R.）の「自己理論」，フロイト（Freud, S.）らの「精神分析的理論」，バンデューラ（Bandura, A.）らの「行動療法的理論」などがあげられる。カウンセリングにおいてたいせつな基本姿勢は，①ラポールの形成，②受容と共感的理解，③明確化，の3点である。

第4節　援助事例

　精神遅滞児は，年齢とともにさまざまな心理的要因によって行動や情緒面で問題を呈することが多い。しかし，彼らが学校教育の場以外で治療教育的指導を経験できる環境は少ない。ここでは，問題行動や症状を改善させるとともに，本人のもてる能力を援助し生活の質的向上を図ることを目的として治療教育を試み，成果を得た精神遅滞の症例を紹介する。一症例をとおして，精神遅滞に対する発達臨床心理学的援助の実際を考えたい。

症例A　16歳6か月（女）：精神遅滞

（1）　主訴

　Aは特記すべき既往歴がない精神遅滞であり，ビネー法知能検査によるIQは19である。ただし，検査場面では強い緊張があり，課題に十分応答した結果とはいえない。粗大運動や微細運動は不器用で，日常生活のスキルが身についておらず，注意の集中持続も困難であった。不慣れな場面や人，周囲の会話，人の表情に対する過剰な緊張があり，Aにとって不安なことや気まずいことを相手にくり返し同じ質問をして，答えを何度も求めることにより不安の解消を図ろうとする行動が顕著に認められた。また情緒不安定で，パニックに陥りやすく，人前で大泣きをした。音楽と絵を描くことを好んだが，童謡のCDをくり返し聴き，パターン化した絵をくり返し描くだけで，興味や関心の広がりがなく，無為に過ごす時間が多かった。養護学校の生活は作業中心で，着席して行う単純なくり返しの仕事であり，Aは指示されたことを従順に一生懸命行った

が，作業中の頻尿が顕著に認められた。

（2） 目的

Aは，ウィリアムズ症候群と類似の認知特性をもっており，聴覚的継次処理能力に優れたが，視覚的同時処理が困難であった。そこで，筆者と共同研究者の山下（2000）は，Aが成長過程で親しんできた音楽のさまざまな機能と側面を意図的に使って，過剰な緊張の軽減や，言語による感情表現，知識獲得への意欲など非音楽的行動を達成することを目的とした集団および個別指導を行うことにした（表1-7）。

（3） 方法

〈グループ音楽療法〉

年齢も症状も異なる発達障害児・者6～10人のグループ（エンジョイ・リトミック・グループ：LD，ADHD，自閉症，精神遅滞の幼児から青年を含み，ソーシャル・スキル・トレーニングを目的としたグループで，他章の援助事例の子どもも参加している）を構成し，アシスタントスタッフ4～8人，セラピストとスーパーバイザー各1人から成るグループを構成した。毎月1回60分，身体運動を伴う歌唱，合奏，即興演奏，ボディパーカッション，および主題に沿った絵画制作とその個人発表を行った。家から会場まで問題なく来ること，グループ音楽活動で自分の居場所を見つけながらグループの人々やスタッフとの

★表1-7 グループおよび個別指導の目的

(1) グループおよび個別指導の目的
1. 全 体 活 動：分担・役割習得，ルールの認知，指示理解，即時反応
　　　　　　　模倣・身体表現
2. 小グループ活動：グループミーティング，調和活動・表現力強化，
　　　　　　　参加，協力
3. 個 人 活 動：達成感，自信回復

(2) 個別指導
　　自信回復，注意・集中持続，情緒の安定，積極性

　期　間：1999年5月～2001年8月（2年3か月間）
　　　　グループ 月1回，個別 月2～3回 各60分

コミュニケーションをとること，みんなが理解できるような適切な行動と言葉かけを行うこと，得意とするもので役割を担うことなどをAの行動目標として，ソーシャル・スキル・トレーニング（social skill training : SST）を主体とした。

〈個別指導〉

童謡のCDなどを聞き歌う日常（受動）からみずからの演奏を行うこと（能動）へと指導した。楽譜は読めないが聴覚が視覚より優れていたので，曲を弾き聞かせて演奏指導を行った。手先の訓練のため片手奏法から両手へ，単音から和音へと誘導した。また，自信と満足感を得て緊張を軽減させることを目的に，暗譜した曲を人前で演奏する機会を設けた。ふだんの会話における発音や声量の調整と，言葉の意味理解のために，歌唱による指導を行った。音楽のほかには，日記，漢字ドリル，電卓使用による計算を指導した。個別指導は，月2〜3回，1回につき60分行った。

〈親の教育指導〉

Aは二人姉妹の長女であり，経済的に恵まれた環境でたいせつに育てられたが，保護され過ぎて依頼心が強く，自立の機会が奪われていた。グループ指導と個別指導における内容を実生活で定着させ，さらに応用するために，父兄には家庭において以下の指導を行ってもらった。

① 家庭学習は定時に行い，必ず付き添う。
② 自分の身の回りのことは必ず自分でさせる。やり方がわからないときは，いっしょにやって見せ，もう一度自分でさせる。
③ 服や生活雑貨などの購入は本人にできる限り選択させ，本人の財布のお金で支払わせる。購入した衣類や持ち物の適切な組み合わせ方や，場に合った使い方を教える。
④ 電話を使用（かける，うける，会話する）できるようにする。
（鳴った電話番としてきちんと取り次ぎできるように応答を教える）。
⑤ 文化・教育的な公共の場所（演奏会，観劇，映画，食事会等）に行く機会を設ける。公共と自宅を区別し，言葉づかいやマナーを指導する。

以上の治療教育と親に対する指導とカウンセリングを2年3か月間にわたっ

て行い，MCL チェックリスト，S-M 社会生活能力検査，指導時のくり返し質問の回数記録，個別指導記録，日記帳，絵画ノート，ビデオテープによる行動記録によって経過を検討した。

(4) 結果
〈グループ音楽療法〉
　情緒不安に陥ったときの固執，強迫行動が消失，対人関係や新しい場面における過剰な緊張が軽減し，頻尿が消失した。初対面のアシスタントに対しても自分から声をかけ，かかわりをもつことができるようになったが，年下の，とくに幼児へのかかわり方にはとまどいと不安を示し，緊張が認められた。また，セッション終了後の戸外活動として，アシスタントスタッフや参加メンバーとともにハンバーガーショップへ昼食を食べに行くようになったが，注文や後片づけなどを自分で行い，みんなと同じように行動し会話することが楽しみとなった。

〈個別指導〉
　ピアノ演奏で和音を用いた曲を多く取り入れることにより，手先は不器用だが，3和音をきちんと弾くに至った。さらに，ピアノ演奏会に出演した時点から，人前で演奏することの喜びと自信が得られて緊張が軽減され，ほかのことにも積極的に行動するようになった。曲は聴覚をとおして覚え，メロディーが歌え，聴いたとおりに演奏することができた。しかし，視覚認知の悪さのため，聴いた音を楽譜に書くことは困難であり，ドレミの3音階しか書けなかった。ピアノを弾くことにより集中力が高まり，不安感へのこだわりと同じ質問のくり返しが消失した。何度でも音を確認しながら弾くことに集中できた。

　幼児のころから記憶した多数の曲目のメロディーを右手で弾く段階から，コードを指導することにより不協和音と協和音が意識され，快音，不快音を聞き分けるようになり，自分の声量や強弱にも注意を向けるようになった。

　毎回の日記指導では，初めのころはどんな場面でも最後は「楽しかった」と結んでいたが，「つらかった」「恥ずかしかった」「いやだった」「疲れた」「きれい」「かわいい」といった感情表現を的確に用いることができるようになった。漢字ドリルと計算ドリルの毎日の課題は学習意欲を刺激し，知識を獲得してい

こうという姿勢と，買い物や外食時の金銭の計算や，家事一般における興味などの日常生活における積極的行動を促した。

曲を聴いてイメージを絵に描くイメージ絵画では，Aが当時くり返し描いていた「猫」「星」「団子」のいずれかのみが描かれ，新たに視覚的にイメージすることはきわめて苦手であった。

治療教育開始前後におけるMTCチェックリスト（図1-3）の比較では，とくに秩序形成の改善が顕著であり，S-M社会生活能力検査（図1-4）では，身辺自立，移動，自己統制が向上した。

（5） 考察

精神遅滞の重症度の区分によれば，Aは重度から最重度に位置する重い遅滞であり，Aが示していた問題行動や情緒不安定，身体症状に対して，従来の心理療法や教育指導を行うことは不可能であると考えられ，心理臨床的援助の対象外と見なされてきていた。くり返す同じ質問に対しては叱責か無視をしてやりすごし，パニックに陥ったときには幼児に対するようにあやし，童謡を聞かせ，くり返し同じ絵を描くことを放置し，頻尿にはおむつパットで対処する……といった対策がとられていた。「臨床心理学の観点から，この子に対してしてやれることはないのだろうか」という訴えが両親から出されたのである。

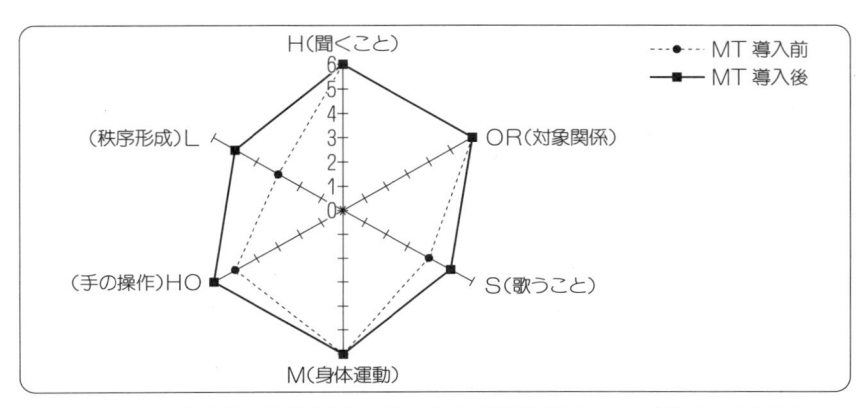

★図1-3　音楽療法（MT）導入前後の変化（音楽行動チェックリスト：MCL）

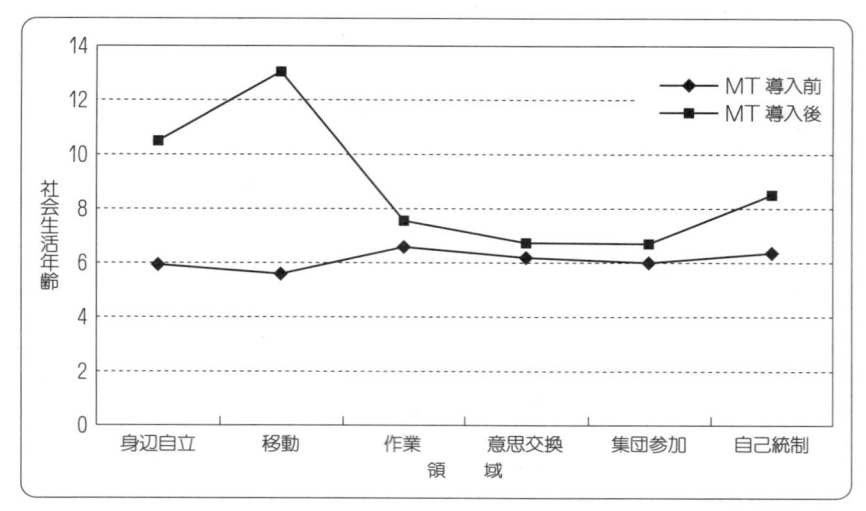

★図1−4　音楽療法（MT）導入後の変化（S-M 社会生活能力検査）

　Aの問題が出現したメカニズムは臨床心理学的に理解が可能であった。筆者らは，臨床心理学の方法論によってAの状態の改善を図ることを検討し，認知的アプローチと行動論的方法が有効であろうと考えた。しかし，言語によるコミュニケーションや思考が困難であり，意欲に欠け，動機が弱く，われわれは心理学的援助の手段に困窮した。その結果考え至ったのが，音楽活動の導入であった。

　音楽活動は情緒に直接働きかける非言語的特性をもっている。Aが好んだ音楽と絵に着目して，この音楽活動の種々の機能を意図的に使用することにより，問題行動や心因性の症状の改善，社会性の獲得，学習意欲と集中力の向上といった非音楽的な行動の変容を達成すること，ひいては日常生活全般の質的向上を図ることをめざしたのである。この方法はきわめて有効であったといえる。また，グループ活動に並行して，関連する内容の個別指導をていねいに行うことが，よりいっそうの改善と発達を促すと思われる。

　わが国の発達障害の領域では，精神遅滞児への取り組みが最も早期から行われてきており，教育環境もLDやADHDや自閉症等に比べると格段に整備されている。しかし，精神遅滞児の内面的生活の向上に関しては，けっして十分

な配慮がなされているとはいえないし，とくに学校教育を終了した青年期の知的障害者が教育・文化的指導を得られる環境は少ないのが現実である。福祉や教育の領域との連携において，行動療法や認知行動療法および親への支援とカウンセリングなどの心理臨床的援助が積極的に行われる必要がある。

第5節　親への支援・カウンセリング

　精神遅滞の親に対する心理学的援助の内容は，知的障害の重症度によって異なっている。境界線級からごく軽度の遅れの場合は，乳児期から幼児期前半までは知的機能の遅れに周囲が気づかないことが多く，「少し言葉が遅い子」「のんびりした子」と思われている。幼稚園や保育所に入ってからも，他の幼児に比べて発達の遅い部分は個人差の範囲と見なされ，相談機関や医療機関でも「そのうち追いつくでしょう」といわれて時が過ぎる。小学校に入学してしばらくすると，読み書き計算などの学習全般の理解が遅いことが明らかになり，ようやく本格的な心理検査や医学検査を受けることを勧められる。しかしこの時点でも，自分の子どもの知的遅れに半信半疑の親が多く，勧められてもなかなか検査・相談機関を訪れなかったり，勧めた人が逆に恨まれたり非難されたりする場合も少なくない。あるいは，理解が遅いのは努力や学習時間の不足が原因であると考えて勉強をさらに強制したりする。

　このような症例には，筆者は月1回の母親面接と子どもの行動観察，および半年から1年ごとに知能検査を行いながら，時間をかけて子どもの発達を母親とともに観察していくことにしている。知能検査の結果はそのつど親に説明をするが，境界線級の知能指数であるほど，その数値が将来変化する可能性を親にいだかせる。わが子の発達のスピードが他の子どもたちと差があることを親が客観的に認め，「いつかは追いつく」「普通になる」という幻想を捨て去るまでじっくりつきあうことが肝要である。

　一方，知的機能の障害が重い症例では，乳幼児期から発達の遅れは明瞭であり，親が過剰な期待をもつことは少ない。むしろ成長発達の希望を失い，あきらめの境地で，あるがままを受け入れようとする。受容的で保護的であるが，後ろ向きの養育になり，子どもの発達を促すことにはならない。われわれがと

る方法は，定期的に子どもに会って，子どもの小さな発達を見つけて親に提示していくことである。そうすることで，親が子どもの養育に可能性を見いだすようになる。重度の精神遅滞児は行動の変容に長い時間を必要とするので，親が息切れしないように，親の努力を支持し続けなければならない。また，行動論的指導方法の導入に対して，「冷たい」「かわいそう」という感想をもつ親が少なくなく，指導に消極的であったり，否定的であったりすることがまれでない。技法の意義や期待される効果についての納得のいく説明を親にすることがたいせつである。

　目標行動の数を少なくかつ低く据える，変化の可能性の有無の判断を親に伝える，養育や教育指導の要点を教える，心理・教育的効果判定を定期的に行い支援するといったことが，精神遅滞児の親の支援と発達臨床的カウンセリングの要点である。

第2章

LD（学習障害）

第1節　LDとは

1．LDの歴史

　1940年代ごろから，知的に正常であり，視覚や聴覚に障害がなく，粗大運動機能にも障害を認めず，環境にもとくに不備な点が認められないにもかかわらず，脳損傷の成人に認められる症状と類似の症状を示す子どもたちの存在が気づかれるようになった。すなわち注意の集中や持続の困難，多動，衝動性，乱暴などの行動上の問題や，種々の学習上の困難がある子どもで，その原因は微細な脳の損傷によるものと考えられた。1950年から1960年には，この障害が中枢神経系の微細な偏りによって生じるとの考えが広まり，医学領域から微細脳機能障害（minimal brain dysfunction：MBD）の用語が提唱された。

　一方，1960年代にMBDの子どもがもつ種々の学習上の問題に対して，心理学，教育学の領域から治療教育を前提としてLDの用語と概念が示された。1963年にカーク（Kirk, S. A.）らは学習障害（learning disabiritites：LD）の用語を提唱し，1967年マイクルバスト（Myklebust, H. R.）は，心理神経学的LD（phychoneurological LD）の概念を提唱した。このLDの概念は社会的に広く支持され，アメリカでは1970年代に教育の領域で急速な広がりをみせた。その後教育領域でLDの子どもたちの治療教育プログラムの作成が試みられ，1980年代以降は，LDは特殊教育の対象となり，LD治療教室が各地に設置されていった。また，MBDの概念は脳障害を想定させるが，程度があいまいで証明が困難であると批判され，しかもLDのすべてが脳障害によるものではないとの見解から，MBDの用語は使われなくなった。この後，MBDの病態は医学領域においては，注意欠陥・多動性障害（ADHD）と特異的発達障害に分類されていく。

　LDには，日本においては1970年代からおもに医学領域で関心が向けられるようになった。LDが学習能力や認知過程の障害であるため，心理学や教育学的視点の必要性が高まり，対象や定義について学際的な議論がなされた。1999年には「学習障害及びこれに類する学習上の困難を有する児童生徒の指導方法に

関する調査研究協力者会議」におけるLDの定義が文部省に報告され，現在は，定義の議論から日本の教育のなかでのLDの指導法の検討へと焦点が移ってきつつある。

2．LDの定義

LDはさまざまに定義されてきたが，1999年に出された文部省（現文部科学省）の研究協力者会議による提議（表2-1）が，現在では日本での公式の定義として使われている。すなわち，LDとは，全般的な知的発達の遅れはないにもかかわらず，聞く，話す，読む，書く，計算する，または推論する能力のうち

★表2-1　全米LD合同委員会（National Joint Committee on Learning Disabilities：NJCLD）によるLDの定義

Learning Disabilities is a generic term that refers to a heterogeneous group of disorders manifested by significant difficulties in the acquisition and use of listening, speaking, reading, writing, reasoning, or mathematical abilities. These disorders are intrinsic to the individual, presumed to be due to central nervous system dysfunction, and may occur across the life span. Problems in self-regulatory behaviors, social perception, and social interacrion may exist with Learning disabilities, but do not by themselves constitute a Learning Disability.

Although Learning Disabilities may occur concomitantly with other Handicapping Conditions (for example, sensory impairment, mental retardation, serious emotional disturbance), or with extrinsic influences (such as cultural differences, inappropriate or insufficient, instruction), they are not the result of those or conditions influence.

（翻訳）全米LD合同委員会，1994
　LDとは，聞く，話す，読む，書く，推論する，あるいは計算する能力の習得と使用に著しい困難を示す，さまざまな障害群を総称する用語である。
　これらの障害は個人に内在するものであり，中枢神経系の機能障害によると推定され，生涯を通じて起こる可能性がある。
　行動の自己調整，社会的認知，社会的相互交渉における諸問題がLDと併存する可能性があるが，それ自体がLDを構成するものではない。
　LDは他の障害の状態（たとえば感覚障害，精神遅滞，重度の情緒障害），あるいは（文化的な差異，不十分ないしは不適切な教育といった）外的要因といっしょに生じる可能性もあるが，そうした状態や影響の直接的な結果ではない。

第2章 LD（学習障害）

★表2-2　文部省（現文部科学省）によるLDの定義（「学習障害及びこれに類する学習上の困難を有する児童生徒の指導方法に関する調査研究協力者会議」，1999）

> 学習障害とは，基本的には全般的な知的発達に遅れがないが，聞く，話す，読む，書く，計算するまたは推論する能力のうち特定のものの習得と使用に著しい困難を示す様々な状態を指すものである。学習障害は，その原因として，中枢神経系になんらかの機能障害があると推定されるが，視覚障害，知的障害，情緒障害などの障害や，環境的要因が直接の原因となるものではない。

★表2-3　アメリカ精神医学診断マニュアル（DSM-IV）によるLDの定義

(APA, 1994)

読字障害 reading disorder
A　読みの正確さと理解力についての個別施行による標準化検査で測定された読みの到達度が，その人の生活年齢，測定された知能，年齢相応の教育の程度に応じて期待されるものより十分に低い。
B　基準Aの障害が読字能力を必要とする学業成績や日常の活動を著明に妨害している。
C　感覚器の欠陥が存在する場合，読みの困難は通常それに伴うものより過剰である。

算数障害 mathematic disorder
A　個別施行による標準化検査で測定された算数の能力がその人の生活年齢，測定された知能，年齢相応の教育の程度に応じて期待されるものより十分に低い。
B　基準Aの障害が算数能力を必要とする学業成績や日常の活動を著明に妨害している。
C　感覚器の欠陥が存在する場合，算数能力の困難は通常それに伴うものより過剰である。

書字表出障害 disorder of written expression
A　個別施行による標準化検査（あるいは書字能力の機能的評価）で測定された書字能力が，その人の生活年齢，測定された知能，年齢相応の教育の程度に応じて期待されるものより十分に低い。
B　基準Aの障害が文章を書くことを必要とする学業成績や日常の活動（例：文法的に正しい文や構成された記事を書くこと）を著明に妨害している。
C　感覚器の欠陥が存在する場合，書字能力の困難は通常それに伴うものより過剰である。

特定不能の学習障害 learning disorder not otherwise specified
　このカテゴリーは，どの特定の学習障害の基準も満たさない学習の障害のためのものである。このカテゴリーは，3つの領域（読字，算数，書字表出）のすべてにおける問題を含む場合があり，個々の技能を測定する検査での成績は，その人の生活年齢，測定された知能，年齢相応の教育の程度に応じて期待されるものより十分に低いわけではないが，いっしょになって学業成績を著明に妨害している。

1つあるいは2つ以上の特定の学習に困難をもつ状態をさすものである。この定義は，全米LD合同委員会の定義（表2-2）を踏襲した内容である。一方，医学領域ではアメリカ精神医学診断マニュアル（DSM-IV）において，アカデミックスキルの視点から学習障害（learning disorders）の記載があり，読字障害，算数障害，書字表出障害に分類されている（表2-3）。また，国際疾病分類10版（ICD-10）では特異的発達障害（specific developmental disorders）に記載されている。

第2節　LDの特徴

　LDの有病率は欧米では5～10％，日本では2～5％であり，男女比は3：1～5：1といわれる。40～60％はADHDを合併し，密接な関連があるもののADHDとは別の障害である。また，約40％にてんかん性脳波異常が認められた報告がある（森永ら，1980）。このようなLDに認められる学習能力の偏りや行動上の特徴は，中枢神経系の軽微な機能障害によると推定される。すなわち親の態度やしつけのしかたや本人の心構えなど環境的・心理的な問題ではなく，脳の機能の発達の問題である。

1．行動および学習上の特徴

　LDの問題は小学校入学後に顕在化することが多い。しかしそれ以前から行動や言語などに問題が認められることが多い。幼児期には言葉の理解と表出のアンバランスが認められることがあり，よくわかっているのにうまくしゃべれなかったり説明できないため，言葉の発達が遅れているようにみえる。上手に話せないときにエコラリアや独り言を言ったり，特異なイントネーションで話したりする。微細運動や粗大運動も不器用であることが多い。スプーン，箸，はさみ，クレヨン等の使い方がぎこちなく，ボタンはめや，ボール遊び，なわ跳びなどがへたである。さらに感情表現や人とのかかわり方の不器用さも認められ，とんでもないときに笑ったり大声を出したり，また，やたらに親しすぎたりきらったりするため，幼稚園や保育所で子どもや大人との関係がうまくいかない場面がある。

★表2-4　LD児にみられる行動特徴

① 落ち着きがなくじっとしていられない。または，全体に動きが鈍くボーッとしている。
② 刺激に反応しやすく集中力や持続力に欠ける。
③ こだわりが強く，一つのことをいつまでも続けて次に移れない。
④ 突然突飛な行動をとったり，大声をあげたり，かっとなりやすい。
⑤ 情緒的に不安定で，緊張が高く，些細なことにおびえたり，泣いたり，傷つきやすかったり，逆にある面では鈍感であったりする。
⑥ 全身運動がへたで，手先の操作も不器用で，音楽，体育，図画工作などが苦手である。
⑦ 時間や日づけの順序，位置関係，道順などが覚えられない。すぐ忘れる。
⑧ 聞くこと，話すこと，読むこと，書くこと，計算，推理などのいずれかまたはすべてに特有な困難がある。

学童期に入ると学習上の困難がはっきりしてくる。知能は低くないにもかかわらず，文字や文章がスラスラ読めない，読めても十分内容の理解ができない，漢字が覚えられない，計算ができないなどの困難が生ずる。あるいは，左右，前後，上下がわからない，地図がわからず迷子になる，時間の観念がないなどのために，学校や日常の生活に支障が生ずる。

このようにLDの子どもには教科学習の困難だけではなく，学習に関連する周辺の行動や認知に問題が認められる（表2-4）。

2．LDのタイプ

学習を行うために必要な情報は，情報の種類によって言語的情報（聴覚的言語，視覚的言語）と非言語的情報に大きく分けられる。また，情報の入力のしかたは受容と表出の2通りがある。この認知過程のいずれかに問題があると学習の困難が生ずる。森永（1993）は，LDを言語性LDと非言語性LDに分類している。言語性LDは，聴覚性言語の障害(聴く，話す)，視覚性言語の障害(読む，書く)に分けられる。算数障害は量的思考や計算を含み言語性LDに分類されているが，視覚認知やオリエンテーションの障害の関与も認められ(Rourke, B. P., 1994)，言語性と非言語性の双方の能力を含む障害と考えられる。

非言語性LDは，行動や対人関係の学習能力の障害で，オリエンテーション障害，運動能力障害，社会的認知の障害に分けられる（表2-5）。医学領域ではDSM-IVの学習障害における読字障害，書字表出障害，算数障害，特定不能の学

第 2 節　LD の特徴

★表 2-5　LD のタイプ

```
       ┌─言語性 LD（聴覚・視覚）
       │   きけない（聴・受）話せない（聴・表）
       │   よめない（視・受）書けない（視・表）
LD ────┼─算数障害（言語性・非言語性）
       └─非言語 LD
           オリエンテーション（左右，前後，上下，遠近，時間）
           協調運動（粗大運動，微細運動，バランス）
           社会的認知（人との相互関係）
```

習障害，および ICD-10 の特異的発達障害における受容性言語障害，表出性言語障害，特異的読字障害，特異的綴字（書字）障害，特異的算数障害が言語性 LD に対応する。このように LD は 1 つのタイプではない。どのタイプであるかによって指導方法が検討されなければならない。LD のタイプは表 2-5 のように分類される。

3．LD の診断・評価の方法

　LD の診断・評価にあたっては，生育歴の聴取，神経心理学的検査，詳細な行動観察が必要である。また，背景になんらかの神経学的異常が想定されれば，脳の機能障害を明らかにするための神経学的医学検査を行うことも必要になる。LD の診断は，各領域の専門家の役割分担によって多面的になされることが重要である。診断・評価の方法を表 2-6 に示す。

★表 2-6　LD の診断・評価の方法

```
＊生育歴，家族歴，既往歴
   保護者からの聴取，記録，医療機関からの報告
＊総合的認知能力
   知能検査，発達検査（WPPSI，WISC-III，ビネーほか）
＊認知，言語，コミュニケーション能力
   K-ABC，ITPA，BGT，Benton，Frostic ほか
＊学習能力
   学力検査，教科ノート，作文，日記
＊情緒，行動，社会性の特徴，運動能力
   行動観察，面接，チェックリスト，運動能力検査
```

4．心理学的検査にみられる特徴

（1） 症例B　8歳11か月（男児）：「話す」「書く」に困難を示したLD

・言いたいことが上手に言葉にならず，相手に伝わりにくい。文章を音読したり書いたりしたがらない。文章を書かせると誤字，脱字が多く，漢字を使いたがらない。絵日記の文章は一文をやっと書いているが，絵は好んで上手に描く。ストレスによる過食と肥満のため長期入院をしており，学習の基礎的

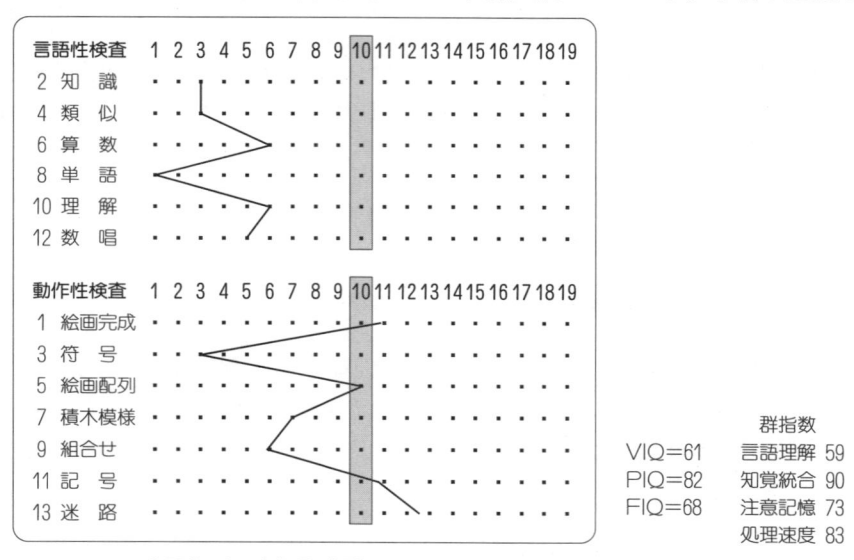

VIQ=61
PIQ=82
FIQ=68

群指数
言語理解 59
知覚統合 90
注意記憶 73
処理速度 83

★図2-1　症例B（男）のWISC-III 知能検査（CA＝8；11）

★表2-7　症例B（男）のITPA 言語学習能力診断検査（CA＝9；6）

		聴覚—音声	PLA	視覚—運動	PLA
表象水準		ことばの理解	8；1	絵の理解	9；0
		ことばの類推	5；1	絵の類推	10；7
		ことばの表現	4；10	動作の表現	6；11
自動水準		数の記憶	4；11	形の記憶	9；4
		文の構成	10；3	絵さがし	10；4

PLA（歳；月）：言語学習年齢

部分も遅れている。
- VIQ＜PIQ で差が大きい。語彙が乏しく，言語表出能力が劣っているが，身振りによる表出もやや劣る。視覚性の記憶保持は良好。言語性の記憶保持は劣っている（図2-1，表2-7）。

（2） 症例C　11歳11か月（女児）：「視覚認知」「対人関係」に困難を示したLD
- 読み書きは問題なくできる。算数の図形問題と計算問題ができない。とくに図形問題はやろうとしない。粗大運動，微細運動とも不器用。友だちとの会話の内容に微妙なズレがあり，対人関係の緊張が強く，吃音がある。友だちとかかわることがきらいではないが，集団適応が不良で，一人でいることが多い。いじめにあい，登校拒否傾向にある。ADD（注意欠陥障害）を合併している。
- VIQ＞PIQ で差が大きい。知覚統合能力が劣る。運動能力が低く，俊敏でなく，集団への参加度が低い（図2-2，表2-8）。

VIQ＝91　　群指数
PIQ＝73　　言語理解　92
FIQ＝81　　知覚統合　72
　　　　　　注意記憶　85
　　　　　　処理速度　80

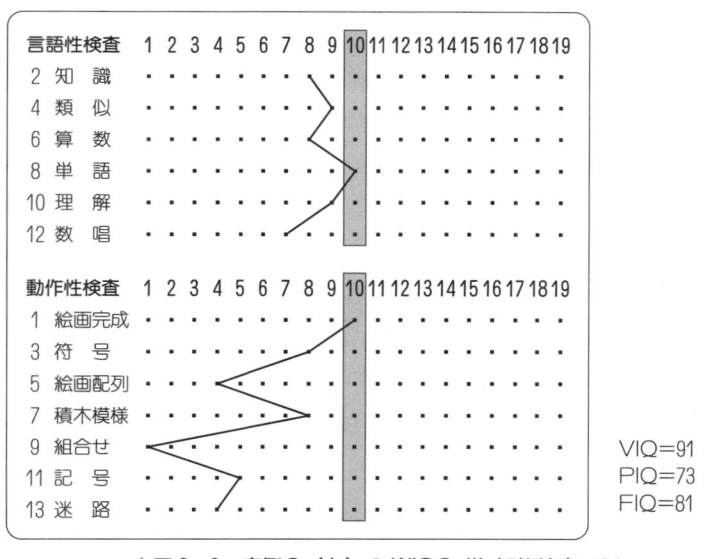

★図2-2　症例C（女）のWISC-III 知能検査（CA＝11；11）

表2-8 症例C（女）のS-M社会生活能力検査
(CA＝11；11　SA＝10；6　SQ＝88)

	SA	（実年齢との差）
身辺自立	11；6	（0；5　）
移　動	7；5	（4；6　）
作　業	13；0	（1；1↑）
意思交換	13；0	（1；1↑）
集団参加	7；3	（4；4　）
自己統制	13；0	（1；1↑）

（3）症例D　5歳9か月（男児）：「話す」「読む」に困難を示したLD

- 友だちと言葉のやりとりができず一人遊びが多い。教えなくてもひらがなを書いているが，読めない。
- 言語性IQ（VIQ）＜動作性IQ（PIQ）で差が大きい。視覚，聴覚ともに刺激の受容は良好で，指さしなどで応答すると年齢以上のことができるが，表出は言葉でも身振りでもむずかしい。視覚的連合能力は高いが，聴覚的連合能力は劣る。記憶保持は視覚性・聴覚性ともに劣る。視覚認知は良好である（図2-3，表2-9，表2-10）。

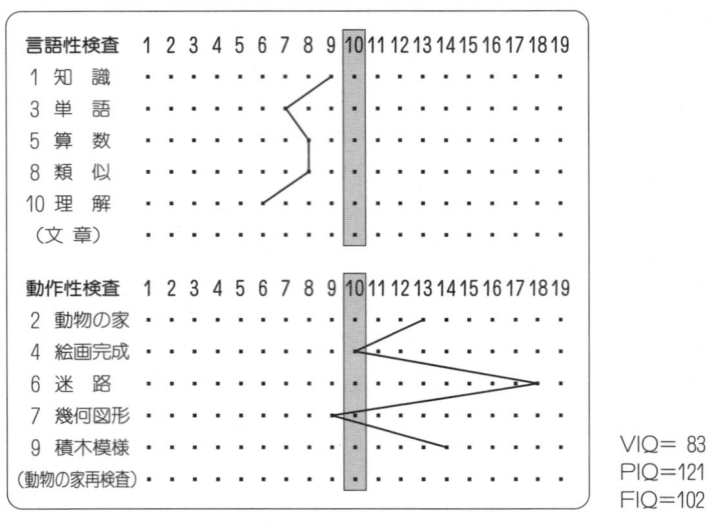

VIQ＝ 83
PIQ＝121
FIQ＝102

図2-3　症例D（男）のWPPSI知能診断検査表（CA＝5；9）

表 2-9　症例 D（男）の ITPA 言語学習能力診断検査（CA=5；11）

		PLA		PLA
	聴覚―音声		視覚―運動	
表象水準	ことばの理解	7；9	絵の理解	8；5
	ことばの類推	4；9	絵の類推	8；9
	ことばの表現	4；2	動作の表現	4；10
自動水準	数の記憶	3；10	形の記憶	4；5
	文の構成	3；6	絵さがし	7；0

PLA（歳；月）：言語学習年齢

表 2-10　症例 D（男）のフロスティッグ視知覚発達検査（CA=5；6）

知覚指数（PQ）=115　CA=5；6

		知覚年齢	評価点
I	視覚と運動の協応	5歳6月	10
II	図形と素地	8歳2月	15
III	形の恒常性	4歳6月	8
IV	空間における位置	6歳6月	12
V	空間関係	5歳9月	10

(4)　症例 E　6歳1か月（女児）：「話す」「聴く」に困難を示した LD

- 文章表現が苦手で自分の思っていることの中心部分だけをパッと話す。「だれが」「どうした」が入らないので，相手に本人の意図が伝わらない。表現したい内容とぴったりの言葉がさがせない。視覚的情報はよく入るが聴覚的情報が入りにくい。歌も1曲完全に歌えるものがない。一般的知識が乏しく，言葉の意味の誤った理解がめだつ。文章を音読するが内容を理解することが困難で，国語に苦慮している。習字や絵は上手で賞をもらっている。ADHD を合併。
- VIQ＜PIQ で差が大きい。注意の集中・持続が困難であり，行動面の問題が学習の大きな支障になっている（図 2-4，表 2-11，表 2-12）。

5．LD とワーキングメモリ

　　LD は ADHD と合併することが多く，両者は臨床的には密接な関連がある。ADHD の症状にワーキングメモリの関与が想定されることが指摘されており（第3章2節），中根（1999）は，ADHD と LD の memory disability に注目し，ADHD の行動異常や LD の読み書き障害がワーキングメモリの容量が小さく並列処理効率が劣ることと関連づけて論じている。筆者らの研究においても（五十嵐ら，2000，2001），これを支持する結果が得られている。バッデリー（Baddeley, A., 1986）により提唱されたワーキングメモリ（第7章2節）は，情報の保持と課題の遂行とが並列的に処理されるような過程の制御に関するダイナミックな記憶システムであり，読み，計算，推論，思考過程といった高次の認知機能の心理学的基盤として機能していると見なされる。ワーキングメモ

第2章 LD（学習障害）

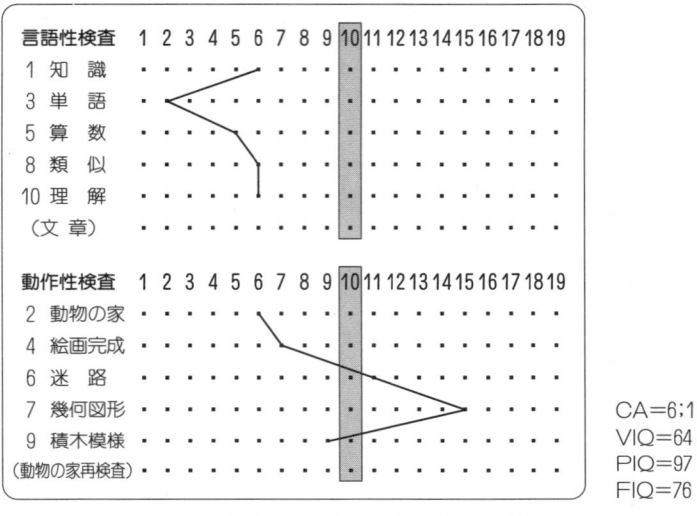

★図2-4 症例D（女）のWPPSI知能診断検査表（CA＝6；1）

CA＝6；1
VIQ＝64
PIQ＝97
FIQ＝76

★表2-11 症例E（女）のITPA言語学習能力診断検査（CA＝6；3）

	聴覚-音声	PLA	視覚-運動	PLA
表象水準	ことばの理解	7；0	絵の理解	4；1
表象水準	ことばの類推	4；5	絵の類推	8；1
表象水準	ことばの表現	4；0	動作の表現	6；11
自動水準	数の記憶	6；6	形の記憶	5；6
自動水準	文の構成	4；1	絵さがし	4；7

PLA（歳；月）：言語学習年齢

★表2-12 症例E（女）のS-M社会生活能力検査（CA＝8；8 SA＝6；8 SQ＝77）

	SA	（実年齢との差）
身辺自立	7；0	(1；8)
移動	6；6	(2；2)
作業	6；7	(2；1)
意思交換	6；8	(2；0)
集団参加	6；8	(2；0)
自己統制	7；4	(1；4)

リは文章の読み書きや読解や算数能力と深くかかわり，したがってLDの解明に重要な概念である。

第3節　治療教育と技法

　LDの子どもたちは，学習の問題のみならずさまざまな行動上の問題をあわ

せもっていることが多い。学習と行動の両面に対する援助が考えられなければならない。LDの子どもへの援助は，"知的に正常であるが特異的な学習困難をもつ子どもの治療教育"を行うことにある。二次障害への対応も，この本質的な障害への援助なくしては効を奏さない。LDの子どもの治療教育については，心理学や教育学の理論や技法の関与が大きい。学力面での援助は個別治療教育が中心になる。治療教育は主として教師が担当する領域であるが，日本ではまだ一般の教師のLDに関する知識が不十分であり，指導方法も体系づけられていないので，必ずしも適切な援助がなされてこなかった。とくに知的レベルの高いLDの子どもの学習困難は，学校においては放置されがちである。親や教師が専門機関への紹介や依頼をためらう傾向も認められる。これまでは，専門機関や医療機関の心理職や言語聴覚士を中心に治療教育の試みが行われてきた。文部科学省は，LDが疑われる子どもに対して，専門家チームによる判定と指導法の助言を行う方向で検討しており，今後は学校教育の現場においてLDの治療教育の援助ができるような教師の養成が急がれる。

　LDは脳の機能の問題が想定される障害であり，いくつかの生物学的原因が考えられる。これからのLDの治療教育を考えるうえで，学習困難や行動の問題をこのような神経生物学的視点からとらえ，認知神経科学的に検討していくことは重要である。LDのタイプによっては，従来の教育で行われてきた健常児への指導法と異なる観点からの指導法が有効であることも少なくない。また，成人の高次脳機能障害における認知リハビリテーションの考え方も，LDの治療教育に応用が可能である。子どもの場合は，脳の可塑性が高く，訓練によって学習に必要な代償機能を獲得することは十分考えられる。不得意なことを治療教育によって補いつつ，得意なことをさらに伸ばすことにより，学習に必要な別の回路が新たに形成される。

　中根（1999）は，以下のようなLDの子どもの指導の原則をあげている。
① 弱い分野に働きかけ，その能力を引き上げたり，弱い領域の時には別の領域を利用して情報の入力を保障し，電卓などの補助手段を活用させる。また，子どもの得意な情報入力を使って再学習させることもたいせつである。
② ていねいな指導，ステップを踏む指導，わかりやすく組み立てられた教材を用いることも必要である。一度にたくさんの指示をすると混乱するので，

わかりやすいメモを作りながら教えていく。その際，1つの指示から始めることがたいせつである。
③　やる気をなくさないように，ねらいを1つに絞り，一生懸命やったことを認めるようにしていく。
④　教師がLD児に質問する場合，答えやすい質問をするのが肝心で，質問のしかたを試しながら，どのようなたずね方をすれば答えられるかを探りながら質問をするようにする。本当にわからないのではなく，どう答えたらよいかわからないことがあるので，質問シートを作り，考える手がかりとしたり，選択肢を作って提示したりして，自信を育てる質問のしかたを工夫することがたいせつである。

　LDは小学校に入学後明らかになることが多いが，問題の徴候は幼児期から認められる。ADHDとLDについて年齢別に問題行動を検討した研究では（五十嵐ら，2000），幼児期では保育所や幼稚園における問題が約50％に認められ，親子関係やチックほかの習癖が約30％に認められた。児童期では友人や教師関係の問題が70％，親子関係や習癖の問題が40〜60％に認められ，登校拒否が20％程度認められた。青年期では友人や教師関係，登校拒否，無気力，うつ状態がそれぞれ約60％に認められ，習癖が約40％に，その他親子関係，非行，暴力といった問題も含むすべての項目に認められた。このように，ADHDやLDの子どもの問題が年齢を追って多様になり，友人や教師関係，学校など対人的，社会的側面がむずかしくなってくることがうかがわれる。

　LDの子どもの多くにみられるADHDの症状や，行動や情緒面の問題に対しては，従来の臨床心理学的アプローチも必要である。基本的技法は他の発達障害の場合と大きく異ならない。すなわち，行動療法，認知行動療法，およびカウンセリングが適用され，これらの技法により子どもの個別または集団治療教育やソーシャル・スキル・トレーニングと，親の指導面接を行う（第1章，第3章，第7章の各第3節参照）。

第4節　援助事例

1．症例F　7歳7か月（女児）：「読む，書く」「視覚認知」に困難を示したLD

(1)　プロフィール

　Fは小学校2年のときに，家庭学習をかたくなに拒否するようになったため，相談に連れて来られた。Fは知的には問題がないにもかかわらず，漢字の読み書きができず，文章が書けず，計算も苦手で，2年生の国語や算数の学習に困難をきたしていた。まわりの人々は「やればできる」「努力が足りないだけ」と見なしてFを叱咤激励したため，すっかり自信を失い勉強ぎらいに陥っていった。Fの当時のようすは以下のごとくである。

国語：漢字や文章の読み・書きができない。とくに音読ができず，2行程度の文の音読も途中で放棄する。口頭で文章は言えるが，書くと時間がかかり，しかも判読困難な文字と文章になる。本人が言った文を母親が書き取り，その文を写すことは可能である。聞いて理解することはよくできる。読み聞かせてもらうことを好み，聞いて理解する詩や物語の内容把握や想像力は驚くほど豊かである。

算数：数字の読み方の誤り（例「750」を「ななじゅうごひゃく」と読む）や位取りの誤りをする。計算が苦手。簡単な文章題は読んでもらうと式をたてることができるが，複雑な問題は式が立てられない。時計が読めない。

その他：左右の認識困難，協調運動障害があり，手足や指の操作が不器用で，リズム運動や楽器演奏に苦慮する。

(2)　心理検査

　Fに行った認知検査の結果は，表2-13のごとく，言語性能力に比較して視覚性認知に著しい困難があるLDであることが，いずれの検査からもうかがえる。本症例に対して，個別治療教育とグループ指導を行った。

第2章 LD（学習障害）

★表2-13　症例F「読む, 書く」「視覚認知」に困難を示したLD (CA＝7：7)

全訂版田研・田中ビネー式知能検査			
	暦年齢	精神年齢	IQ
①	3歳3月	3歳10月	105
②	5歳10月	5歳4月	91

WISC-R 知能検査			
言語性(V)IQ＝98　動作性(P)IQ＝69　全検査(T)IQ＝83			
	評価点		評価点
知　識	9	絵画完成	3＊
類　似	9	絵画配列	8
算　数	6＊	積木模様	6＊
単　語	12	組合せ	5＊
理　解	13	符　号	6＊

フロスティッグ視知覚発達検査		
知覚指数(PQ)＝60以下		
	知覚年齢	評価点
Ⅰ　視覚と運動の協応	3歳9月	5＊
Ⅱ　図形の素地	4歳7月	6＊
Ⅲ　形の恒常性	5歳3月	7＊
Ⅳ　空間における位置	4歳7月	6＊
Ⅴ　空間関係	5歳3月	7＊

K-ABC	
継次処理尺度	94
同時処理尺度	78＊
認知処理過程尺度	83＊
習得度尺度	74＊

＊　平均より1標準偏差以上劣る値

（3）　治療教育と援助

〈個別治療教育〉

　2年生から6年生まで, 月に3回, 1回1時間の個別治療教育を行った。内容は, 宿題をいっしょにやりながら補充学習として1～3年生の計算と漢字を指導した。国語の長い文章や算数の文章題は, 学校では教師が, 家庭では母親や姉が読んでやり, Fが口頭で答えた。その答えを書き取ってやり, つぎにFが書き写した。作文も同様に行った。読むことはできるが書くのに手間どって先へ進めないむずかしい漢字には, ワードプロセッサーを導入した。教科書やドリルをくり返し音読して聴かせ, Fにも音読させることを主眼においた。整

数をはじめ小数や分数の四則計算は電卓を用いた。手先の不器用さのため正確に数字キーを押すことができなかったが、数字を注視してゆっくり正しく押すことを指導した。

Fは国語や算数の勉強に抵抗を示し、私語が多く、いやと言いだすと頑固に泣いて拒否したが、根気よく促し、ほめることに徹して指導した。母親は感性豊かで、LDについての理解があり、家庭で子どもが喜んで勉強に応じるように教材に工夫をこらして個別指導に協力してくれた。4年生以降になると、客観的に自分を見るようになり、現在やっている問題集などの学年を意識し、「何年生のもの？」と毎回聞いたり、他の級友と比較して「もっとできる子がいる」とか「あの人はすごく頭がよくていいなあ」とか「私はやったことをすぐ忘れて頭に残らない」などと言いだした。自己評価が低く、自信がもてず、時として学習を投げ出しそうになった。そのようなときは「マイペースでいこう」と促し、「忘れてしまうことはだれにでもある」と例をあげて話して聞かせ、長い間努力を続けているFの姿勢をたたえた。

Fが苦手とする音読と漢字と計算については、本人の努力と時間の経過に比べれば変化は微々たるものであった。しかしワープロや計算機の使用は上達し、学習をすすめるにあたっての補助手段となり得た。6年生になり、FのようなLDのタイプに理解を示す中学校が見つかり、苦手な国語ではなく、算数のみで受験することが可能になった。夏休みから受験のための勉強を中心に行い、Fは目的意識をもって意欲的に学習に取り組んだ。それまでなかなか暗記ができなかった九九をおぼえ、簡単な面積の計算も暗記して試験に臨んだ。

〈グループ音楽療法（ソーシャル・スキル・トレーニング）〉

日常生活における自信を回復し自尊感情を高めるため、小学校3年生から6年生までの4年間、グループ指導を月に1回行った。グループの構成や内容は第1章の症例と同じで、LDやADHDの子どもを中心とした小グループである。

Fに対しては集団の中での自己実現をめざし、自己表現力を育て、情緒の安定を図り、心身ともにリラックスすることを目的とした。はじめのうちFは不器用で音程やリズムとりが苦手であり、緊張が強く、自信のないことには消極的であった。人前に出て表現することにも強いためらいを示した。そこで、年

少の子どもをパートナーにして，ボールでリズムを刻んだり，向き合って歌にあわせて振り付けをする課題などをいっしょに行わせた。Fは年少の子どもに根気強く教えリードするなかで，みずからも自信と意欲を得たようすがみられた。ある日，Fはみんなの前で一人で音楽に合わせてスキップをする課題に挑戦した。幼いころ，スキップができなくていやな思いをしたことを他の子どもの前で話してから始めた。できないという思いを抱きつつも，Fの意欲とやる気が，見ている子どもや親や指導者に伝わった。

Fの音楽への関心は高く，グループ音楽療法のセッションを楽しみに，4年間毎回休まず通い続けた。苦手なリコーダーで"さようならの歌"を伴奏する役割を引き受け，このことが学校のリコーダーを用いた行事への参加も可能にした。5年生のころには，生活全般にかなりの自信回復をみている。現在Fは必ずセッションの中で自分の見せ場を作り，創作した物語の発表や，年下の子どもの指導を積極的に行っている。文章で書けない内容は，絵や写真で補って創作を発表したり，身振りで子どもたちをリードしたりできる（図2-5，図2-6，図2-7，図2-8）。人前で行うことにも，注目されることにも抵抗はない。自分より年下の者や弱い者に対してやさしい気づかいをみせる。よい方向に安定と集中が認められ，表情が明るく生き生きしており，楽しいことが実感できていると思われる。

2．症例G　12歳11か月（女児）：「漢字」「英語」の困難を示したLD

（1）　プロフィール

特別な既往歴なく，運動発達も順調であった。二語文を話し始めたあとに一時期吃音があり，6歳のころにはチックを認めたが，いずれも消失している。初診時は私立女子中学の1年生であったが，中学に入って，英語の学習に著しい困難をきたしているとのことであった。当時のGのようすは以下のようであった。

国語：漢字が覚えられない。毎日の単元はくり返し読むとある程度スラスラ読め，理解力はある。実力テストや模擬テストなどで初めて読む文章は読みが困難である。

数学：九九，数学の公式が覚えられない，小学校では割合がまったくわからな

第 4 節　援助事例

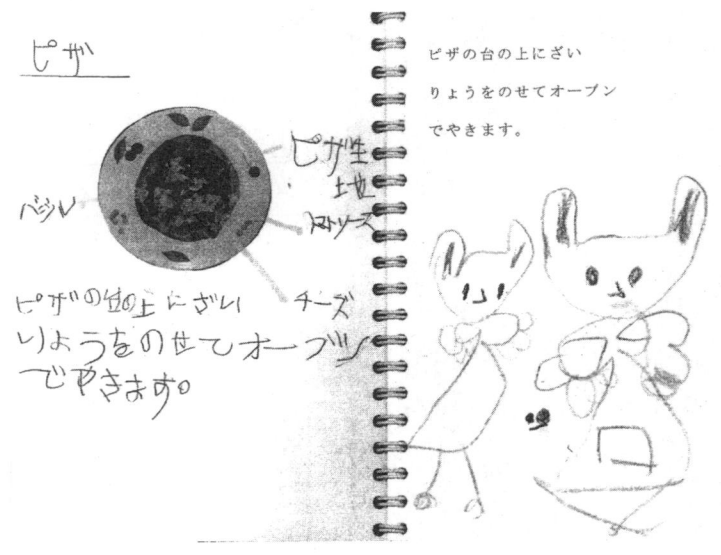

★図 2-5　症例 F の創作①

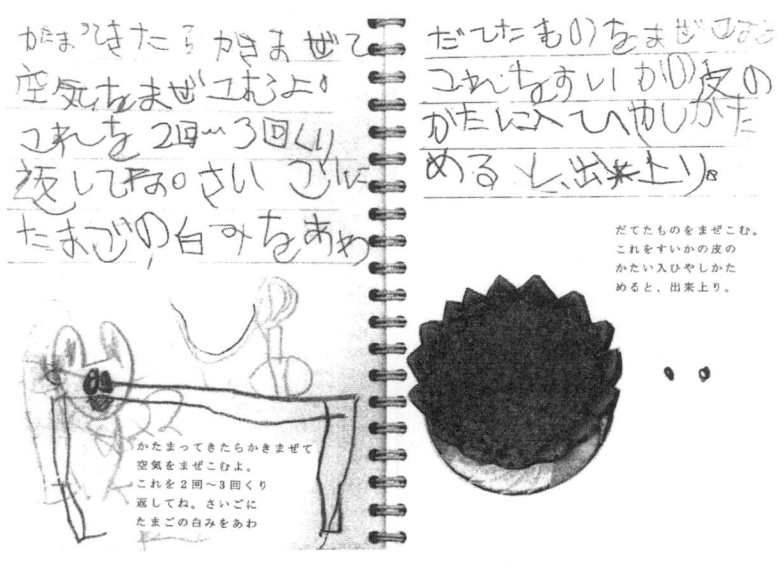

★図 2-6　症例 F の創作②

第2章 LD（学習障害）

（略）
いとこのねるがきまし
た。おりょうり教室の先
生なのでキッチンを
かしてもらいひみつ
でケーキを作ったの

★図2-7　症例Fの創作③

なにやらふしぎな音楽が
聞こえてきました。
タタターカー（？）
ねるは、そのために
ケーキを作っていたの
です。プリンのけん
こうをいのるおたん生
会なのです。プレゼント
には、マイクとぬいぐ
るみをもらったってさ。

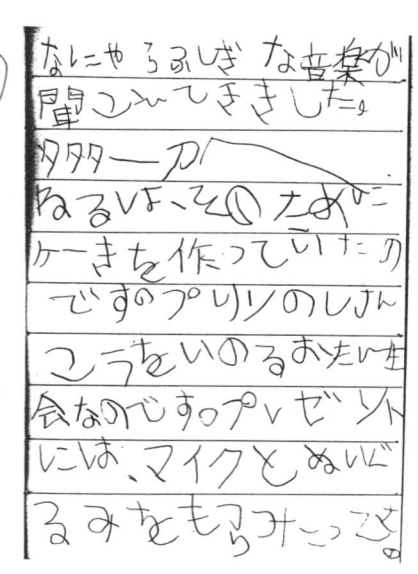

★図2-8　症例Fの創作④

かった。図形問題は得意でいつも満点に近い。総合すると数学の成績は「優」で最も得意な科目である。
英語：アルファベットや単語が著しく覚えられない。くり返し書くことによってようやく覚えられるが，翌日の英単語テストは0点か，良くても10点満点中の3点であった。聴くことが，より困難である。
その他：歴史の年号，人の名前を覚えられない，体育が苦手で走るのが遅く，倒立もできない，1つのことに凝るとそれだけに集中し，他が見えなくなる。興味・人間関係も極端にせまく，友だちができず孤立している。小学校では「変わった子」であるといっていじめられた。中学校では登校拒否傾向にある。

（2） 心理検査

WISC-Rの結果はVIQ, PIQともに高値で，算数以外の評価点は平均以上であった（表2-14）。教科における数学の成績は良好だが，問題を聴いたり読んだりして解答するWISC-Rの算数問題は下位検査中で最も低得点であった。知能検査の他に行った言語性および視覚性の記憶検査はすべて正常であった。

（3） 治療教育と援助

〈個別治療教育〉

Gの毎日の学習は，指導者の助言のもとで両親が交代で指導した。特別の指導機関に通うことをGが断固拒否したためである。各教科の宿題，予習復習，英単語と漢字の毎日のテストが課されており，宿題は両親が分担して手伝いな

★表2-14　症例G（女）のWISC-R　（CA＝12；11）

WISC-R 知能検査				
言語性(V)IQ＝121		動作性(P)IQ＝127		全検査(T)IQ＝126
評価点		評価点		
知識	11	絵画完成	12	
類似	15	絵画配列	15	
算数	9	積木模様	17	
単語	15	組合せ	13	
理解	18	符号	13	
数唱	11	迷路	12	

がらできるだけGの負担を軽くし，英単語と漢字の練習に時間を回すようにした。英単語と漢字は発音しながら書くことを何度も何度もくり返した。また，それらの語を含む短文を作って音読させ，語と音と意味が短文から想起されるようになるまで音読をくり返させた。

　2年生になるころから漢字テストの得点が上昇しはじめて，「漢字はやればできる」と自信を得たが，英単語テストは相変わらず1桁の得点であった。このころから，遅刻と無断欠席がめだつようになり，登校しても友人から離れて一人で本を読んでいた。担任からは，社会性が育っておらず，ソーシャル・スキルがへたである，と指摘されている。2年生の3学期に少数だが友人ができ，交換日記を始める。週の半分が遅刻か欠席だが，友人が熱心にかかわってくれ，なんとか登校を続ける。

　3年生の1学期から，母親が仕事を一時休業して，Gの勉強や趣味（料理）にさらに積極的につきあうようになった。

　高校は無理に進学しなくてもよいとGに伝えたが，本人は進学の希望があり，夏休み明けから自主的に机に向かうようになる。テスト前にも促されずに勉強をしていた。3年生の2学期終了前には，英語の力がついてきて，読解テストが4割くらいできるようになった。「だんだん良くなってきた」と母子でうれしそうにテストを見せる。「あの文章の，あそこに出てきた単語や句」として想起することができる。各教科の宿題も7割程度は提出している。3学期には友人の名前を口にする回数がふえ，電話で長話をしていたり，Gがつくった惣菜を学校にもっていき，先生方に喜ばれるなど，友人や教師との交流が認められるようになる。特定の友人以外とも外出している。3月，高校進学が決定した。

〈グループ音楽療法（ソーシャル・スキル・トレーニング）〉

　Gは対人関係で孤立し，状況にふさわしいコミュニケーションがとれず，登校拒否傾向にあった。小さいころからバイオリンを習い続けており，音楽への関心が高かったので，グループ音楽療法への参加を促した。グループの構成および内容は症例Fと同じである。当初，Gは午前10時の開始時間に遅れることが多く，時にはセッション終了10分くらい前に到着することもあった。他の子どもへの関心は低く，自分からかかわろうとせず，またはかかわり方がわからないのかボーッと立っていた。指示がないと動かず，受け身で，低年齢の子ど

もに対しても自発的に世話をしたりリードしたりする行動はみられなかった。Gが弾けるバイオリンを生かして，歌唱やイメージ表現の課題のときに伴奏や独奏をしてもらうことにした。ピアノを弾く子どもは多くてもバイオリンが弾ける子どもはグループのなかではめずらしく，子どもたちの関心と驚きを誘い「すごいお姉さんだね」「いいね」と子どもたちがGのまわりに集まった。ADHDやLDの子どもたちに曲を弾いて聴かせる役割がGに定着した。

Gがグループに参加したのは1年間であったが，学校行事よりもグループセッションを優先して考えるまでに至り，伴奏者としての位置づけに責任，自信，喜びを見いだしていることがうかがわれた。子どもといっしょに音楽活動をすることへの積極性と自信が認められた。

第5節　親への支援・カウンセリング

筆者らは，過去5年間に小児科を受診したADHDとLDの子どもを対象に，初診時の年齢により幼児・児童（小学生）・思春期（中学生以降）の3グループを構成し，年齢別に問題行動を検討した（五十嵐ら，2000）。幼児期においては多動を中心とする行動の問題と，それに起因する母子関係のゆがみが深刻であり，神経症状態に陥り治療中である母親が複数いた。しかし，子どもの問題に関して積極的に取り組む姿勢の親が多く，療育指導と親のカウンセリングを行うことによって，母子関係が改善して予後の良好な症例が多かった。一方，児童期後期と思春期グループでは，子どもの情緒や性格面での偏りが認められ，不登校，孤立，暴力，非行等を呈した。このような症例では，学業不振と，友だちや教師関係において重い失敗体験を有する症例が多く，また年長に至るまで適切な対応がとられなかった例が多かった。本人への治療教育やカウンセリングが試みられたが，学校や外来診療の枠内での援助による改善が認められない症例も多かった。従来から，ADHDやLDに対する早期対応の重要性は強調されている。筆者らの研究でも（五十嵐ら，2000），幼児期早期に問題を発見し，早い時期に子どもと親や周囲の人々への心理的ケアを開始した症例で予後が良いことが明らかだった。一方，同じ幼児期の問題であっても放置された場合には，後に重篤な問題を生ずることが示唆された。すなわち，子どもの発達

をふまえて親や教師に発達臨床心理学的カウンセリングを早期から行うことが，ADHDやLDの子どもの発達を統合するとともに，親および子どもの二次的問題を予防することができると思われた。

　ADHDやLDの子どもの母親は，社会的にも家庭的にも窮地に追い込まれることが多く不安や苦悩の訴えがしばしばある。うつ状態に陥る母親も少なくなく，心療内科や精神科で治療を受けている母親もいる。こういった例は低年齢の子どもの母親に多く認められる。筆者らは初診時以降からこのような母親の療育相談およびカウンセリングを行ってきた。親の面接は月1回個別に行い，希望者には親グループ面接を月1回行った。とくにLDの子どもの母親の場合は，子どもの行動や学習を指導するうえでの疑問や悩みを聞き，さまざまな問題行動や学習困難に対処する具体的方法をともに考え，子どもの長所を見つけてどのようにして自尊感情を高めるかを話し合った。母親のグループ面接では，母親どうしが情報を交換したり，助言をし合い，母親の子どもへの対応や指導をみずからチェックする機会ともなった。初めて問題行動に気づいた幼児期から，長期にわたる療育相談とカウンセリング，および子どもの行動観察を行ってきた母親では，ADHDやLDに関する理解と心の準備ができ，学童期や思春期に入ってからの子どもの問題の受容もスムーズに行われた。一方，青年期に入って初めて相談を開始した場合は，放置された期間が長く子どもの状態も深刻で，親の対応の範囲を超えており，専門の医療機関に委ねざるを得ない場合もあった。

　LDの子どもの治療教育にあたっては，親の果たす役割が大きい。専門機関で行われる限られた回数の治療教育的アプローチは，家庭において支持，継続されなければ効果は半減する。子どもの障害のタイプ（どのような認知過程が障害されているか）を詳細に説明し，どのような指導法が有効かを見極め，実際に子どもに適応し，親にも（もちろん子どもにも）納得してもらうことが必要である。"子どもを教え導く方法"について，親に発想の大転換を迫る場面も生ずる。子どもの関心を引き，苦手な学習を指導するためには，時には従来の療育のなかでタブーとされた手段も柔軟に取り入れていかなければならない。子どもの変化は緩やかで長い時間が必要であるが，必ずその成果はもたらされることを親に確信してもらえるような援助とカウンセリングがたいせつである。

第3章 ADHD（注意欠陥・多動性障害）

第1節　ADHDとは

　落ち着きのなさ，注意の集中や持続困難，唐突で飛躍した言動といった行動特徴は，運動能力や言語，思考が未熟な幼児期においてはめずらしくない。このような行動は発達過程において当然認められる正常な行動であり，多少の個人差はあっても年齢とともにコントロールが可能になる。一方，なんらかの発達障害がある子どもでは，幼児期を過ぎても年齢相応の行動のコントロールができないことがある。精神発達遅滞や自閉症，あるいはアスペルガー障害の子どものなかにも，このような行動障害が一時期または連続的に認められることがある。さらに，明らかな知的遅れがなく自閉症やその周辺の障害もない子どもで，注意や行動に問題があり，情緒も不安定で日常生活や集団適応に著しい困難をきたす子どもがいる。かつて多動児とか過活動児とよばれ，現在はADHDといわれる子どもである。

　ADHDの概念および用語の変遷もまた，LDと同様にMBD (minimal brain dysfunction：微細脳機能障害) の考え方に端を発している。ADHDの症状は，1940年代ごろから記載があり，知能は正常であって，視覚や聴覚に障害がなく，粗大運動機能にも障害を認めず，環境にも不備な点がとくに認められないにもかかわらず，注意の集中や持続の困難，多動，衝動性，乱暴などの行動上の問題や，種々の学習上の障害が認められる子どもたちが欧米で注目されるようになった。1950～1960年に，この障害が中枢神経系の微細な偏りによって生じるとの考えが広まり，医学領域からMBDの用語が提唱された。一方1960年代にMBDの子どもが呈するいろいろな心理・教育上の問題，すなわち種々の学習上の障害に対して，心理学，教育学の領域から治療教育を前提とした考え方が提示され，現在のLDの概念に展開していくのである（第2章1節参照）。MBDという用語は脳障害を想定させるが，程度があいまいで証明が困難であり，また治療的指向が認められないこともあってしだいに用いられなくなった。現在は，MBDの概念の中核症状であった注意の集中や持続の困難，多動，衝動性について，アメリカ精神医学診断マニュアル（DSM-IV）では注意欠陥・多動性障害（attention-deficit/hyperactivity disorders：ADHD）の用語を用いて

定義している（表3−1）国際保健機構（WHO）の国際疾病分類第10版（ICD-10）では多動性障害（hyperkinetic disorders）と定義しているが，基本的にはDSM-Ⅳの定義と同様である。

　ADHDは，①不注意と，②多動性および衝動性を主症状とする行動の障害である。症状のいくつかは7歳未満に始まり，家庭や学校など複数の場で認められる（広汎性）。不注意は，注意の集中や持続の困難，注意の配分の悪さであり，注意が容易にそれたり注意の転換が困難だったり，忘れ物が多かったり，指示を聞いていなかったり，順序だてて行動できなかったりする。多動性は，一定時間座っていられず立ち歩いたり，手足や体の一部を絶えず動かしていたり，しゃべりすぎたりはしゃぎすぎたりすることで，めだったり，集団からはみだしたりする。衝動性は，質問が終わらないのに出し抜けに答えたり，遊具の使用やゲームの順番が待てなかったり，人の会話や遊びに割り込んで妨害したり，行事や儀式などの場にそぐわない無遠慮で突飛な言動をとったりすることであり，自分勝手な変な子どもだといって，ひんしゅくを買いがちである。①と②の両方を認める混合型，①が中心の不注意優勢型，②が中心の多動性・衝動性優勢型の3タイプに分けられるが，不注意優勢型は多動がめだたず発見されにくいタイプであり，多動性・衝動性優勢型は落ち着きのなさが問題視されやすいタイプである。

　ADHDの有病率は4～12％（Shekin, W. O.,1985）で，家族性に発生する傾向が認められる。男女比は5：1～10：1と報告者により異なるが，男子に圧倒的に多く出現している。ADHDの30～50％に読み障害，書字障害，算数障害，非言語性学習障害などが認められ，学習障害（Learninngdisabilities：LD）と高い頻度で合併する。そのため，ADHDとLDは臨床的には切り離して論じることができないが，ADHDは行動の障害であり，LDとは別の疾患である。また，ADHDの子どものなかには，ささいなことで怒ったりかんしゃくを起こしたり，口論やけんかをしかけたり，その結果暴力沙汰になったり，家庭や社会のルールを無視したりといった反抗挑戦的行動が認められることがある。このような行動は，ADHDの症状に対する適切な理解と対応がなされなかったことによる二次的行動である場合と，ADHDと重複する行動障害である場合とがあり，慎重な対処が必要である。

★表3-1　DMS-Ⅳによる注意欠陥・多動性障害の定義（APA, 1994）

A. （1）か（2）のどちらか：
　　（1）以下の不注意の症状のうち6つ（またはそれ以上）が少なくとも6か月以上続いたことがあり，その程度は不適応的で，発達の水準に相応しないもの：

不注意
　(a) 学業，仕事，またはその他の活動において，しばしば綿密に注意することができない。または不注意な過ちをおかす。
　(b) 課題または遊びの活動で注意を持続することがしばしば困難である。
　(c) 直接話しかけられた時にしばしば聞いていないように見える。
　(d) しばしば指示に従えず，学業，用事，または職場での義務をやり遂げることができない（反抗的な行動または指示を理解できないためではなく）。
　(e) 課題や活動を順序立てることがしばしば困難である。
　(f) （学業や宿題のような）精神的努力の持続を要する課題に従事することをしばしば避ける，嫌う，またはいやいや行う。
　(g) （例えば玩具，学校の宿題，鉛筆，本，道具など）課題や活動に必要なものをしばしばなくす。
　(h) しばしば外からの刺激によって容易に注意をそらされる。
　(i) しばしば毎日の活動を忘れてしまう。

　　（2）以下の多動性一衝動性の症状のうち6つ（またはそれ以上）が少なくとも6か月以上持続したことがあり，その程度は不適応的で，発達水準に相応しない：

多動性
　(a) しばしば手足をそわそわ動かし，またはいすの上でもじもじする。
　(b) しばしば教室や，その他，座っていることを要求される状況で席を離れる。
　(c) しばしば，不適切な状況で，余計に走り回ったり高い所へ上ったりする（青年または成人では落着かない感じの自覚のみに限られるかも知れない）。
　(d) しばしば静かに遊んだり余暇活動につくことができない。
　(e) しばしば「じっとしていない」またはまるで「エンジンで動かされるように」行動する。
　(f) しばしばしゃべりすぎる。

衝動性
　(g) しばしば質問が終わる前にだし抜けに答えてしまう。
　(h) しばしば順番を待つことが困難である。
　(i) しばしば他人を妨害し，邪魔する（例えば：会話ゲームに干渉する）。

B. 多動性一衝動性または不注意の症状のいくつかが7歳未満に存在し，障害を引き起こしている。
C. これらの症状による障害が2つ以上の状況において（例えば，学校 ｛または仕事｝ と家庭）存在する。
D. 社会的，学業的または職業的機能において，臨床的に著しい障害が存在するという明確な証拠が存在しなければならない。
E. その症状は<u>広汎性発達障害</u>，<u>統合失調症</u>，またはその他の精神病性障害の経過中にのみ起こるものではなく，他の精神疾患（例えば：<u>気分障害</u>，<u>不安障害</u>，解離性障害，または<u>人格障害</u>）ではうまく説明されない。

第2節　ADHDの行動特徴

1．ADHDの症例

（1）乳幼児期
症例H　4歳0か月（男児）：ADHD（混合型）

　正常分娩で生まれ，特別の既往歴なく，乳幼児期の発達にも問題がなかった。言語発達は良好で，4か月で「マンマ」，1歳で二語文が言えたが，自分の言いたいことをまわりにおかまいなくしゃべるので，スムーズなやりとりになりにくい。1歳2か月で歩き始めたが，自分の関心のあるほうへ勝手に行きがちであった。母親は，兄に比べてHの発達が「どこか変だ」と感じていたが，医療機関や相談機関では3歳ぐらいまでようすをみようといわれ，疑問をもちつつ放置した。2歳半ごろから多動がめだちはじめた。いくつかのおけいこの教室に入会するが，着席せず走り回っているため，ほかの母子から苦情が出て，いたたまれなくなって退会している。危険をかえりみず走り回り，まわりの物に手を出したり，知らない人にしゃべりかけたりする。外出時には飛び出しを制止するために母親以外にもう一人，大人の同伴が必要であり，母子2人で外出することができない。非常に多動である一方，好きな内容のビデオなどは2時間でもじっと見入っていて，まわりのことには無頓着になる。理解力や語彙は年齢以上の良好な発達をしており，知識欲も旺盛で，知的能力は高いと推測されるが，多動と集中力欠如が著しく，知能検査など個別検査の施行は困難であった。

　ADHDは幼児期に入ってから気づかれることが多い。幼児期によくみられる行動を表3-2にあげた。多動や衝動性が強く出ており，まわりを困惑・混乱させて本人もパニックに陥ることがしばしばある。乳児期では，「よく動いてオムツがかえにくい」「気むずかしく情緒不安定」「睡眠のリズムが一定しない」といった母親や保育者の感想が聞かれることがある。

★表3-2　ADHDの幼児期

- 落ち着きなくいつも動き回っている
- 広い場所で走りまわる
- 危険がわからずけがをしやすい
- 程度や限度がわからず，ほかの子どもにけがをさせる
- 順番が待てない
- 突然手を出す
- しゃべりすぎる
- ささいなことでパニックを起こす

（2）　学童期

症例 I　6歳9か月（男児）：ADHD（多動性・衝動性優勢型＋LDの疑い）

　正常分娩で生まれた。特別な既往歴なく，始歩11か月，二語文1歳と，発達は良好だった。ただ，乳児期からよく動く赤ちゃんだった。保育所に入ってからは，飛び出していってクラスの中にいられない，列に並べない，注意が長続きしない，集団行動がとれない，といったことを指摘され続けた。言葉はよくわかっていて，聴いて覚えることは得意であるが，目で見て覚えることはまったく苦手であり，就学後の適応と学習困難が心配された。小学校入学後は，着席を続けることができず，体のあちこちを動かして落ち着かない，調子にのりすぎて止まれない，おしゃべり，今言われたことをすぐ忘れる，感情をコントロールできず，喜怒哀楽が激しい，行動やしぐさが粗雑で乱暴などで，集団の中でめだっている。集中力を要する勉強をいやがり，家庭学習も逃げてやろうとしない。学校へ行くことや，友だちとかかわることはけっしてきらっていないが，教室ではトラブルメーカーになって叱られることが多く，学習も身についていない。学校でも家庭でもひどく叱られることが多く，いろいろな点で「困った子ども」「ダメな子ども」と見なされている。小児神経科医に薬物療法をすすめられたが，両親と祖父母に意見の相違があり，まだ試みられていない。

　小学校に入学当初のADHDの子どもには表3-3(低学年)のような問題行動が認められる。多動性がめだっており，とくに着席困難は他の児童に与える影響が大きく，クラスにおける重大な問題となる。また，注意を集中・持続できないために，聞き漏らしや聞き間違い，見誤りなどが生じ，知的能力は正常であっても学習のつまずきが始まる。このような状況にあっても，低学年のうち

★表3-3　ADHDの学童期

低学年	中・高学年
・着席ができない ・全体集会で並んでいられない ・頭に浮かんだことをすぐにしゃべりだす ・鉛筆，消しゴムなどをすぐになくす ・宿題や約束ごとを忘れる ・勉強に集中できない ・ささいなことにいつまでもこだわる ・感情のコントロールができずすぐパニックになる	・忘れ物が多い ・整理整頓ができない ・遅刻が多い ・授業中にボーッとしている ・ノートをとらない 　（好きな絵を描いたり，本をみたり） ・質問にあわない受け答えをする

はADHDの子どもは自分の評価について深刻に受け止めず，周囲の否定的感情にもあまりめげることなく登校し，友だち関係を結ぼうとする。中高学年に移行するようになると，表3-3（中・高学年）のような行動が認められるようになる。目に見える多動は少なくなるが，不注意による問題行動が顕著になりがちである。着席していても注意は他にとられて授業を聞いていなかったり（ボーッとしているようにみえる），絵をかいたり，教科書の他のページを見たりしている。質問されるとあわててその場をとりつくろうが，答えは的をはずれている。自分の持ち物や机の引き出しの中の整理整頓ができないので，いつも捜し物をしていたり，他の子どもの集合に間に合わなかったりする。クラスや学校の中でめだって「ダメな子」「ドジな子」というイメージが強くなっていく。学業のつまづきは徐々に拡大して，高学年になるころにはどこから手をつけていったらよいか途方にくれ，さらにやる気も失せてしまう。このようなことから，意欲のなさ，自信のなさ，自尊感情の低さといった二次的な心理的問題が現れてくる。

（3）　思春期以降

症例J　19歳2か月（女子）：ADHD（混合型）

　小さいころから落ち着かず，もの覚えが悪く，不器用で整理整頓ができない，と母親に叱られて育った。人の話を聞いても要点をまとめることができない。1度に2つのことを頼まれると1つを忘れてしまう。相手に自分の気持ちや考えを伝えるときに，どこから話していいか混乱して順序がメチャクチャになる。

話を聞くときにはメモをとり、話すときには必ずノートに書いてから話をするようにしている。他者との距離が適度に保てない。相手のことを考えずに長時間一方的に話をしたり、長居をしたりする。友人や恋人から最後には「いい人だけど、重たい」といわれ、人間関係が長続きしない。知的には高い能力があるにもかかわらず、大学は続けられず、アルバイトは解雇された。家事についても、手先が不器用で段取りも悪いので、Jひとりでは失敗ばかり重ねており、母親の手伝いにもならない。自分の部屋は整理できず、物が山のようになっており、足の踏み場もない。「整理しないといけない」と思っているが、どうやっても片づかない。時どき、「何をやってもちゃんとやれない」と気持ちが落ち込む（表3-4）。

★表3-4　ADHDの思春期以降

- 整理整頓ができない
- 1度に2つのことができない
- 人の話を聞いてまとめることができない
- 考えていることを順序立てて話せない
- 友人関係がこわれやすい
- 親から自立できない
- 一定の職業につけない
- うつ傾向

　小学校高学年以降の思春期は、心身ともに大人に向かって変化する時期である。友人やまわりの大人とのかかわりをとおして、自分を見つめ、自分らしく成長していく。友人や教師や親とどのような関係を結んできたかは、子どもが自分らしく成長するために重大な影響をもっている。ADHDの子どもは、幼いときから禁止や否定的な対応をされがちで、自信がなく、劣等感が強く、萎縮するか、あるいは欲求不満で、他罰的、攻撃的であったりしがちである。どの子どもにとっても、思春期は激動の時期であり、危機的状況をはらんでいるが、ADHDの子どもにとっては、とりわけ自分らしさを見いだすために越えなければならないハードルは高い。

2．ADHDの原因

　中根（1999）は、ADHDの神経生物学的研究について外国文献を中心に記述している。最近の知見（Rou, H. C., 1989 ; Barkley, R. A., 1998 ; Dykman, R. A., 1979, 1980 ; Swanson, H. L., 1981, 1994）から、「ADHDでは、右前頭前野の大脳皮質、小脳の一部、大脳基底核に異常があり、ニューロン間の情報の伝達を行う神経伝達物質の変異が行動の統制や抑制の障害をもたらしており、

ADHD の本質的な問題である」と指摘している。これらの神経回路は，選択的注意，行動の予測，計画性，行動の決定，感情のコントロールと関連している。バークレイ(Barkley, R. A., 1998)は，ADHD の障害について実行機能(executive function)の概念を用いて，理論的仮説を提唱している。すなわち，ADHD には行動抑制の欠如があり，通常ならばこの行動抑制のもとで形成される4つの実行機能（①非言語的ワーキングメモリの形成，②自己管理された発語の投射，③気分・感情動機・覚醒の自制，④再構築）が形成されず，その結果，行動や運動の抑制および統合の障害をきたしているというものである。中根はバークレイの仮説を引用し「ADHD の子どもは，このような実行機能に関する遺伝子発現や胎児期の発達異常によって，人前で過剰な行動がみられたり，ものおじしないおしゃべりがみられたりするのであり，ADHD の不注意や多動，衝動性は，内的な指示によって導かれる過程の欠陥と，自分自身の不適切な行動を抑制できないことによって生じるものであり，行動プログラミングを作成するという機能の破綻がおこっていると表現してよいのであろう」と述べている。

　筆者らは，思春期以降の知的に正常な ADHD または ADD の4症例(12〜48歳，平均28.8歳，男3例，女1例)にワーキングメモリ課題と遂行機能検査を施行してその特徴を検討した(五十嵐ら，2000)。ADHD および ADD の症例では，同年齢の健常者と比較してワーキングメモリ課題と遂行機能検査の成績が劣った。さらに，7歳〜13歳の ADHD または ADD の症例22例(平均年齢10.2歳，男17例，女5例)に同様の課題を施行して健常者と比較した結果，知的に正常である ADHD または ADD の症例において，遂行機能および読みのプロセスに関連するワーキングメモリの並列処理効率が劣り，反応抑制困難，能動的注意の維持困難，複数の情報の処理や操作の困難が生ずることが示唆された。また，この成績低下は年齢に関連しており，遂行機能は12歳以降に，読みのプロセスに関連するワーキングメモリは10歳以降に健常者との差が明らかになると考えられた（五十嵐ら，2001）。

3．ADHD と学習困難

症例K　7歳1か月（男児）：ADHD（混合型）+LD

　正常分娩で生まれ，特別の既往歴はない。運動発達は問題なかったが，発語

が遅く，4歳でようやく二語文が言えるようになった。幼児期は落ち着かず，衝動性が高く，攻撃的で，言い出したらきかない子だった。小学校に入ってからは，教室で座っていられない，姿勢の保持ができない，問題が解けないと騒ぎ出す，といったことが指摘され，教室では担任の隣に一人だけ黒板を背にした席に座らされている。学習面でも困難があり，毎日の漢字テストは0点である。文章が書けず，したがって作文は大きらいである。ごく短い文を書くのに長時間を要し，文字はへたである。算数はほとんど家で教えなくてもよく理解し，繰り上がり繰り下がりの計算もできている。時計は読めない。「前」と「あと」がわからない。WISC-Rでは，言語性IQ（VIQ）104，動作性IQ（PIQ）73であり，言語性評価点は5～12，動作性評価点は3～13と，下位検査間のバランスも悪い。フロスティッグ視知覚発達検査の知覚指数（PQ）は80で，各検査と学習内容から書字やオリエンテーションの障害を合併していることが疑われた。LD児診断のためのスクリーニングテスト（PRS）も非言語性LDサスペクト児であった（図3-1，表3-5）。

　ADHDの子どもが「勉強ができない」という訴えや報告はしばしばある。ADHDの学業不振の原因としては，まずADHD本来の要因，すなわち不注意

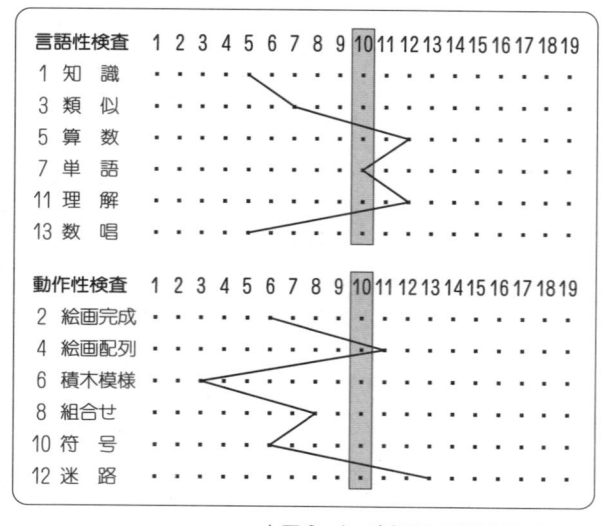

★図3-1　症例KのWISC-R

や多動・衝動性のために学習態度が不十分であったり，情報が入りにくかったりすることがあげられる。さらに，合併する認知の問題（LDや知的能力）も考えられる。また，二次的に生じた情緒の問題（自信喪失，劣等感，萎縮，反抗など）もある。症例Kは，ADHDとLDを合併しているタイプである。

★表3-5 症例Kのフロスティッグ視知覚発達検査

知覚指数(PO)=80　　CA=7;5		
	知覚年齢	評価点
Ⅰ　視覚と運動の協応	5歳6月	5
Ⅱ　図形と素地	4歳7月	6
Ⅲ　形の恒常性	6歳1月	8
Ⅳ　空間における位置	6歳6月	9
Ⅴ　空間関係	6歳6月	9

ADHDに対する対応と，LDに対する治療教育の両方を必要としている。このほかにも，ADHDと読み障害，あるいは算数障害を合併した例も認められている。このような症例では，ウェクスラー法知能検査で，VIQとPIQのアンバランスや，下位検査間のアンバランスがあることが多い。また，かなり高率に情緒面での問題も起こっている。

4．ADHDの二次障害

　ここまで述べてきたようなADHDの子どもの行動特徴は，周囲の人々，とくに母親を悩ませることが多い。幼児期には母親は子どもから目を離すことができない。小学校に入ると，教師や友だちや他の親から注意され叱られることが多い。知能は正常なのに学業成績が振るわないことが多く，運動もへたで楽器もうまく弾けない，と困ることだらけであり，しかもその原因は親のしつけと指導の誤りであると非難される。母親は子どもに口うるさく叱責し干渉し，一方で子育てに自信を失い，意欲を失う。さらに，子どもに対する増悪の念や，子どもの将来についてのあきらめや失望へとつながり，母親自身の引きこもりも生じかねない。

　一方子どもには，二次的に情緒や行動の問題が生ずることが多い。強迫的行為が認められたり，自信がなく，縮こまっていたり，反抗的で攻撃的過ぎたりする。中学・高校と進むにつれて，無気力，不登校，非行，暴力といった非社会的，反社会的行動へと変わってくる傾向がある。このように，子ども本人にも，母子関係にも，二次的な問題が生ずる可能性がある。

　小学3年生の男子は整理整頓がへたで物をよくなくし，忘れ物が多い。学校

でも放っておかれると時間内で物事ができず必要なものの準備や片づけもままならない。取りかかりが遅く，ボーッとして切り替えも悪い。他の子どもとペースが違っており突飛な行動をとるので，「おそい」「バカヤロー」などと友だちに言葉でいじめられる。相手との距離がつかめず，結果として失礼なことや，相手の反発や悪感情を誘うようなことを言ったりしたりする。勉強の理解はとくに悪くないが行動面が問題で，3年生になってからは学習場面で放っておかれることがふえてきた。担任は1度くらいは声をかけてくれるが2度は言わないし，チェックもしてもらえない。担任は「初めはだめな子（知的に）と思ったが，独自の発想や創造性があり感性も豊かである」と良い点を認めている。しかし良い点が伸びる前に，まわりの対応でつぶされてしまいそうで残念とのことであった。本人は「自分はダメ」と思い込んでいて，「死にたい」と言い出したりする。1度母親が強く叱ったら「ボクなんか生きていても意味がない」と言い，そこまで追い込んでしまったと母親はショックを受けた。チックも，首振り，まばたき，咳払いなどいろいろな出方をしており，時には複数出ている。また，赤ちゃん語などの退行，注意引き行動も見受けられる。一方母親は，子どもを追い込んでしまったことで自己嫌悪に陥り，うつ的になっている。

第3節 治療教育と技法

1．薬物治療

　ADHDの症状に対する薬物療法は，1930年代からアメリカを中心にその効果が報告されてきた。日本では発達期にある子どもに対する薬物療法に抵抗を示す親も少なくないが，行動や注意のコントロールにきわめて有効であることも多く，心理・教育的対応とあわせて試みることがすすめられる。
　ADHDに使用される薬剤には中枢刺激剤，抗うつ剤，選択的セロトニン再取り込み阻害薬（SSRI）がある。中枢刺激剤は，不注意，多動性，衝動性のすべてに有効である。抗うつ剤は，イライラ感，不安，抑うつを伴う落ち着きのなさ，衝動性などに有効で，SSRIは，抗うつ，衝動性や強迫性の改善が期待できる。なかでも，中枢刺激剤のメチールフェニデイト（リタリン）が圧倒的によ

く使用されており，効果が認められる症例が多い。最近のアメリカの研究では，中枢刺激剤は，心理・社会的治療と併用した場合のほうが，低用量でも効果を維持できると報告されている。また，心理的アプローチである行動療法も，単独では薬物療法と組み合わされたときよりも効果は限定されるといわれ，ADHDに対する複数の治療的アプローチの効果が示唆されている（中島，2001）。

症例L　9歳0か月（男児）：ADHD（混合型）

正常分娩で生まれ，特別の既往歴はない。運動発達は良好だった。1歳1か月で「ワンワン」が言えたのみで，言葉の発達は遅かったが，2歳1か月で二語文が出て以降は急速に言葉がふえ，文章もすぐ話せるようになった。羞恥心や警戒心なくだれにでもしゃべりかける。注意の集中，持続が困難であり，物事を順序だてて考えたり行ったりできない。授業中に席を離れて動き回り，手足もよく動かしている。衝動的な言動もめだつ。忘れ物，なくし物が多く，毎日の決まりきったことも催促されないと忘れてやらない。知的能力は低くなく，理科や算数ではまわりが驚くような思考や推理力を発揮するが，読み書きは不正確で，そのため一斉に行う授業では遅れをとっており，テストの得点も低い。リタリンを朝1回服用するようになって，午前中の行動が著しく改善した。着席できるようになり，授業への集中度が増し，クラスの中でめだたなくなった。集団行動に参加することが多くなり，着替えや行動の切り替えがスムーズになった。また，自分が変化したという自覚があり，そのことがLの自信獲得につながって，遊びや勉強に自分から友だちを誘うようになった。落ち着きが出たので，博物館や図書館や映画館など，それまで行ったことのないところへ連れていってもらえるようになっている。

2．心理・教育的援助

ADHDは，中枢神経系の異常に起因する障害であるが，その症状のもつ特徴から，環境要因が症状全体の悪化や改善に強く関与すると考えられる。ADHD本来の症状の発見と正しい理解や対処が遅れると，不適応状態が深刻化し，さらに多様な問題を引き起こす。この意味で，心理・教育的視点に立った援助は

きわめて重要である。

　幼児期から学童期のADHDの子どもに対しては，学習理論に基づいた行動療法および認知行動療法による治療教育が有効である（第1章第3節1，2参照）。行動変容の標的を定め，具体物による強化や社会的強化によって望ましい行動を生起させ，望ましくない行動を消去していく。種々の場面において，どのように行動や感情をコントロールするか，まわりの人々にどう対応するかなどについて，自分の弱点を自覚し積極的に改善するためのプログラムを作成して指導を行う。指導は，個別指導とグループ指導に分かれる。個別指導は，子どもの行動統制のためのプログラムと，学習困難のある子どもの場合には課題学習も含んで行われる治療教育である。グループ指導は，数人のグループのなかで行動変容を図るもので，課題学習や音楽や運動などを取り入れるものの，第一の目的はソーシャル・スキル・トレーニングにある（第1章3節4，5参照）。年齢が大きくなって，本人自身の心理的問題の自覚に伴い心理的援助が必要になってくると，心理療法やカウンセリングも導入される。

第4節　援助事例

症例M　3歳10か月（女児）：ADHD（混合型）

（1）　生育歴および主訴

　正常分娩で生まれ，特別の既往歴はない。定頸3か月，一人すわり1歳0か月，這わずに1歳5か月で歩き始めたが，運動発達はやや遅かった。言語も始語（「パパ」）は1歳6か月，二語文2歳9か月，三語文3歳11か月と遅れている。多動と言語発達の遅れを主訴に小児科を受診し，ADHDと診断される。注意の集中・持続が困難で多動性と衝動性が高く，癖やこだわりがあり，日常生活における異常行動が顕著であった。言葉の発達が遅く，奇妙な言葉づかいがめだった。母親が持参した行動記録は以下のごとくである。

〈多動ほか〉
- 落ち着かず動き回り走り回る。数分とじっとしていない。

- 寝る前ぐるぐる走り回ったり，頭をまるで獅子舞のごとく大きく振り回す。
- 母親がいやがることをわざとしたり，汚いこと，危ないことをする（たとえば：花火を食べる，ごきぶり退治用のだんごを食べる，犬・猫のフンを食べたり，便器の水をガブガブ飲む）。
- デパートへ行くと必ず迷子になり，階段から落ちる。カミソリで自分を傷つける。何度言い聞かせてもティシュペーパーを食べる。
- 水たまりがあればすぐそこに座る。砂場の砂を食べる。観葉植物の肥料で薬のようなコロコロしたものを食べる。
- 浴槽でうつ伏せになり湯に全身を浮かせていた。

〈くせ・こだわり〉
- 風呂の湯にこだわり湯を流すことを怖がる。
- においをすぐかぎ，好ききらいを確認する。
- 自分にとっていやなことに対して，首曲げ，唇かみ，鼻のチックがある（たとえば：入園当時，遠足時に起こる）。

〈言葉〉
- 言葉の一部がおうむ返しになる。緊張して話すとき息を吸いながら話す。「いただきます」が「いきだます」になる類の誤りがある。
- 自分の気持ちを表現したり伝えたいときに奇声を発する。
- 助詞がうまく使えない。
- 早口で語尾だけ「だよ」でまとめるので，何を言っているのかがまったく理解できない（日本語の不自由な外国人が日本語を話すようす）。

〈対人関係〉
- 人見知りをしないのでだれにでも平気であいさつできる（あどけないほど）。

〈生活習慣〉
- 箸は持てない。スプーンでぎこちなく食べて口のまわりをベタベタに汚すが，しかしこぼすことはない。
- おもちゃをやたら出すが，片づけはしない。
- 片足ケンケンはできない。
- 靴は上手にはけるが，ボタンかけができない。

・トイレは自分でできる，歯ブラシも使える。

（2） 受診時の行動特徴と家族

部屋に入るなり走り回り，周囲に置かれた物に次々に手を出す。遊ぶのではなくなぎ倒し，落とし，放り投げる。母親との話に割り込み，奇声をあげ，相手になろうとすると次の瞬間には突き飛ばして逃げていく。すぐまたかけもどる。20分もすると「もう帰る」「おわり」と言い出して，思いどおりにならないとパニックに陥るので，母親との面接のほとんどは最後まで続かない。

家族は両親（父親35歳：自営，母親32歳：主婦），姉5歳，妹2歳とMの5人である。父と父方祖父は，生育歴および現在の状況の聴取からADHDまたはADDと推測された。Mの行動上の問題については夫の両親から母親自身のしつけや遺伝の問題をあげて責められており，母親は育児に自信を失い，情緒不安定で，Mに手を上げることも多かった。5歳の姉はMと同じ幼稚園に通っていたが，Mの多動とパニックを恥じて年齢不相応に周囲に気をつかった。母親にはMがしばしばパニックを起こす場所（電車の中やデパートなど）での過呼吸発作が認められ，姉には夜中の恐怖発作と学校での過呼吸発作が認められた。

（3） 治療教育と援助

〈グループ音楽療法（ソーシャル・スキル・トレーニング）〉

母親が自宅周辺の音楽教室などにMを連れて行くが，どこの教室でも騒ぎ回るため入会の断りを受ける。Mが4歳のとき，グループ音楽療法（第1章参照）に誘われ，遠方にもかかわらず母親はMとMの姉を伴い参加を希望した。初回よりセッションに加わるが，奇声をあげ飛び回るだけで参加できず，着席を促されても一人奇声をあげて走り回り，部屋から飛び出す，机の上などあたりかまわず目につく物は投げて床に落とし，騒ぎ走り回っていた。Mの行動に対し姉はおびえた目でみつめ，母親は常に「みんなに迷惑をかけてしまう子ですが参加してだいじょうぶなんでしょうか？」と恐縮しあきらめきったようすがうかがわれた。ソーシャル・スキル・トレーニング（social skill training：SST）は，グループ音楽療法のセッションの場だけでなく自宅を出てからセッションを終了し帰宅するまでがトレーニングの場であることを母親に話す。グループ

音楽療法のセッションのなかでのMが，わけもわからず騒ぎ回っているのではなく，奇声をあげ騒ぎ走り回るときにはかならず指導スタッフの目を見てようすをうかがう注意引き行動（attention seeking behavior）も同時に認められた。①部屋からの飛び出しや物を投げる行為はアシスタントやサポーターが体で阻止する，②注意引き行動に対しては，言葉で絶対的な禁止や否定をせず，騒いでいる間はMに声かけも誘いかけもしないでMの行動を見届ける，という方針で臨むことにした。2回目，合奏でタンバリンを1回たたくほかは奇声をあげ飛び回る。3回目，着席してタンバリンを5回たたく，参加している仲間を遠巻きに見ながら飛び回る。4回目，絵画作成で初めて5分間着席ができ，アシスタントと話をしながら課題を行った。母親にとっては家庭の中でも幼稚園でもじっとしていることができないMが初めて見せる姿であった。5回目以降，着席時間が少しずつ延びていった。課題に従って行動することについては，気が向くと積極的に参加し応ずるが（例：音楽のテンポに合わせて歩く，スキップする，走るなど），気が向かないと楽器を投げるなど勝手な行動をし，状況に無関係なことを言ったり，ふざけたり，他の子どもや大人へのかかわり方がわからず乱暴な行動をした。Mに対し，音楽の強弱・テンポ・高低の変化による身体運動（ボディパーカッション），合奏，歌唱などにより集団の中でみんなと同じ動きを促した。課題にそった絵画制作・合奏では，着席を促すために子どもどうしやアシスタントと組になり協力しながら課題を遂行し，作品の個人発表を行った。また，セッションの中でのMの騒ぎや勝手な行動に対し，自然なかたちで他の子どもたちが注意をし，参加をするよう名前を呼びかけ，Mが散らかしてしまった楽器や道具類を子どもたちが片づけた。子どもたちがMに対してかかわりをもち始めたころからMは言語によって他の子どもとかかわることが多くなった。Mの多動が軽減し，多動の軽減に伴って集団行動も可能になった。乱暴で問題のある行動も言葉による相手へのかかわりに変わった。家が遠方のため長時間電車を利用してくるMは，座席に長い時間じっと座っていることができず，電車内で奇声をあげたり洋服を脱いで走り回り，駅に停車するごとに電車から飛び降りようとして母親に制止された。Mがセッションに参加し始めたときは，ただ騒ぎ回り奇声を発して妨害したり，机上のものを投げてしまうような問題行動ばかり目にする母親であった。母親は，電車の中での

騒ぎから始まり，わざわざ遠方からセッションに参加させることに疑問と疲れを口にした。指導スタッフは，投げ出さずにともかく続けて来ることを母親に勧めた。SSTのセッションでできなかったことができるようになり，多動が軽減し行動のまとまりを見せ始めるのと時を同じくして，電車や公共の場でのMの問題行動は軽減するに至った。この間7か月を要している。

この後1年半にわたってSSTを継続した。Mが6歳の時点でのS-M社会生活能力検査では，意思交換，集団参加，自己統制すべてに顕著な発達が認められた（図3-2）。SST前後の問題行動を比較すると，指示に応じた行動のコントロールが可能になり，言語によるコミュニケーションがとれるようになった。また，乗り物やデパートなど公共の場でのパニックが少なくなった（表3-6）。

ADHDの子どもを指導する際の基本姿勢を表3-7に示す。

〈個別指導〉

Mが5歳8か月のときから月2回の個別指導を開始した。母親は就学に際して，Mが教室内での学習中に騒いで問題を起こし，他の子どもに迷惑をかけ，きらわれて友だちができないのではないか，また，長時間着席ができず，授業

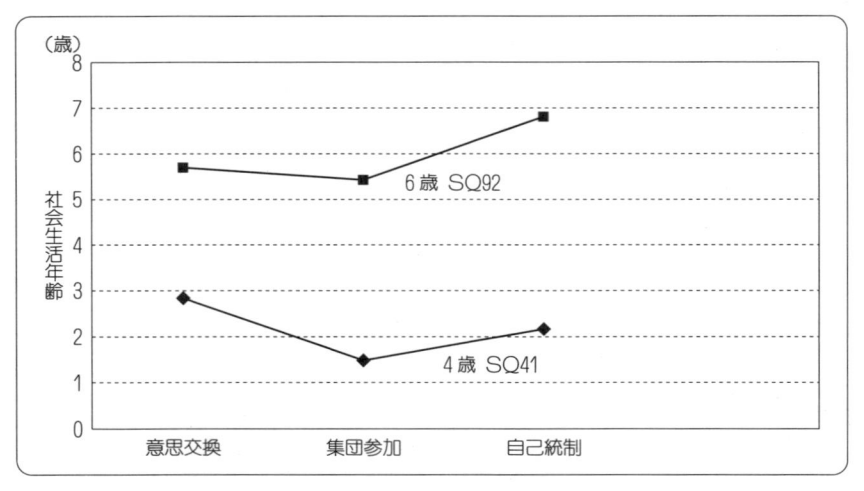

★図3-2　症例MのS-M社会生活能力検査

表3-6 症例Mにおけるソーシャル・スキル・トレーニング（SST）前後の行動

	適応上の問題	日常生活状況
SST前（4歳）	・課題・指示に応じない ・勝手で乱暴な行動 　（人・楽器・物などに対して） ・多動 ・着席不可	・公共の場での問題行動とパニック ・言語によるコミュニケーションが稚拙 ・集団行動に参加しない ・不器用
SST後（6歳）	・課題・指示に応じる ・勝手で乱暴な行動の軽減 　（人・楽器・物などに対して） ・多動軽減 ・着席可	・公共の場での問題行動軽減 ・言語で意思伝達や感情表現をする ・集団行動ができる ・不器用

表3-7 ADHD指導の基本姿勢

- 指導目標を少なく
- 注意・叱責は平易な短い言葉できちんと伝える
- 望ましい行動を具体的に教える
- できなくても叱らない，できたらほめる，長所を見つけてほめる
- いつも共感と理解をもって臨む

の内容がわからないといってパニックを起こして先生を困らせたり授業妨害をしないだろうか，勉強についていけるだろうか，就学時健診はどうしたらいいのであろうか，都会とは異なり情報の少ない田舎の学校ではこういった子どもを受け入れてもらえるであろうか，といったMの特性に対して予想されるさまざまな問題をかかえていた。そして個別指導にMとともに訪れた。母親が退室後，Mは母親の心配をよそに姉の使用したピアニカと楽譜を持ち「さあ，やろうよ」とメチャクチャに弾き始めた。数分で飽きて「終わり」と言って片づけ「さあ，次は絵を描こう」と言って描き始めた。この間約10分間。個別指導のためにMが持って来たピアニカと絵の勉強が終わって，Mの気がすんだころを見計らい，指導を開始した。

　Mのもつ言語コミュニケーションは稚拙で一方的であり，大声をあげ早口に話すことも見受けられたが，一方ペダンチックな言い回しで表現し，まわりをびっくりさせることもあった。「昨日はMちゃん何をしてあそんだの？」などと問いかけ，質問に対して的確に答えられるようにできごとを時間的経過を入れながら話すことを行った。的をはずれてしまった答えのときは「こういうふう

に言ったらいいのかな？」と指導者が言い直しをしながらMが言い直していくといった方法で臨んだ。また，「わかんない。知らない」などと言って拒否を示すときは，好ききらいがはっきりしていて感性が豊かなMに対して「そんな言い方されると悲しくなるな」とか「先生はとても○○がうれしい，おもしろい」「先生悲しいな」「困ったな」「寂しいな」などの感情表現を用いて質問に対する答えを待った。Mの言葉数をふやし，言葉の意味をふやしていく手段として絵カードを用いた指導を行った。カテゴリー別にカードを集め，反対語はゲームのように「私は大人です。Mちゃんは？」といったやりとりのなかで教えた。Mはテレビなどから聞き知って得た言葉が豊富であったが，概念や意味や知識に結びつく言葉を使って文を作ること，相手に伝えることには困難な一面があった。指導者とくり返し行ったできごと報告，それに伴って行った一行文日記などによって改善がみられた。また，Mは手先の不器用さのため絵を描くときもメチャクチャに描いており，ひらがななど文字を書くことにも抵抗を示した。点と点をつないだりなぞったりする練習を市販本を使用して行った。鉛筆は上手に握れないので，クーピーなど絵を描くときに使用する用具を用いた。線と線の間にあるすきまをなぞることでも，どうしてもはみ出してしまい，Mの性格上ちゃんとできないといけないといったきちょうめんさのためイライラしてしまうことがあった。しかし「だいじょうぶだよ」との一言の声かけで気を取り直して課題を行うことができた。

　宿題を出して家でもやることをMと約束した。両親には，Mが勉強する場所は定位置にして，壁に向かい視野に入る刺激がないようにすること，そして必ず親が付き添い，定時に行うことを指示した。Mは最初「勉強は指導者と行うものだから家ではやらない」とこだわったが，Mと再度家庭学習を約束し確認をとった。本が1冊終わりに近づくころから鉛筆で書かせるようにしたが抵抗はなかった。1冊が終わった時点でMはとても満足したように次の課題を要求した。ひらがなと数字をなぞってからマスに書いていくといった教材を使用して教室と家庭で行うことにした。不器用で字の書き順がメチャクチャになってしまい稚拙な字を書くMであるが，指導者が手を持ってゆっくり横線・縦線などわかりやすく指示しながらいっしょに練習をした。

　就学にあたって両親による学校さがしが始まる。人数の少ない山の分校を見

学したり，各小学校長にMの特徴を説明し受け入れた前例があるかどうかを問い合わせた。しかし，学校さがしは難航し，疲れ果てた両親は，最後に普通学級をあきらめると言いはじめた。医療機関でMを幼少のころから診てきており，同時に家族のケアも行ってきた治療者や指導スタッフは，理解が得られ環境を整えればMは普通学級で十分適応できることを確信していた。Mは予告なしに新たな事態に直面したときパニックを起こすことがあったので，就学時健診に訪れる学校をMといっしょにあらかじめ数回訪問する予行練習を行った。学校側も理解を示して，教師がそれとなくMの応待に出て不安や緊張を解消してやるなど細かい協力が得られた。その結果，就学時検診はパニックをおこすことなく無事通過し，小学校は普通学級で受け入れてもらえた。

　就学時健診が終了し学校が決まった時点で，少しずつ学校で行われる学習を取り入れた指導をするようにした。文字が読めても文章として読み理解していくことに最初抵抗があり，いやがっていた。字を書くことによりひらがなを覚えたMがいつも持ってきていた姉の教科書を使って，音読を促した。文を指でなぞって「ここまでが一つのまとまり」と教え，指導者といっしょに音読をくり返した。つかえながら助詞を読み飛ばしたり，勝手な推測読みをしたり，発音でつまずいたときは，1度指導者が読み「まねっこしよう」と言ってくり返し音読を行った。音読をしたあとで「だれが」「どこで」などの質問をし，Mが「忘れちゃった」というともう1度読み返す指導を行った。大事な個所にはMが混乱しないように自分で印をつけさせた。Mが読み理解をしやすいように，迷路の教材に書かれている簡単な文章指示を読み課題として行った。やがて短い文章問題ができるようになった。数字を書くことができるようになった時点で数にも興味を示し始めた。時計を教材として「今○○時ですか？」と指導者とMで交互に問題を出して答え合ったり，時計の問題集で時刻を読む練習を行った。家庭ではMを時間係にして「今何時ですか？」と聞くようにし，カレンダーを見ながら「今日は何日ですか」「何曜日ですか」と毎日くり返し質問し該当日に印をつけることを母親に指示した。

　計算問題は数字だけ羅列する計算はMには理解がむずかしかった。黒板に花の絵を描き「何本ありますか？」「では全部で何本？」「合わせて何本？」と視覚から入り花の下に数字をMが書いていく課題を行った。立ち続けで疲れてし

まうと，机上でおはじきを使用して行った。「足して」「加えて」「みんなで」とか「いくつ」「何本」「何冊」などいろいろな言葉を使用して足し算と引き算を指導した。その結果，数字だけで黒板にかかれた問題にも喜んで応じ，Mが指導者に向かって「今度は先生が答えてください」と言って問題を考えて出すようになった。

　Mは個別指導に来室して以来，離席やパニックを起こすことがない。しかし幼稚園で行事が続くと，疲れた顔をし目の回りにクマを作り，チックなどの症状もみられた。そのようなときでも苦手なピアニカから始め指導者が進める課題をきちんと行えるようになった。カーテンを開けておいても立ち上がって外を見ることもなく，時どき出る私語を指導者に注意されると，話を止めて課題を行った。小学校の入学式も，母親と指導者が式の具体的状況を言葉や絵や写真を用いてMに予告し説明することにより，パニックになることも騒ぎ回ることもなく無事終了した。入学後のMは，時どき授業の流れを阻止し変えてしまうなど，問題行動がまったくないということはない。Mがしてしまったことに対して指導者は「あわてず，さわがず，落ち着いて，と心でゆっくり言ってから深呼吸しよう」と，Mがパニックになりそうなとき，なったときの対処のしかたを話して聞かせた。Mにとって次から次へと起こる新たなことへの対処の方法をわかりやすく指示していくことがたいせつである。

　現在母親からの報告では，教科のテストでは満点に近い点が取れ，勉強の遅れの問題は学校側から指摘されていないとのことである。時どきMは，疲れて登校を渋ることがある。そのときはMが精一杯自分の衝動性を抑えて行動し，勉強も人一倍がんばり疲れ果てているときである。そのようなときは，1日学校を休んで休息させるよう母親に伝えている。就学後1年を迎えようとしているMに対しては，これから先の多くの課題にもっと力を抜いてことに当たっていく対処方法も指導していく必要がある。

第5節　親への支援・カウンセリング

1．ADHDの診断をめぐって

　ADHDの子どもが示す問題行動には，ADHD本来の症状，ADHDに合併する障害によるもの，ADHDが正しく理解されないことに由来する二次障害とがある。従来はこれらの原因が混同され，問題行動の原因が母親をはじめとする環境に求められがちであった。ADHDについて正しく診断され理解されなかったために，育児やしつけの失敗と見なされて母親が苦悩してきた経緯がある。子どもの問題行動について相談を受け，ADHDが疑われる場合の親への援助は，まず専門機関で診断してもらうことを勧めることから始まる。ADHDは行動の障害であるが，LDとの合併率が高く，年長になると行為障害などを生ずることもある。したがって，医療と連携した心理・教育的アプローチが有効であることを親に説明し理解してもらう。環境要因が直接の原因ではないとわかって安堵する一方で，「脳の機能に関連した行動の障害」よりも，「育て方の誤りによる問題行動」といわれるほうがむしろよかったという親もいる。つまり，後者は「病気でも障害でもない」という理由からである。あるADHDの症例では，薬物療法を行うか否かで両親の意見が分かれた。母親はいろいろな書物を読んで子どもがADHDであることに気づいていたようであったが，診断されることが怖くて専門機関に行かないでいた。たたまたまホームドクターの小児科医に発見されて専門機関を訪れ，ADHDと診断されている。母親はADHDが「障害」であることにこだわって，初めは診断を受け入れなかった。しかし，子どもの問題をなんとか改善させたい願いはあって，神経心理学的検査を受け，母親面接にも通って来たのである。

　ADHDの症状のため授業にも家庭学習にも集中できず，さらに二次障害も生じていたので，治療教育に加えて薬物治療を試みることを勧めたが，母親は強く拒否をした。父親は，可能性があることはなんでも試みたい，という姿勢であり，筆者らとともに根気強く折にふれ，母親を説得してくれた。治療教育や母親面接の場で，リタリンを服用して劇的な改善をみた子どもの話を聞き，

ADHDであることを気楽に話している母親たちを見るにつけ，少しずつ母親の気持ちは変化し，「ADHDであることを子どもに言わない」「成長を助ける薬だと言って服用させる」ことを条件に，薬物治療に同意した。筆者は，子どもが理解できる範囲で，あるいは理解できる伝え方で，診断の内容は子どもに知らせるほうがよいと考えている。また，服薬の必要性についても，子どもに話して納得して服用させたいと思っている。この点については，いまだに母親の同意は得られていない。この症例は，幸いなことに薬による著しい行動の改善が認められている。しかし最近になって，子どもが「どこも悪くないから薬は飲まない」と言い出して，母親は困惑している。

　母親には，近い将来，この子どもに本当のことを言ってやってほしいと話している。ADHDとはどんな障害なのか，兄弟姉妹への影響はないか，舅・姑や親戚から白い眼で見られはしないかといった不安と心配を述べる母親は多い。また，薬の副作用が心配で薬物治療を拒否する親もいる。偏見をもたず，誤解せずに，適切な治療と療育や治療教育が行われるように援助する必要がある。

2．ADHDと診断されたら

　ADHDと診断されたら，次は治療法について検討していく必要がある。薬物療法には親や家族や教師の協力が必須である。併行して行われる心理・教育的指導の重要性も強調される。ADHDの子どもの問題行動そのものに対してどのように対処するかについての理解を深めることと，その具体的実践を行う親の心理を理解し援助していくことがたいせつである。SSTのセッションは保護者がいると子どもの気が散ったり，依存したり，母子分離できなかったりするような特別の場合を除いて，保護者に同室で観察をしてもらう。その際保護者には，セッションの間はいっさい子どもに手や口を出さず，SST場面における子どもの行動と指導者の対応を客観的に観察するよう求める。セッション終了後に参加している保護者と指導者とがミィーティングをもち，指導者はその日のセッションのねらい，各子どもの行動に対するスタッフの対応のしかたやその意味などを保護者に説明し，保護者からの質問を受ける。質問は非常に具体的な日常生活場面でのことがらに及ぶことが多く，指導者はSST場面における子どもとスタッフのかかわりを例示しながら，日常生活場面への般化を促して

いく。

　症例M（第4節援助事例）の場合は，Mが楽器を投げようとすると，すかさずサポーターが体で制した。くり返し投げようとするたびに，同じ制止をくり返した。ある母親は「かわいそうに，やりたいことができなくて」と言って，筆者からたしなめられた。サポーターは，怒りに満ちた表情もうんざりした表情も見せずに，淡々と，しかし断固として制止をくり返し，「投げない」「投げないでいい子だね」とMにささやきかけている。してはいけない行動を制し，抑制することを励ましてやることにより，Mは物を投げることをがまんするようになる。他の子どもからからわれたりあきれられずにすむ。少しもかわいそうなことなどしていないのである。ADHDの子どもの治療教育において，過度に受容的で情緒的なかかわりは効果がないばかりか問題行動を悪化させることになりかねない。このようなことを，初め母親たちは知らないし理解できない。実際の指導場面に臨み観察することにより，得心できるのである。

3．グループ面接

　筆者らは，ADHDの子どもをもつ母親のグループ面接を行っている。年齢や問題行動が似かよった子どもの母親から構成されるグループで，月に1回集まり，臨床心理士がアドバイザーとして同席する。グループ面接の内容は，LDの母親グループの面接と共通点が多い（第2章5節参照）。特徴的なことは，ADHD特有の行動問題の故に生ずる両親や嫁姑の不仲や，教師や周りの父兄との関係の悪化などが表面化しやすいため，面接場面で人間関係についての母親の訴えが多い点である。ADHDの子どもは，身近にいるおとなの感情的対立には非常に敏感に反応するので，不安を募らせパニックに陥ったり，鬱的になったりすることもある。母親が日頃誰にも話せない母親自身の人間関係のもつれを，グループ面接の場でお互いに認め合い助言しあうことは，母親の人間関係を改善する助けとなるし，子どもの心理的安定に与える影響も大きい。

第4章 自閉症

第1節　自閉症の脳科学的視点と診断

1．自閉症とは何か

　自閉症がこの分野に登場してから半世紀以上経ち，そうでなくてもある程度の識者なら今や，だれ知らぬ人もない自閉症であるが，その本体がわかってきたのは比較的最近のことである。この間の経緯については『自閉症関係図書目録：1966～2000年』（国立特殊教育総合研究所分室，自閉性障害のある児童生徒の教育に関する研究，2001）が，間接資料ながらたいへん参考になる。

　情緒的接触性障害を有する11症例の報告において，アメリカの精神科医カナー（Kanner, L., 1943）が，これを早期幼児自閉症（infantile autism, childhood autism）と命名したのが，自閉症の研究の始まりであった。その翌年，オーストリアの小児科医のアスペルガー（Asperger, H., 1944）も非常に類似した病態をもつ自閉症精神病質について報告した。カナーもアスペルガーもそれに自閉（autism）という概念を用いたが，これはミンコフスキー（Minkowski, E., 1929）が統合失調症の一症状の呼称として用いたものである。とくに解体型とよばれる統合失調症患者において，外界世界が現実的な意味を失い，現実との生き生きした接触が失われ，自己に閉じこもった状態をいう（杉山，2001）。カナーやアスペルガーの症例は，当初，人生の早期に発症する統合失調症と考えられ，早期幼児自閉症とよばれたが，現在ではたんに自閉症（autism）である（明らかに，autism＝auto-＋-ismであり，autobiographyという語もあるように，auto-＝self-である）。

　そういうわけで1940年代の当時には，統合失調症の最早期発症の解釈のもとに，自閉症の心因論，つまり，誤った育児方法や，親の性格，家族関係に問題があるとする説が謳われ，その治療技法や教育的対応には，受容的，非指示的遊戯療法や精神療法がもっぱらであった。その他に育児方法の指導や親のカウンセリングなどの心因論に対する治療技法なども用いられた。

　しかし，自閉症の中心的障害は社会性の障害であることから，治療的アプローチもおのずと視点が変化した。さらに重要なことは，その病態が単一の疾患

単位ではなく，多くの病因とさまざまな類縁の病態をもつところの，相当に広汎な症候群であることが明かになったことである。DSM-Ⅳは広汎性発達障害を自閉症の上位概念においている。

　一方，アスペルガーの症例を別の視点からクローズアップしたのが英国のウィング（Wing, L.）であった。彼女は自閉症の疫学調査から，自閉症の診断基準を全部は満たしていないという意味では，自閉症類似というべきだが，そういう子どもとなると自閉症の数倍もいることに注目した。とくにそのなかでも，軽微だが言語障害のグループがめだち，それがアスペルガーの症例と行動傾向がよく一致していたことから，アスペルガー症候群であることが判明した。やがてこれが自閉症をしのぐ大きな存在となった。このようにアスペルガー症候群は，自閉症の多くの異なる病態のなかのひとつである。

　自閉症の病態像として現代の新しい考え方はウィング（1979）が提案した3つの基本障害である。ウィングは，自閉症と非自閉症の比較研究の結果，自閉症特有の症状として，社会性の障害，コミュニケーションの障害，想像力の障害とそのための行動障害をあげた。

① 社会性の障害は，自閉症候群のなかでも中心的なもので，親への愛着がない，視線が合わない，平気でどこかへ行ってしまう，他者との相互交渉がもてない，人の心がわからない，人間の顔が描けないなどといったように，社会的相互交渉の欠陥である。

② コミュニケーションの障害は，言語発達の遅れ，反響言語，代名詞反転，人称の逆転，疑問文による要求，会話の困難，助詞の欠落及び不適切な使用，抽象的，象徴的言語が理解できないなどをいい，これらが自閉症児特有の言語表出異常となっている。

③ 想像力の障害とそれからくる行動の障害とは，自閉症に独特の同一性保持行動，こだわり行動が含まれる。

　現代の自閉症に関する疫学的調査として，中根（2000）によれば，自閉症の有病率はしだいに増加する傾向にあり，現時点での出現頻度は人口1000人に対して約1人で，男女比は4対1で男子に多い。自閉症の多くは精神遅滞があり，その率は76～89％とされる（Bryson, S. E. et al., 1988；Steffenburg S. & Gillberg, C., 1986）。また15～25％にてんかんが併発している。遺伝性代謝疾

患（フェニルケトン尿症など），染色体異常（脆弱性X染色体など）も高率にみられる。

2．自閉症の脳科学的視点

　自閉症の原因として，1960年代までは心因論が強調されたが，脳科学の進展とともに，1970年代には自閉症は脳器質的障害を基盤とした発達障害とする考えが認められるようになった。現在，自閉症は脳障害であると考えられている。すなわち自閉症は脳の器質的障害のために，胎生期から青年期にかけて精神機能の発達が部分的に阻害された発達障害の一型である。ただしその障害の部位については，大脳皮質と辺縁系及び皮質下部，脳幹，小脳を含む全体的な神経回路の障害を考える立場と，前頭葉を含む大脳皮質および大脳辺縁系を中心に考える立場が拮抗している。どちらの立場をとるかは自閉症の治療教育にも関連することで，前者をとるならば，その原因をDNAレベルにもさかのぼる決定論的な考えになるだろうし，後者をとればいくらかでも経験学習の効果が認められる可能性がある。自閉症におけるいわゆる「心の理論」の欠如あるいはメタ表象の障害は，神経科学の用語でいえば大脳皮質，とくに前頭葉の障害ということである（中根，1999）。ちなみに，著しい前頭葉損傷の患者は「他者の視点」をとることができない。

　前頭前野破壊が人の社会的行動を障害することは知られている。人の前頭前野破壊の初めてのケース報告で有名なのは，フイニァズ・ゲージという男性で，1848年，バーモント鉄道で作業中，鉄の突き棒で穴に火薬を詰めているとき，火薬が暴発して突き棒が彼の前頭前野のまん中に刺さった。ゲージは命をとりとめたものの，非常に情緒不安定でむら気になり，その行動に公私の見境がなかった。統合失調症者の異常行動は前頭前野の異常という信仰から，のちに精神病患者を抑える方法として前頭前野切除法や比較的軽い前頭前野白質切断（前頭前野眼窩との連絡を切る）が行われた。近年，サルの内側および眼窩前頭前野の摘出実験で，同じような社会的能力の損失がみられた。サルは孤独になり，仲間といっしょでもへんな行動をした（Deacon, T. W., 1997：金子訳, 1999）。

　一方，言語にとって前頭前野機能の障害は，初期の言語学習における記号構成に最も重大な影響がある。初期の前頭前野損傷は後期の損傷よりもずっと影

響甚大だというのは，それによって語句の機械的な刺激束縛型の学習からの脱却がはるかにむずかしくなるからである。脳損傷の子どもは刺激間の表面的関係にとらわれ，記号―記号関係の最小限のグループをつくるにも，第三者の多大の援助を必要とし，言語習得にとくに苦戦する。それは動物が苦戦するのとまったく同じ理由による。

子どもの前頭前野損傷が言語学習をそこなうという直接の証拠はベイツらの研究にみられる（Bates, E. et al., 1994）。それによると月齢19～31か月の臨界期における前頭前野損傷の場合，とくに単語と文法の発達に障害があった。そのような破壊が言語の意味的構文的側面に影響するという事実は，一般的な記号障害があることと符合する。この年齢における両側性の前頭前野破壊は永久的欠陥をきたすが，片側だけだと障害は言語遅滞にとどまる。言語学習の困難は，語句の機械的な学習と即物的な解釈反応への依存によるところが多いが，この傾向はとくにダウン症と自閉症の特徴である（Deacon, T. W., 1997：金子訳, 1999）。

中枢神経系の発生発達は脳の各部どうしの間の神経資源の奪い合いと細胞死の過程だというのはディーコン（Deacon, T. W., 1997：金子訳, 1999）の解説であるが，その意味でヒトの前頭前野がその勝負に負けて（ディーコンの表現によれば「妥協して」），その結果，大脳後部が生き残って相対的に優勢になり，認知的情動的に異常な心的発達となったのが自閉症である。自閉症には生き残った特殊能力や情動的衝動性，非社会性，ステレオタイプな儀式的行動の性格的特徴の島がある。生き残りの，あるいはそのために相対的に増強した能力の島は空間認知，美術才能，数的技能，記憶執着，音楽などの領域で最もしばしば起こる。それがサヴァン症候群である（本節はディーコンに負うところが大きい。ディーコンによれば大脳後部が妥協して前頭前野に勝負を譲ったケースがウィリアムズ症候群である）。

自閉症の発症の時期はひとつの問題点であった。以前，自閉症は出産の直前か直後の周産期に原因があると思われていたが，母親がまだ妊娠に気づかないごく初期，胚の脳・神経系形成の最初の時期に原因があることがわかった。すなわちロディエ（Rodier, P. M., 2000）は，1994年当時のサリドマイド奇形児の眼球運動を研究した際，彼らの約5％が自閉症だったことを発見した。この数

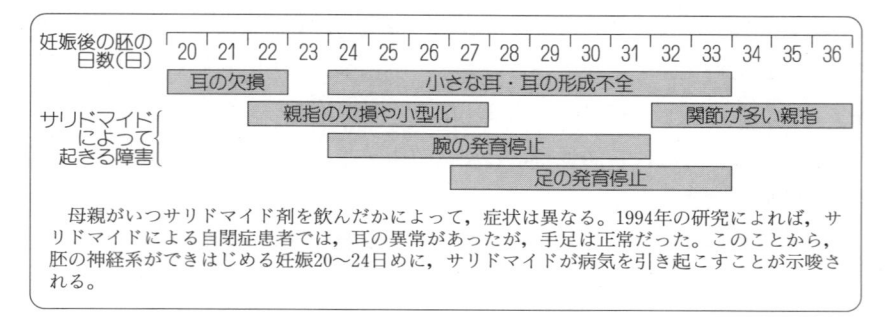

```
妊娠後の胚の
日数（日）  20 21 22 23 24 25 26 27 28 29 30 31 32 33 34 35 36
                [耳の欠損]      [小さな耳・耳の形成不全]
サリドマイドに       [親指の欠損や小型化]              [関節が多い親指]
よって
起きる障害              [腕の発育停止]
                              [足の発育停止]
```

母親がいつサリドマイド剤を飲んだかによって，症状は異なる。1994年の研究によれば，サリドマイドによる自閉症患者では，耳の異常があったが，手足は正常だった。このことから，胚の神経系ができはじめる妊娠20～24日めに，サリドマイドが病気を引き起こすことが示唆される。

★図4-1　サリドマイド障害の時期（石浦, 2000）

値は一般人の割合の約30倍にもなる。周知のようにサリドマイド犠牲者は妊娠初期に妊婦が沈静・催眠薬サリドマイド（thalidomide）を服用したことによる。母親がいつサリドマイドを服用したかによって，自閉症の症状が異なった。

サリドマイド禍は未発達の四肢，耳や親指の変形と脱落，眼球や顔面筋の神経不全などの奇形を示す。妊娠中のどの時期に胚のどの部分にどの器官が作られるかはわかっているので，奇形の発生の時期を推定できる。たとえば親指は妊娠20日めまでに，耳は20日から33日までに，手足は25日から35日めに作られる（図4-1，参照）。

石浦（2000）によれば，サリドマイド被害の自閉症者はみな耳の外側部に異常が生じているが，手足の奇形はみられない。このパターンから類推すると，妊娠20日から24日ですでに障害が起きていることになる。サリドマイドによる自閉症の場合，その発生の臨界期は，多くの研究者が推測していたよりもずっと早期であった。

自閉症の診断はICD（International Classification of Diseases：世界保健機構編纂による国際疾病分類）とDSM（Diagnostic and Statistical Manual of Mental Disorders：米国精神医学会編纂の精神疾患の診断と統計の手引き）を基準とし，それによって小児自閉症を定義することができる。表4-1と表4-2は1992年のICD-10と1994年のDSM-IVによる小児自閉症の国際的診断基準である。現在，自閉症は広汎性発達障害のカテゴリーのなかに組み込まれており，表4-3に示す下位診断単位に区分される。

第1節　自閉症の脳科学的視点と診断

★表4-1　ICD-10による自閉症の診断基準

自閉症：childhood autism
　3歳以前に現れる発達の異常および／または障害の存在，そして相互的社会的関係，コミュニケーション，限局した反復的な行動の3つの領域すべてにみられる特徴的な型の機能の異常によって定義される広汎性発達障害。この障害は女児に比べ男児に3倍ないし4倍多く出現する。

【診断ガイドライン】
　通常，先行する明確な正常発達の時期は存在しないが，もし存在しても，それは3歳以下までである。相互的な社会関係の質的障害が常に存在する。これらは，他者の情緒表出に対する反応の欠如，および／または社会的文脈に応じた行動の調節の欠如によって示されるような，社会的-情緒的な手がかりの察知の不適切さ，社会的信号の使用の拙劣さと，社会的，情緒的，およびコミュニケーション行動の統合の弱さ，そしてとくに社会的-情緒的な相互性の欠如という形をとる。同様に，コミュニケーションにおける質的な障害も普遍的である。これらはどのような言語力があっても，それの社会的使用の欠如，ごっこ遊びや社会的模倣遊びの障害，言葉のやりとりのさいの同調性の乏しさや相互性の欠如，言語表現のさいの不十分な柔軟性や思考過程において創造性や創造力にかなり欠けること，他人からの言語的および非言語的な働きかけに対する情緒的な反応の欠如，コミュニケーションの調節を反映する声の抑揚や強調の変化の使用の障害，および話し言葉でのコミュニケーションにさいして，強調したり意味を補うための身振りの同様の欠如，という形をとる。
　またこの状態は，微小で反復性の常同的な行動，関心，活動によって特徴づけられる。これらは日常機能の広い範囲にわたって，柔軟性のない型どおりなことを押しつける傾向を示す。通常，これは，馴染んだ習慣や遊びのパターンにとどまらず，新しい活動にも当てはまる。とくに幼児期に，ふつうでない，典型的な場合は柔らかくない物体に対する特別な執着がみられることがある。小児は，無意味な儀式によって，特殊な決まりきったやりかたに固執することがある。これらは日時，道順あるいは，時刻表などへの関心に関連した，常同的な没頭であることがあり，しばしば常同運動がみられる。物の本質的でない要素（たとえばそのにおいや感触）に特別な関心をもつこともよくある。個人の環境において，いつも決まっていることやその細部の変更（たとえば，過程において飾りや家具を動かすことなど）に抵抗することがある。
　これらの特異的な診断特徴に加えて，自閉症の小児が，恐れ／恐怖症，睡眠と摂食の障害，かんしゃく発作や攻撃性など一連の非特異的な問題を呈することがしばしばある。（手首を咬むなどの）自傷はかなり一般的であり，とくに重度の精神遅滞が合併している場合にそうである。自閉症をもった多くの人が，余暇を過ごすさい，自発性，積極性，創造性を欠き，（課題自体は十分能力の範囲内のものでも）作業時に概念を操作して作業をすることが困難である。自閉症に特徴的な欠陥の特異的な徴候は成長するにしたがい変化するが，これらの欠陥は，社会性，コミュニケーション，興味の問題というパターンがほぼ同様のままで成人に達しても持続する。診断がなされるためには，発達の異常は生後3年以内に存在していなければならないが，この症候群はすべての年齢群で診断しうる。
　自閉症にはすべての水準のIQが随伴するが，約4分の3の症例では，著しい精神遅滞が認められる。　〈含〉自閉性障害，幼児自閉症（infantile autism），小児精神病，カナー症候群
　〔鑑別診断〕広汎性発達障害の他の項は別にして，以下のものを考慮することが重要である：二次的な社会的-情緒的諸問題をともなった受容性言語障害の特異的発達障害（F80.2），反応性愛着障害（F94.1）あるいは脱抑制性愛着障害（F94.2），何らかの情緒／行動障害をともなった精神遅滞（F70-79），通常より早期発症の統合失調症（F20.-），レット症候群（F84.2）。
〈除〉自閉性精神病質（F84.5）

★表4-2 DSM-IVによる自閉性の診断基準 (APA, 1994)

自閉性障害（autistic disorder）
A (1), (2), (3)から合計6つ（またはそれ以上），うち少なくとも(1)から2つ，(2)と(3)から1つずつの項目を含む。
  (1) 対人的相互反応における質的な障害で以下の少なくとも2つによって明らかになる：
    (a) 目と目で見つめ合う，顔の表情，体の姿勢，身振りなど，対人的相互反応を調節する多彩な非言語性行動の使用の著明な障害。
    (b) 発達の水準に相応した仲間関係をつくることの失敗。
    (c) 楽しみ，興味，成し遂げたものを他人と共有すること（例：興味のあるものを見せる，もって来る，指さす）を自発的に求めることの欠如。
    (d) 対人的または情緒的相互性の欠如。
  (2) 以下のうち少なくとも1つによって示される意思伝達の質的な障害：
    (a) 話し言葉の発達の遅れまたは完全な欠如（身振りや物まねのような代わりの意思伝達の仕方により補おうという努力を伴わない）。
    (b) 十分会話のある者では，他人と会話を開始し継続する能力の著明な障害。
    (c) 常同的で反復的な言語の使用または独特な言語。
    (d) 発達水準に相応した，変化に富んだ自発的なごっこ遊びや社会性を持った物まね遊びの欠如。
  (3) 行動，興味および活動の限定され，反復的で常同的な様式で，以下の少なくとも1つによって明らかになる：
    (a) 強度または対象において異常なほど，常同的で限定された型の，1つまたはいくつかの興味だけに熱中すること。
    (b) 特定の，機能的でない習慣や儀式にかたくなにこだわるのが明らかである。
    (c) 常同的で反復的な衒奇的運動（例えば，手や指をぱたぱたさせたりねじ曲げる，または複雑な全身の動き）。
    (d) 物体の一部に持続的に熱中する。
B 3歳以前に始まる，以下の領域の少なくとも1つにおける機能の遅れまたは異常：(1)対人的相互作用，(2)対人的意思伝達に用いられる言語，または(3)象徴的または想像的遊び。
C この障害は<u>レット障害または小児期崩壊性障害</u>ではうまく説明されない。

★表4-3 DSM-IVとICD-10の広汎性発達障害の下位診断単位 (杉山, 2001)

DSM-IV	ICD-10
自閉性障害	小児自閉症
レット障害	レット症候群
崩壊性障害	その他の小児崩壊性障害
アスペルガー障害	アルペルガー症候群
その他の特定不能の広汎性発達障害 （非定型自閉症を含む）	非定型自閉症
	精神遅滞と常同運動を伴う過動性障害
	その他の広汎性発達障害
	特定不能の広汎性発達障害

第2節　広汎性発達障害

広汎性発達障害（Pervasive Developmental Disorders：PDD）とは自閉症類似の病態の総称であり，自閉症を含む広義の自閉的発達障害群である。表4-3にみるように，これには自閉症のほか，レット症候群(Rett's syndrome)，小児期崩壊性障害（childhood disintegrative disorder），アスペルガー障害，非定型自閉症 (atypical autism) を含む特定不能の広汎性発達障害 (PDDNOS *or* PDD not otherwise specified) が含まれる。なかでもアスペルガー症候群は自閉症と同等かそれ以上の罹病率をもつことが明らかになった。

このような発達障害のなかで比較的高知能のものを高機能（high functioning）という。広汎性発達障害の症状は成長とともに軽減し，とくに高機能例ではその傾向が強い。成人患者に高機能広汎性発達障害を疑う条件として，①執着的・強迫的傾向がめだち，特定の物事に強い興味や関心があること，②対人関係や社会性が不良で孤立的であるが，自分からの一方的なかかわりは存在すること，③運動の不器用さがめだつこと，などがある。しかし青年期の患者の診断にあたっては，その患者の若年期のようすについての母親の情報を得ずには診断が困難である。

高機能広汎性発達障害は統合失調型（人格）障害や統合失調質人格障害と近縁性があり，その意味で発達障害と人格障害の接点となるという意味で，臨床的示唆に富んだ障害である。なおレット障害や小児期崩壊性障害は精神発達退行を呈し，重度遅滞を伴った自閉的状態で，これには高機能例はない。

1．高機能自閉症

自閉症のなかで，IQ≧70の高機能例を広義の高機能自閉症(high functioning autism)という。これは自閉症の約20％を占める(換言すれば，自閉症の80％が精神遅滞を合併する)。さらにIQ≧85の場合を狭義の高機能自閉症というが，これは自閉症の約5％にあたる。

5歳までにおける有意味語の獲得状況は，高機能自閉症の予後良好の徴候とされる。反対に自閉症は女児のほうが概して男児よりも発達が不良であり，て

んかんの合併や有意味語消失エピソード（症状の発現をエピソードという）もまた予後の不良を予測させる。高機能自閉症に特有な病因は未だ知られていない。

　高機能自閉症の問題点は，物事がうまくいかなくなったときにも，周囲の助言に耳を貸そうとせず，自分の考えに固執する。これを中根（1999；2000 a）は「視点の変換の困難」といった。たとえば窮地に陥った場合，彼らは他者が助言してくれている状況をイメージすることができず，結局，助言者の差しのべる手を拒否してしまう。あるいは自分の行動が他者にどう受け取られるかを理解できず，自分の主張を押し通すだけである。彼らは親友のいない孤独な生活のなかで，いわば「孤立のアイデンティティ」にとらわれている。

　精神活動の幅が狭く，特定の方向に集中しているのが自閉症であるが，高機能例でもそれは免れない。彼らは文字や文章を読み，逐語的には理解するが，文意や文脈を全体的に把握するのが困難である。いい換えれば，雑多な情報を一連の流れとして系列化することができない。一般の人ははっきりした形をもったセンテンスのほかに，雑音に過ぎない余剰なものから，多くの情報を取り出すが，自閉症はこの「余剰性の活用」が困難である。彼らは個別のセンテンスは理解するが，状況が理解できず，したがって判断できない。

　ついでながら中機能自閉症（middle functioning autism）については，言語機能はある程度進歩するが，知的能力は遅れ，小学校就学後は個別的対応を含む構造化された教育が必要である。低機能自閉症（low functioning autism）は言語機能，知的能力ともに大幅な遅れがある。小学校では全面的な教育的援助と生活指導が必要となり，生涯にわたって他人の世話に依存しなければならない。

2．高機能アスペルガー症候群

　冒頭に述べたようにアスペルガー症候群（またはアスペルガー障害）は，オーストリアの小児科医アスペルガーが 1944 年に報告した自閉性精神病質から，英国の自閉症研究家ウィング（1981）が再発見し発展させた概念である（杉山，2000 a）。

　ウィングの論文を契機に，1980 年代には自閉症以外の自閉症スペクトラムが

広汎性発達障害の名のもとに総合的に考察されるようになり，自閉症研究は進展した。1990年代につくられた診断基準で正式にアスペルガー症候群が広汎性発達障害のなかに登場した。

アスペルガー症候群は，自閉症の3症状（社会性の障害，コミュニケーション障害，想像力の障害及びそれに基づく行動の障害）のなかで，コミュニケーション障害が軽微であることを特徴とする。言語発達の遅れは小さく，知的には正常な者が多い。すなわち早期の言語，認知能力の発達の遅れはなく（2歳までに単語，3歳までに二語文を使用），身辺処理，適応行動および周囲への関心は生後3年間は正常レベルにある。したがって，乳幼児健診でのアスペルガー症候群の診断は困難で，幼児期に至って幼稚園や保育所での対人関係の乏しさで気づかれる。

しかし自閉症と同じ社会性の障害があり，また興味の著しい偏りやファンタジー，ときには儀式行為への没頭がある。運動技能の不器用も特徴である。対人関係障害および限定された常同的な行動，興味，活動性のパターンにおいて幼児期の行動は，自閉症と大きな変わりはない。視線の合いにくさや分離不安の欠如を示す子どもも多い。集団行動がきわめて不得手で，保育士の指示に従わず，集団で動くことができず，自己の興味にのみ没頭する。

アスペルガー症候群が興味をもつ対象は，いわゆるカタログ的な知識で，数字，文字，標識，自動車の種類，電車の種類，時刻表，バス路線図，世界の天気予報，世界地図，国旗などである。これは自閉症も同じである。言葉の遅れは少ないが，会話でのやりとりは著しく不得手である。過敏症で特定の音刺激や，接触をきらうことがある。自閉症に比較すると，養育者との愛着関係は3歳以前に比較的速やかに成立しているものが多い。

学童期の行動はつぎのようになる。学校生活で集団行動がとれず，激しいいじめの標的になることが多い。教師の指示に従わず，興味のある授業にのみ参加し，他の授業は顧みない。好きな教科に夢中になり，中断するとパニックを起こす。言葉は達者でむずかしい語を用いたりするが，表面的な使用が多く，比喩やジョークがわからない。記憶は言語による意味連関による整理がされないままの断片的記憶で，時間的脈絡がない。そこではるか遠いできごとの想起と，杉山のいう偽現在化（タイムスリップ）がしばしば生じる。

小学校の中学年から高学年にかけて社会的ルール無視からくるトラブルは激減する。これは周囲を気にするようになるからである。すなわちこの時期，「心の理論」（他者の信念や考えを把握する認知能力）がようやく獲得でき，他者の心が読めるようになってくる。しかし健常児とは異なる脳の部分を用いて「心の理論」課題を遂行しているらしいことが最近の研究結果で証明されている。ここでいじめ体験が重要な要素となる。「心の理論」通過に前後して激しいいじめを受けてきた症例は，迫害的対人関係が固定してしまい，対人関係のあり方を被害的迫害的に読み誤ることをくり返すようになる。アスペルガー症候群児の「心の理論」行為は，健常児が直感的に理解するのとは異なって，推論を重ねて苦労して読むもののようである。

　年長児では強いこだわりや強迫症状，被害・関係念慮（または妄想），大鬱病，躁病エピソード，トゥレット症候群などが出現することがある。青年期以降には，単純型統合失調症，統合失調型人格障害，強迫性人格障害などとの鑑別が必要である。ウィングの症例では，18人のうち1人は統合失調症類似の病態を呈した。サツマリら（1989）による16人の高機能者の調査では，妄想が2人，幻覚が3人に認められた。タンタム（1991）では，85人の成人アスペルガー症候群のうち，3人が統合失調症と診断され，別の4人にも幻覚が認められた。

　従来，アスペルガー症候群はまれな障害と考えられていたが，スウェーデンでの最近の疫学研究では，自閉症以上の0.2％という有病率が示唆されている。性比は自閉症以上に男子優位である。病因に関しては，後天的な器質的要因を示唆する報告があるが，自閉症以上に胎生的素因の関与があると考えられている。

3．高機能非定型自閉症

　自閉症の診断基準を満たすほどの症状がない広汎性発達障害をDSM-IVでは特定不能の広汎性発達障害，ICD-10では非定型自閉症としている。非定型自閉症（症状上の非定型）とは，症状が軽快して自閉症の診断基準を十分に満たさなくなったケースがそのように診断されることがある。ICD-10では非定型自閉症以外にも，「その他の広汎性発達障害」「特定不能の広汎性発達障害」，及び「精神遅滞と常同運動を合併する過動性障害」（overactive disorder associated with mental retardation and stereotyped movements) という3つの「その他の広汎性発達障害カテゴリー」がある（表4-3）。ただしそれらの臨床的妥当性は不明であり，基本的には高機能非定型自閉症と非定型自閉症は同様に考えてよい。

　非定型自閉症（高機能例を含む）の有病率は不明だが，自閉症と同程度またはそれ以上だろう。非定型自閉症（高機能例を含む）は自閉症よりも軽度の障害であり，高機能例の頻度も自閉症の高機能例と同程度またはそれ以上だろう。病因は不明だが，高機能自閉症とほぼ同様の機制が想定される。

4．特定不能の広汎性発達障害

　特定不能の広汎性発達障害は，自閉症類似の社会性障害を有しながらも国際的診断基準を満たさないグループに用いられる障害名である。自閉症の診断基準を満たすほどの症状がない広汎性発達障害をDSM-Ⅳでは特定不能の広汎性発達障害とし，ICD-10では非定型自閉症としている（前掲）。ゆえに特定不能の広汎性発達障害と非定型自閉症は同様に考えてよい。この群にも高機能例がある。すなわち高機能広汎性発達障害には，高機能アスペルガー症候群，自閉症，その他の特定不能の広汎性発達障害（非定型自閉症）の3群が含まれる。その有病率は不明だが，自閉症と同程度またはそれ以上と思われる。

　ここで問題になるのは，広汎性発達障害の臨床像の変化である。療育の結果，彼らの症状は変化し改善されてくる。たとえば3歳で自閉症の診断基準を満たし，6歳でアスペルガー症候群の診断基準を示し，12歳で特定不能の広汎性発達障害の診断となる児童はまれではない。

第3節　自閉症の行動的特徴

1．自閉症者の行動

　自閉症の子どもには，正常児や他の精神遅滞児にみられない身体的特徴として，外耳に微妙な奇形があることが多い。具体的には耳の頂端部が15度以上うしろのほうに傾いている。自閉症には眼球運動の異常もみられる。しかし身体

的特徴からみるかぎり，概して自閉症児は外見的にはふつうであり，むしろ魅力的である。事実，身長は正常で，頭の大きさもふつうか少し大きめである。

　従来，自閉症の診断は病因や病理的所見というよりは，生育史にみられる特異な行動特徴に依存している。これには診断上の3つの基本的な臨床像がある。第1は「情緒関係障害」で，情緒的なことがらに対して社会的認識力が乏しく，したがって他者との間に情緒的コミュニケーションが成り立たない。第2は「社会的認知障害」で，他者との会話のなかで相手と歩調を合わせ，相手の視点に立って物事を理解することができない。対人行動に融通性がなく，対人関係の距離のとり方がわからない。自閉症が対人関係障害ともいわれる所以である。

　日常の会話の相手は限定されており，呼びかけパターンはいつもきまり文句で，同じことを言う。他方，一種の幼児的憧憬心理からか，たとえば婦人警官とみれば見境なく話しかける(筆者の自験例)。語や抑揚に変化が乏しく，会話はステレオタイプである。その言葉は遅発性反響言語（いわゆるオウム返し）を含むのを特徴とする（自閉症幼児がバイバイするとき，手のひらを自分に向けて行うのも，一種のオウム返しである）。第3は「固執傾向」で，遊びの中でも特定の遊びと遊具に固執する。遊び環境が少しでも変わると拒否反応を示す。

　自閉症児は知覚・認知のプロセスにも障害があり，そのひとつに「知覚過敏」がある。視覚，聴覚，触覚などの感覚領域の知覚過敏があり，その調整機構の障害が想定される。たとえばささいな音に過大に反応したり，逆に大きな音を無視したりする。近年，高機能自閉症者自身の自叙伝(Grandin, T., 1986, 1995；Williams, D. 1992；森口，1996) が出版され，いかに知覚過敏が彼らの日常生活を脅かし，苦しめているかがうかがわれる。それは堪えがたい騒音と異臭に満ちた世界だというのである。

　杉山 (2000b) によれば，自閉症の過敏性は雑音情報が除去されず，なんでも同じように流れ込んでしまうことによるとされるが，これはむしろ「選択的注意の障害」というべきだろう。自閉症の「指向性注意 directed attention の障害」については，オルニッツ (Ornitz, E. M., 1989) も指摘した。自閉症者は物事の流れや文脈を把握し，その場で一番たいせつなものに注意を向けることができない。このような対人的情報の絞り込みや，不用な雑音に対するフィルターが効かない。たとえていえば，チューニングの悪いラジオを聞いているようなも

のである。おそらく情報時系列の予測もできないことであろう。それは自閉症の処理能力を超えている。

高機能自閉症者グランディン（Grandin, T.）は1999年に来日した際，「目は（口ほどに）ものを言う」を引き合いに出して，人の目を見てしまうと，それだけで情報があふれてしまって，耳からの情報は入らなくなると語ったといわれる。他者から視線をそらし，相手を間接視野で見，耳をふさぐという行為は情報過多に対する選択的防御とみることができる。

他方，同じくグランディン（1995；訳書1997）は「音や言葉が急行貨物列車のように，私の脳を揺さぶった。大きな集会場での音や混雑は私の全感覚を圧倒した」。また感謝祭やクリスマスのお祝いのとき，「たくさんの人声とどよめき，ひっきりなしの騒音や混乱，香水，葉巻，湿ったウールの帽子や手袋などのさまざまな臭い，右往左往する人々の動き，身体のぶつかりあい，それらに私は圧倒された」と証言している。

自閉症児は意味の認知に障害があるため，文字や数字，商標や道路標識などの記号を意味的にとらえぬかわりに，形情報がセイリアントになる。たとえば電車の路線や駅名などを克明に知っているのも，無意味な機械的記憶によると思われる。

最近，自閉症における「共同注視の障害」と「原叙述的指差しの欠如」が注目されるようになった（Baron-Cohen, S. et al., 1996）。乳児期後半になると乳児は何かを見つけると母親の視線を確認し，乳児と母親はともにそれに注視し，注意を共有し一緒に笑う。母親が見ていなければ，声を出し，手さしをして母親の注意を引きつけ（原叙述的指さし），いっしょに対象を見ることを確認して，そのうえで声を出したり笑ったりして感情をともにし，共感する。自閉症児はこのような「共同注意」に障害があるために，養育者との関係を含めて，自他の感情体験を共有することは非常に困難である（杉山，2000c）。

2．自閉症児の学習行動

自閉症は精神遅滞を伴うものが多く，IQが50以下であったり，5歳になっても有意味語がみられない場合などは予後が悪い。しかし加齢とともに病態の改善や変化を示すこともある。あるいは一見ほとんど正常で，精神遅滞らしいと

ころはないが，実は自閉症であるというケースがある。すなわち「高機能自閉症」で，1980年代なかばから注目されるようになった。

中根（2000）によれば，自閉症には言葉が出やすい年齢がいくつかある。早目に言葉を取りもどす自閉症児は，3〜4歳の間に多数の名詞を言えるようになる。これは正常な子どもが絵本をとおしていろいろな物の名称を覚える時期でもある。5歳ごろになって言葉が出る症例では，動作に関する言葉が主となる。まだどのように言語訓練しても言葉が出なかったが，小学校3年生のとき，学校で口形模倣で文字の発音の訓練をしたら，言葉が言えるようになったという子どもの例もある。

一種の反抗期というべきか，ある成長段階で母親のこまごました指示に反発するようになる。そんな時期，プライドを傷つけられると，（通常の子どもにはない）激しいパニックで反応するのが自閉症児である。思春期の自閉症児をもつ母親に対して，これを子ども扱いをしないという助言はきわめてたいせつである。

換言すれば自閉症児には行動強化の効果は単純に大きい。課題解決に成功することがプラスの強化子となり，解決の失敗がマイナスの強化子になる。自閉症児は自分ができる課題は喜んで取り組むが，できないと思うと手をつけようとしない。自閉症児の順調な経過は，学業上の問題，ささいな失敗，仕事上のトラブル，対人的緊張などの，わずかなことで破綻する。このような挫折を契機に，自閉症としての特徴を暴露することがある。自閉症者のなかには，周期性の気分変動が認められるものが少なくなく，これは薬物療法の対象となる。

3．自閉症者の精神内界

杉山（2000b）は自閉症者の体験世界について説得的である。自閉症独自の病理のひとつに「タイムスリップ現象」がある（杉山，1994）。これは自閉症の児童・青年が突然に過去の記憶を思い出し，そのできごとをあたかもつい先ほどのことのように扱うことである。自閉症児の想起パニックや突発的な感情表出には，その背後にタイムスリップがあると考えられ，自閉症の精神病理了解の手がかりとなる。自閉症の「タイムスリップ現象」はその記憶体験が遠く患者の言語開始前後にさかのぼることもまれではない。

このことは精神医学では古くからエクムネジー（ecmnesia：記憶の擬現在化）とよばれて，ヒステリー，てんかん，統合失調症などで報告されてきた。杉山によれば自閉症のタイムスリップ現象はエクムネジーの一種である。タイムスリップによく似た記憶想起の病理は次の3つの病態（境界性人格障害，統合失調症，心的外傷後ストレス障害）にも報告されている。境界性人格障害では遠い過去の記憶がフラッシュバック（flashback）して現在の意識に常態的に割り込むという現象がみられる（鈴木，1984）。幼児期の記憶が数十年を経ても生々しく想起され，タイムスリップ現象と類似している。統合失調症の場合に至っては，乳幼児期の記憶，時には「生まれる前の記憶」が現れる。心的外傷後ストレス障害（PTSD：post-traumatic stress disorder）では，外傷体験の記憶がささいなきっかけによってくり返しフラッシュバックし，事故や事件のパニックを再体験するもので，自閉症のタイムスリップ現象と似ている（杉山，2000c）。

　このように自閉症がタイムスリップによって思い出す現象やできごとには，エクムネジーと同様にしばしば言語開始以前のできごとも含まれている。このことは，自閉症の意識構造においては言語が意識の中軸となっていないということのひとつの証拠である。

　高機能自閉症者グランディン（1995）も，彼女の思考がもっぱら視覚的なイメージ操作によることを述懐している。抽象的内容も，いったん視覚的イメージに翻訳して，はじめて理解できるという。筆者の体験でも自閉症児の治療教育において，概念や抽象的記述をわからせるには，描画やマンガの教材が有効であった。

　乳児の精神世界は母と子の関係における一体感のなかから生じるものである。乳児は母親の視線を確認してともに笑い，確認し合うことによって親子の感情を共有する。こうして自分の体験と他人の体験の重なり合い（共感性）が成立する。真の自己意識はこうして「私」と「母親」とが没我的精神内界に浸ってのちに，自己と他者が分化するところから芽ばえてくる。

　ところが自閉症の場合，このような一体感からの出発がない。自他の重なり合いがないところからは真の自己は生まれない。自閉症児は「ぼく」とか「私」の表出言語がかなり遅れる。自閉症独特の言語障害は遅延性反響言語（オウム返し），人称の逆転，主客の逆転，また疑問文による要求などである。他者と「さ

よなら」をするとき，自分に向けて「バイバイ」をする（前掲）。すべてこれらは自己概念の形成不全を意味している。それは他者との心理的距離の保ち方にも反映される。

　自己の記憶の再現が，他者の表情（母親の表情であったり，テレビ場面での表情であったり）を借りて反復される場合がある。言葉による再現ではなく表情という視覚的イメージによって再現されるものである。杉山は，ある自閉症者が教師に叱責を受けた状況を突然に一人二役で再現した模様を述べており，これを「行為チック」とよんだ（杉山，2000ｃ）。このような行為の延長線上に「一過性の憑依」がある。激しいいじめを受けた自閉症青年がいじめの事件を語っているうちに加害者に乗り移ってしまい，加害者と同じ口調で脅したり，迫ったりしたという例もある。これらは遅延性反響言語の究極の延長形だとしている。

第4節　援助事例

　本節では筆者が扱った一事例について述べることにする。クライエントは男子で公立高校養護学級の1年生である。以下，本児と称する。

症例Ｎ　15歳7か月（男）：自閉症

(1)　生育歴

　本児は在胎日数41週と正期産であったが微弱陣痛で陣痛促進剤を投与し，難産であった。本児は出世後元気で母乳で育ち，顔もキリッとして利発な顔つき。首の座りも順調。母親は本児の泣き方の識別ができなかった。母親に甘えて泣くこともなく，手のかからない子として成長した。やがて夜中目がさめるといつもパニックを起こすようになり，母親は「この子は気が狂うのではないか」と心配した。生後7か月ごろ，親がいなくても後追い現象がみられず，喃語もまったくなかった。

　2〜3歳ごろ，名前を呼んでも振り向かず，ひとりでゲラゲラ笑っていた。落ち着きがなく，遊びの持続がみられない。対人関係は皆無であり，言語によるコミュニケーションもない。5歳6か月ごろの会話文は一語文が大半で，わ

ずかに「○○ちょうだい」の二語文が出た程度。本児の言語行動の特徴は，動詞の意味理解の困難，助詞の混乱による未分化な文法構文，感情表出言語の欠落，他者とのコミュニケーション言語の不成立など特異的であった。小学時代は友人と登下校をしている。本児は興味のあることに対しては比較的優れている。たとえば絵を描く，電車に関する知識，英語，パソコン，料理，裁縫など。

(2) 精研式 CLAC Ⅱ，CLAC Ⅲの結果

また本児の治療教育のために5歳8か月時に精研式CLAC Ⅱ，CLAC Ⅲを実施した（図4-2，図4-3，参照）。

〈CLAC Ⅱ（一般用）のサイコドラマの分析結果〉

生活に関する事項：食べ物に好ききらいがある。食事の途中で立ち歩く。椅子を常にガタガタさせ落ち着きがない。衣服の着脱には手伝いが必要。排泄の要求は言葉で教えないが，しぐさでわかる。寝起きが悪い。洗顔は水だけなら一人で洗える。石けんは使えない。歯磨きは親が援助する。

遊びに関する事項：水遊び，本を見るのが大好き。遊びは見立て遊びを展開。ブロックで家や汽車を作る。刀のような長いものを好む。対人関係は子どもであれば同席はするが，相互交渉で遊ぶことはない。

言語：その場面にそぐわない会話をする。たとえばCMや絵本の一節を反響言

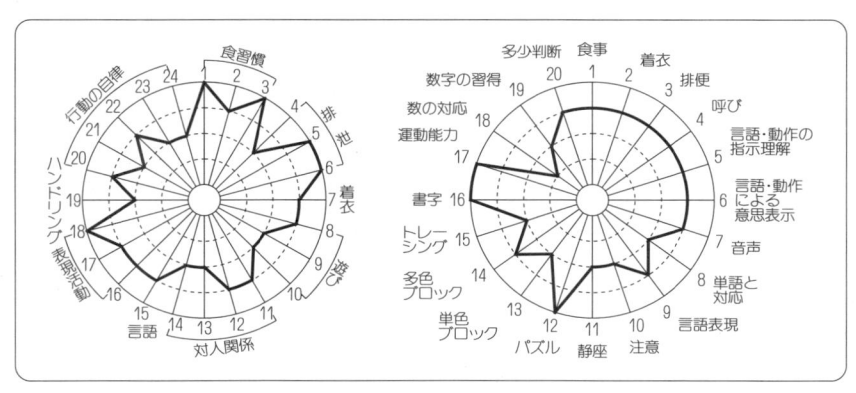

★図4-2 症例N（男）の精研式 CLAC Ⅱ 検査結果 (CA=5;8)

★図4-3 症例N（男）の精研式 CLAC Ⅲ 検査結果 (CA=5;8)

語的に言う。会話も文になっていない。今まで一語文であったが，やっと二語文になりつつある。

〈CLAC Ⅲ（行動療法用）のサイコドラマの分析結果〉
生活に関する事項：本児に対する「呼びかけ」については，チョコレートなどで一次強化を行えば，弁別し安定して呼びかけに応じる。
言語：意思表示は一語文で行い，要求言語は二語文のこともある。音声は不明瞭になる場合もある。反響言語。言語表現では電報式二語文が固定しており，助詞の欠如，現在形を主とした表現がほとんど。
注察つまり指示に対する視線保持の程度は軽い指示で，しばらく視線が止まるが，安定しない。一試行完了するまでに注意または視線がそれることがしばしば。
運動：片足跳びや兎跳びのような特殊な運動機能が欠落。
数概念：3まで理解。数量の多少判断は可能。
　本児の5歳8か月時の全体的発達はアンバランスを示した。

（3）　知能診断検査の結果

　本自閉症児に治療教育を行い，知能診断をした結果，IQに関してかなりの上昇が認められた。表4-4，表4-5は，本児の知的能力診断検査の一連の発達的動向である。5歳6か月で施行したWPPSI知能診断検査では言語性検査の評価点合計が11で，IQが測定できず，動作性検査の評価点合計が55で，IQは107であった。全検査評価点合計63，IQは59であった。要するに本児は他者とのコミュニケーションがまったく成立せず，言語手段による知能測定は不可能であった。

　次にWISC-R知能診断検査では，8歳7か月時では言語性検査の評価点合計が10でIQが45，動作性検査の評価点合計は40，IQは83であった。全検査評価点合計は56でIQは61であった。また14歳6か月時に同じWISC-Rを実施したところ，言語性検査では評価点合計20，IQは58，動作性検査の評価点合計は57，IQは111であった。全検査評価点合計は77でIQは79であった。5年11か月の間に本児の言語知能指数はIQで13ポイント，動作性知能指数は28ポイント，全検査知能指数は18ポイント上昇した。発達障害というハン

第4節 援助事例

★表4-4 症例N（男）のWPPSI知能診断結果

検査実施日（年齢）1989．7．20（5歳6か月）

言語性検査	得点	評価点	動作性検査	得点	評価点
知　識	6	4	動物の家	32	5
単　語	0	1	絵画完成	14	9
算　数	7	4	迷　路	23	14
類　似	0	1	幾何図形	13	10
理　解	0	1	積木模様	20	17
合計点	13	11	合計点	102	55
言語性IQ（VIQ）測定できず			動作性IQ（PIQ）107		

全検査評価点合計　63　　IQ　59

★表4-5　症例N（男）のWISC-R　知能診断検査結果

検査実施日（年齢）1992．9．5（8歳7か月），1998．8．15（14歳6か月）

言語性検査	得点	評価点	動作性検査	得点	評価点
知　識	5(10)	5(3)	動物の家	19(26)	11(16)
単　語	0(19)	1(10)	絵画完成	18(39)	7(13)
算　数	4(10)	2(4)	積木模様	38(60)	12(13)
単　語	3(21)	1(2)	組合せ	16(28)	7(10)
理　解	2(5)	1(1)	符　号	15(35)	3(4)
合計点	14(65)	10(20)	合計点	106(188)	40(57)
言語性IQ（VIQ）45(58)			動作性IQ（PIQ）83(111)		
全検査評価点合計　56(77)　　IQ　61(79)					
歌唱	15(16)	15(11)	迷路	24(23)	12(8)

注：14歳6か月の得点，評価点，IQ はカッコ内

ディキャップはあるが，治療教育によって知的能力はかなり促進されることがわかった。

　次に本自閉症児（症例N：男，15歳7か月）と健常児（9歳6か月）にWISC-Ⅲ知能診断検査を実施し，言語性評価点と動作性評価点を比較したところ，表4-6のようであった。

　健常児はバランスのとれた認知発達をしているのに対して，本自閉症児は動作性知能と知覚統合能力は健常児と同じ平均的レベルに達しているものの，言

●表 4-6　症例Ｎと健常児の WISC-III 知能診断検査結果の比較

	自閉症児	健常児
言語性 IQ	60	111
動作性 IQ	99	118
全検査 IQ	76	116
言語理解指数	59	111
知覚統合指数	111	121
注意記憶指数	88	118
処理速度指数	66	106

語性知能，言語理解能力，注意記憶能力，情報処理能力が極端に低いのがわかる。

(4)　本児の特異的言語行動

　本児の幼児期の言語は特異的構造をもっており，その発話内容もほとんどが名詞で始まり，電報式二語文で語と語の連結が困難である。動詞の理解が極端に貧弱で主語がなく，動詞の表現も支離滅裂な文法形式をとる。本児は独自の文を伝達的に表出できず，とくに「○○したい」などの表現語彙の音形は獲得しているが，自己の意志に基づく行動の言語表現は著しく困難である。発話のなかに動詞を介入させると，文全体に混乱を引き起こす。

　感情表出言語が皆無である。動詞の現在形，過去形，未来形が使い分けられず，抽象的，象徴的言語が理解できない。また他者とのコミュニケーションから生じる「別れ，出会い，約束，競争，忍耐，満足」のカテゴリーの言語がほとんど使用されない。本児は人間が描かれている絵本には興味を示さず，男の子，女の子の命名や区別には拒否的態度である。もちろん本児が描く絵のなかに人物はいない。

　本児は言葉の意味理解が困難なので，行動療法的技法に基づいて行動形成法による「言語意味理解の家庭学習プログラム」を設定し（表 4-7 参照），1年間家庭学習を試みた。これは表 4-7 の具体例のような抽象語を提示し，その語に関する意味を「見せ」「言わせ」「暗記させる」という方式で学習させる。言葉の意味理解の解答に対して評定得点（100 点満点）を記述し，それを 10 試行行う。最終的にはセラピストの判定をつけて終了する。

表 4-7 症例N（男）の発達障害児の行動形成法（次良丸，2000）

「言葉の意味理解学習」成績									
施行日時：1998年8月	1	2	3	4	5‥8		9	10	合格判定
問題と解答例　各得点 （並列名詞） 自己とは：自分のこと	0	20	30	50	80	80	85	100	100合格
（上〜下解釈の名詞） 図示とは：図で示す	0	40	40	60	75	80	80	80	100合格
（下〜上解釈の名詞） 読書とは：本を読む	0	50	80	90	100	100	100	100	100合格
（否定語） 無限：かぎりがない	10	30	60	70	80	100	100	100	100合格
（動詞・名詞＋動詞） 虫の息だ：今にも絶えそうな	0	50	80	100	80	80	75	100	100合格
手を切るとは何か： 交わりを断つ	0	0	10	10	30	50	50	50	100合格
（形容動詞） 彼はあさはかだとは何か：彼は考えがたりない	0	10	10	20	30	30	50	60	100合格
（三字・四字熟語） 必需品とは何ですか：必ず必要なもの	0	10	10	30	50	60	70	90	90合格
（非日常語） ひねもすとはなんですか： 一日中，朝から夜まで	0	30	100	100	100	100	100	100	100合格
（外来語） パトカーとは何ですか：パトロールカーです	0	80	100	100	100	100	100	100	100合格

　この家庭学習プログラムは，本児の表出言語や産出言語の開発にとくに役立った。母親へのカウンセリングをとおして「息子は言葉がよくわかるようになった」とか「よく話をするようになった」と述懐している。この行動療法的技法は効果が上がると考えられる。この学習プログラムも自閉症児個人に合った独自の認知や思考に合わせた教育的対応の工夫が必要であろう。

　自閉症児の治療教育は早期療養が鍵である。自閉症の諸症状のなかには防衛

として二次的に形成されたものがあり、自閉症が完成する前の2歳代からの治療的介入が行われた場合、大きく障害の軌道修正を行うことが可能であることが示唆されている。また早期からの適切な教育的介入を行うことで治療効果が上がる(杉山、1999)。また知的能力に差がない例で、早期治療教育を受けた児童のほうが有意に適応状態が良好なことも明らかになっている。

第5節　親への支援カウンセリング

　自閉症児をもつ家族の心理的援助は不可欠である。家族支援は親だけでなく、兄弟姉妹の支援も含めて考える必要がある。自閉症児は他の兄弟にも愛着を築くことはむずかしく、相当に精神的身体的物理的負担を負った生活を強いられる。他の兄弟は障害者の存在によって親をとられたという認識をもつ。自閉症児が障害を疑われるのは「親とのぎこちなさ」であり、「友だちとの関係のぎこちなさ」であり、このことは親を不安にさせる。

　自閉症児は対人関係が困難で、それは家族にも深刻な問題になる。親子の親密な関係を維持できず、とくに母親はこれを自己の責任として過度の負い目を感じ、果ては自己を責めるという構図になる。父母の不安は大きく、子どもの養育意欲もそこなわれる。そういう状況では自閉症児の治療教育どころか、保護者の心身の健康を心配する必要もある。したがって保護者指導は自閉症児の治療教育とともに重要である。

　保護者が自閉症についてよく理解しなければならないことはもちろんだが、自閉症児への接し方を具体的に直接指導する必要がある。保護者の要望を聞くと同時に、学校の指導体制や方針についても保護者の理解を得なければならない。自閉症児の指導プログラムについて説明し、保護者にも子どものようすを冷静に観察し、子どもの現実の姿をとおして彼らの行動パターンの理解を深め、積極的にかかわってもらわねばならない。

　自傷や他傷または器物損壊などのいわゆる問題行動が深刻になると、家族は冷静に対応することがいっそうむずかしくなる。本児の場合も、家族指導のプログラムなどを入れ、子どもを統制する方法を直接織り込んだ学習に当たっている。

第5章
ウィリアムズ症候群

第1節　ウィリアムズ症候群の定義とその遺伝学的神経学的背景

1．ウィリアムズ症候群の特異性

　ウィリアムズ症候群（Williams syndrome）はニュージーランドの心臓医ウィリアムズ（Williams, J. C. P.）によって初めて報告された遺伝子病といわれる。最近，この症候群は遺伝子病であることや症状のめずらしさから，各分野の研究者の注目するところとなっている。それにしてもこれは出生約2万人に1人といわれるまれな症候群なので，これに遭遇する機会は臨床家といえどもそんなに多くはないというべきだろう。

　臨床心理学からみて，ウィリアムズ症候群はその特異な心理的行動的特徴に大いに関心のあるところであるが，身体的器質的にも注目すべき問題があり，さればこそ最初には一心臓医の報告するところであった。すなわちウィリアムズ医師の観察した心臓には心雑音と主要血管の狭窄がみられ，その症状は重度から軽度までさまざまであるが，なかでも大動脈弁上部狭窄症（supravalvular aortic stenosis : SVAS）の罹患が多かった。

　またウィリアムズ症候群と診断された子どもたちの多くは高カルシウム血症であることがわかった。乳児高カルシウム血症（infantile hypercalcemia : IHC）の罹患児が典型的な身体的行動的特徴を有することは関係者の早くから知るところであるが，ウィリアムズ症候群の子どもに高カルシウム血症が多いことがわかってみると，その心理的行動的特徴も互いによく似ていることも判明した。事実，イギリスのウィリアムズ症候群財団（The Williams Syndrome Foundation）はその前身を幼児高カルシウム血症財団（Infantile Hypercalcaemia Foundation）と称した，その改称である（Udwin, O. & Yule, W., 1988abを参照）。

　今日，遺伝的な知的障害症候群と関連した行動的精神病理的特徴は行動表現型とよばれるもので，ウィリアムズ症候群の行動障害は行動表現型研究から明らかになった新しい精神病理の一例である（Einfeld, S. L. & Hall, W., 1994）。一般に精神遅滞の子どもには摂食障害に睡眠障害が伴うものであるが，これは

一定の遺伝的障害の特徴でもある。事実，ウィリアムズ症候群の子どもの多くは生後数か月から1年目にかけて嘔吐，便秘，ミルクぎらいなど，哺乳や食事に問題があり(摂食障害)，不きげんでよく泣く。また彼らは寝つきが良くないのが普通で，寝つくまでに母親はたいへんな思いをする。また夜泣きも尋常でない（睡眠障害）。

エンフェルドら (Einfeld, S. L. et al., 1997) はウィリアムズ症候群 70 例（平均年齢 9.2 歳）と精神遅滞児 454 例（平均年齢 12.0 歳）の行動的情動的障害の全体的レベルを比較検討したが，その結果，精神遅滞児との診断的差異として，ウィリアムズ症候群の精神医学的障害は，不安，過活動，先入見，不適切な人間関係にあることを指摘した。その他に睡眠障害，聴覚過敏などの個別的症候の著しい者も多かった。これによってウィリアムズ症候群という精神障害の今後の標準的分類には，このような行動障害表現型を含めなければならないとする十分な理由があるというのである。

事実，ウィリアムズ症候群には後述するように非常に興味ある心理的行動的表現 (Udwin, O. & Yule, W., 1991 を参照) があるが，このめずらしい症候群について，わが国ではまだほとんど手つかずの状態である。本章ではこの症候群の症状や行動特徴ならびに遺伝学的背景について述べ，それについての本質論ともみられるべきひとつの見解を紹介する。それに基づいて発達臨床的治療の立場からこの症候群の治療教育の重要性，その急務の課題，方法や指導上の要件などについて考察する。

2．その遺伝学的神経学的背景

近年のウィリアムズ症候群に対する関心のひとつの理由はその遺伝子的原因がわかってきたことにあると思われる。すなわち 1993 年，ウィリアムズ症候群の患児の体細胞では，23 対の染色体のうち 7 番目の染色体対（第 7 染色体）の 1 本で，一部がわずかに欠けていることがわかった (Lenhoff, H. M. et al., 1997 を参照)。つまりウィリアムズ症候群の発症原因は 7 番目の染色体にあり，やがてそれは同染色体上のエラスチン遺伝子の欠失に由来することがわかってきた。エラスチンとは結合組織蛋白質で，その不全がウィリアムズ症候群に特有な心臓欠陥をきたしている。エラスチンは軸策成長の基質であり，その欠失は脳の

発達にも問題を起こす。ところが近年，エラスチン遺伝子の隣にあって，ウィリアムズ症候群にもっと関連あるらしい遺伝子がわかった。その生成蛋白質はホメオチック遺伝子生成物 LIM 1 と構造的に類似しているので LIM 1 キナーゼといわれる（図5-1参照）。

　LIM 1 キナーゼ遺伝子の欠失とウィリアムズ症候群との因果関係についてはまだ不明なことが多いが，対応する LIM 遺伝子が非常に関係することを示すひとつの証拠がある。すなわち LIM 1 キナーゼがノックアウトされたトランスジェニック・マウスの胚は，体の他の部分は普通に発達するが，頭部がまるで発達しない。それは極端な場合であるが，要するにウィリアムズ症候群もヒトの LIM 1 キナーゼのノックアウトと考えることができる。それはマウスの場合と同様に，脳の各組織の間に発達不全とアンバランスを引き起こし，それがウィリアムズ症候群特有のピクシー（妖精顔貌：そりかえった鼻と小さなあご）のような顔の発達異常の原因でもある。

　ウィリアムズ症候群のこの問題に関連する論文をいくつか紹介しよう。

　レンホッフら（Lenhoff, H. M. et al., 1997）によると，ウィリアムズ症候群における染色体上の遺伝子欠失は，脳の左半球（大多数の人間にとって言語に重要な領域）には基本的には影響を与えず，視覚的空間認知にかかわる右半球を混乱に導いているかのようである。すなわち当該染色体の欠失は視覚領域で

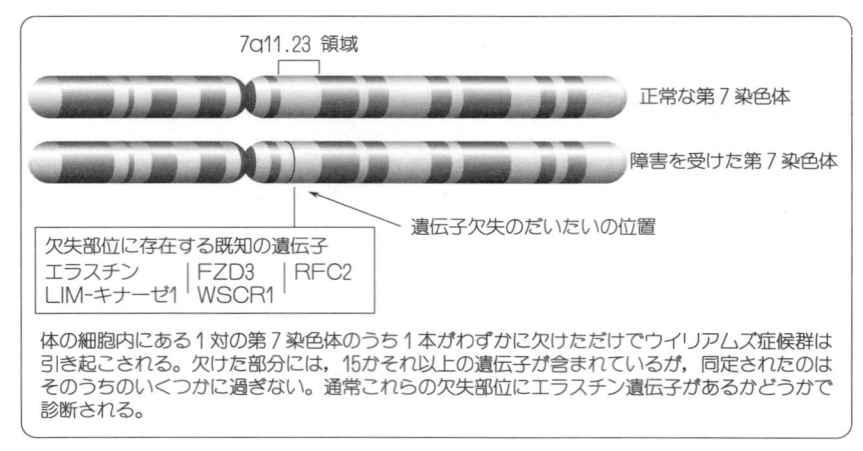

★図5-1　**ウィリアムズ症候群の第 7 染色体**（Lenhoff, H.M. et al., 1997；正高訳，1998）

神経細胞が変則的に集合するといった解剖学上の変化をもたらし，それによって視覚的空間的認知能力に障害が生じているらしい。

ウィリアムズ症候群の子ども16人（3歳〜10歳）を対象に，手の掌紋（皮膚紋理）の側性と特徴を調べた例がある（Bogdanov, N. N. & Solonichenko, V. G., 1997）。それによるとウィリアムズ症候群には指に複雑な螺線形と，明らかに左手に優位ないっそう複雑なマークを特徴とする掌紋がみられた。この特徴は一般には，あるいは他の遺伝的神経系障害には極めてまれである。掌紋パターンは人間の遺伝的に決定された中枢神経系の右半球優位の特徴的指標となる。このことは人間の高次神経機構分析のユニークなモデルとして，ウィリアムズ症候群の子どもの神経生理学的研究の指針とされた。ウィリアムズ症候群は遺伝的障害で，心臓欠陥系病理と特徴ある顔形（妖精様顔貌）と，特異な心的知的障害を伴うことがあわせて報告された。

ウィリアムズ症候群，ダウン症候群，脆弱X症候群，レット症候群などは，いずれも子どもの発生的機能障害に関連した特異的症候群である。いずれも遺伝子に起因する脳の異常発達による認知的行動的機能不全を起こすわけであるが，その神経生理学的メカニズムは，最近の神経画像法によって著しく解明された（Kates, W. R. et al., 1997）。たとえば磁気共鳴画像法（MRI：magnetic resonance imaging）であるが，それによってウィリアムズ症候群の原因とみられる染色体上の遺伝子欠失というものが，非常に複雑に脳を変化させていることが如実に示された。MRIによる形態計測研究はダウン症候群，ウィリアムズ症候群，トゥレット・ターナー症候群の障害の診断分類にも有効であった（Wang, P. P. & Jernigan, T. L., 1994）。

第2節　ウィリアムズ症候群の症状と行動

1．身体的行動的特徴

ウィリアムズ症候群の子どもは全般的な身体的発達の遅れとともに，妖精（ピクシー）顔貌といわれる独特な容貌をしており，なんとなく口を開けてニヤニヤしてみえるところがある。知的には軽度から重度までいろいろだが，各種の

障害を伴う。不思議なのは，それにもかかわらず彼らはその知的レベルをはるかに超えた複雑な言葉を話すことである。ただしその会話には往々にして場違いの言葉づかいがあり，言葉の意味がわかっていない。実際，彼らは言語表出はよいが，言語理解は劣っている。たとえば完璧に子守歌を歌い，物語を暗誦するが，意味がわかっている様子がない。周りの人の言いまわしや文を口まねするだけである。会話は上滑りで，決まり文句や同じ表現のくり返しである。それは一見大人風である。実際，大人とのかかわりを好み，おしゃべりだが，話すことはいつも同じである。ただしこれは典型的にいえばのことであって，話し方も普通で，異常のめだたないケースもあることはもちろんである。

　大人っぽいおしゃべりが示すように，彼らは著しく外向的で社交的である。見知らぬ大人に対してすらもなれなれしく，大人にまつわりたがり，それはマナーを超えている。大人の集まりが好きで，大人の関心を引くことが楽しい。反対に同世代の子どもとは仲良くできない。これは成人しても変わらず，同年齢の仲間との関係は貧困である。おそらく社交性はウィリアムズ症候群の最大の行動特徴である。

　彼らは音声信号に対して優れた記憶力と再生能力をもつだけでなく，読みも達者で，早熟である。近年，過読症とよばれるのは，普通の子どもがようやく語や文を言えるようになる年齢で，早くも文字や記号がものすごくよくわかる子のことであるが，ウィリアムズ症候群もまさにそれである。コーンフレークの箱の文字など，身辺の文字を読み，数字がわかり，商標を見分け，道路標識を言う。この限りでは文学的数学的神童の徴候とみられるかもしれないが，不幸にして，これは孤立した心的能力であり，事実，文字や記号の意味はわかっていない。文字は読んでも事実関係を推理し，理解する能力は貧しい。

　一方，書字やつづりは読みに比べると上達が遅い。これらの作業は視覚と微細運動の巧緻性が要求されるからである。後にもしばしば指摘されるが，彼らは一般に非言語的な視覚空間的および運動的技能に弱い。

　上にウィリアムズ症候群が音声信号に対して優れた能力を示すと述べたが，これについてグラントら（Grant, J. et al., 1996）の研究は重要と思われる。彼らはウィリアムズ症候群の外国語習得における音声体系の発達を問題とした。すなわち英語を母国語とするウィリアムズ症候群7人（10.8歳〜30.8歳）を対

象に，外国語（フランス語）の音声短期記憶を調べた。すなわち「英国児童用非言語反復課題」(English Children's Test of Nonword Repetition) を利用し，別に正常発達の6歳児群で英語しか知らない児童とフランス語も話す児童を統制群とした。その結果，ウィリアムズ症候群は外国語刺激よりも母国語の音素配列に従った非言語刺激に有意に優れた。これは当たり前のようであるが，ウィリアムズ症候群が英語に達者にみえるのは耳に入ったもののただのまねではなく，母国語の音声体系の知識の発達を含むものであることは，彼らも正常者と同じであることを示唆している。

　ウィリアムズ症候群は多動かつ注意散漫，一定時間じっと仕事に集中することが困難である。これは近年，問題になっている注意欠陥・多動性障害(ADHD：attention deficit hyperactivity disorder) である。感覚的に（とくに音に）敏感で，周辺の偶発的な音や事件に気が散って，肝心なことに集中できない。そうかと思うと，彼らは何か特定の物や話題に夢中になって時間を過ごす。不安が強く心配性で，人に注意されたり思うように事が運ばなかったりすると動揺し，過剰なほど気にかける。その反面，衝動的なところがあり，順番を待つとか，大人の忠告を聞くことができない。気に入らなかったり自分のやり方が通らないと，しばしばかんしゃくを起こす。

2．視覚認知と運動機能の障害

　ウィリアムズ症候群の子どもは非言語的な視覚―運動系に障害がある (MacDonald, G. W. & Roy, D. L., 1988)。歩行のような身体全体を使う協調運動から，目と手の協応や指先を使う微細協調運動が不得手である。自己の身体や対象物の空間定位，方向と距離の判断，弁別と定位，記憶など，視知覚認知と運動の協調に障害がある。チャップマンら (Chapman, C. A. et al., 1996) によれば，ウィリアムズ症候群児の成人期までの神経学的追跡調査で，筋緊張バランスは年齢とともに改善されたが，協調運動と歩行の異常は持続した。すなわちウィリアムズ症候群児は乳児期におけるお座りや歩行開始が遅れ，その後もボタンかけ，はさみの使用，鉛筆をもつなどのデリケートな作業，長じては自転車乗りに困難をきたす。梯子や階段の昇降または高所の細い橋をわたるなどが苦手で，高さに臆病である。当然，そういう子はキャッチボールなども

苦手である。

　クリスコら（Crisco, J. J. et al., 1988）はウィリアムズ症候群児22人（月齢50〜220か月）と統制群として年齢，性，総合知能に関して対応する非特異的発達不能の子ども22人にITPA言語学習能力診断検査(Illinois Test of Linguistic Abilities)を行った。それによると両群の差はやはり視覚的情報処理に顕著にみられた。ウィリアムズ症候群の子どもは視覚的完結と視覚的記憶の各課題に本質的に問題があった。視覚的受容，視覚的完結，視覚的記憶の各得点をみれば，ウィリアムズ症候群の82％，統制群の68％を間違いなく分類できる。

　パニら（Pani, J. R. et al., 1999）はウィリアムズ症候群児の視覚空間構成（たとえばブロック・デザイン課題）が特異的に貧弱なのは，彼らが局部的な空間処理に強く拘束されるためと説明した。他方，ウィリアムズ症候群の被験者は全体処理から局部処理への転換が正常知能の被験者よりも困難ということもあった。このことはウィリアムズ症候群における視覚空間構成の問題点は，単一レベルの体制化の突出にあるのではなく，体制化の転換の困難にあることを示唆している。

　バートランドら（Bertrand, J. & Mervis, C. B., 1996）はウィリアムズ症候群の子どもの描画における視覚—運動統合の発達を調べた。すなわち9歳，10歳，12歳，14歳の各時期において，視覚—運動統合発達検査の中の幾何学図形と日常事物の描画を，認知性，体制性，発達過程について分析した結果，ウィリアムズ症候群の子どもには視覚空間的構成認知を含む課題が非常にむずかしく，彼らの言語能力に引き替えて大きな差があった。彼らの描画技能は極めて遅れていたが，描画学習の効果がないわけではない。指導すれば上達する。そこで就学前期における読み書きの学習に先立って，物や形の分類と照合，物の配列，描写，図形模写，線描画のなぞり書き等の視覚認知の練習は意味がある。ウィリアムズ症候群の視覚的認知に関する個別療育学習課題としては，フロスティッグ学習プログラムが有効な教材として使われている。

3．知的障害

　ウィリアムズ症候群の子どもの標準的なIQは平均より低く，その知能は軽度から中度の遅滞と診断される。たとえば　平均56（41〜80）（Jones, K. L. &

第2節 ウィリアムズ症候群の症状と行動

◆表5-1 ウィリアムズ症候群児を基準とした評価点(IQ)の比較傾向 (内田, 2001)

WISC-Ⅲ知能診断検査	自閉症児 評価点	IQ	傾向	ウィリアムズ症候群児 評価点	IQ	傾向	ダウン症児 評価点	IQ
言 語 性 検 査	5	43	<	18	60	>	5	43
動 作 性 検 査	40	86	>	8	41	>	7	40
全 検 査	45	60	>	26	46	>	12	—
言 語 理 解	4	—	<	17	65	>	4	—
知 覚 統 合	32	87	>	7	—	>	6	—
注 意 記 憶	2	—	<	9	68	>	8	65
処 理 速 度	11	75	>	4	55	=	4	55

—：測定不能

Smith, D. W., 1975), 平均49.5 (40～75) (Pagon, R. A. et al., 1987) などがある。ベルージ (Bellugi, U. et al., 1990) らは特異的能力別のテストをつくり, ウィリアムズ症候群の青年と, ウィリアムズ症候群とは別の認知障害としてのダウン症候群の青年, および一般の青年を対象に比較したが, ウィリアムズ症候群の青年に関していえば, そのIQは40～100の幅があり, 平均IQは約60であった。

内田 (2001) はウィリアムズ症候群, 自閉症, ダウン症候群 (各症例ともいずれも10歳児1人ずつ) の知能指数を比較した (表5-1, 参照)。その結果, ウィリアムズ症候群児のIQは46 (言語性IQは60, 動作性IQは41), 自閉症児のIQは60 (言語性IQは43, 動作性IQは86) であった。言語性と運動性が両者互いに反対のパターンであるのがおもしろい。言語理解, 知覚統合も反対である。ウィリアムズ症候群は1例のみの所見だが, その特長を一応, よく表している。ダウン症については後述する。

石川ら(1998)はウィリアムズ症候群児10例(2歳～20歳:平均年齢9.2歳)についてDQ (development quotient) とIQ (intelligence quotient) の長期的推移を調べた。使用したのはコロンビア精神成熟度検査 (Columbia Mental Maturity Test) で, 結果は6.6歳時の平均IQは77, 8.6歳時の平均IQは68で, 有意に下降した。長期的に見るとだいたい, 5～6歳時に認知発達はピークに達し, それ以降は下降線を描きながら「への字型」の曲線をたどる (図5-2, 参照)。

他の認知発達の研究では, 言語, 記憶, 数量に関しては正常であるが, 運動

第5章 ウィリアムズ症候群

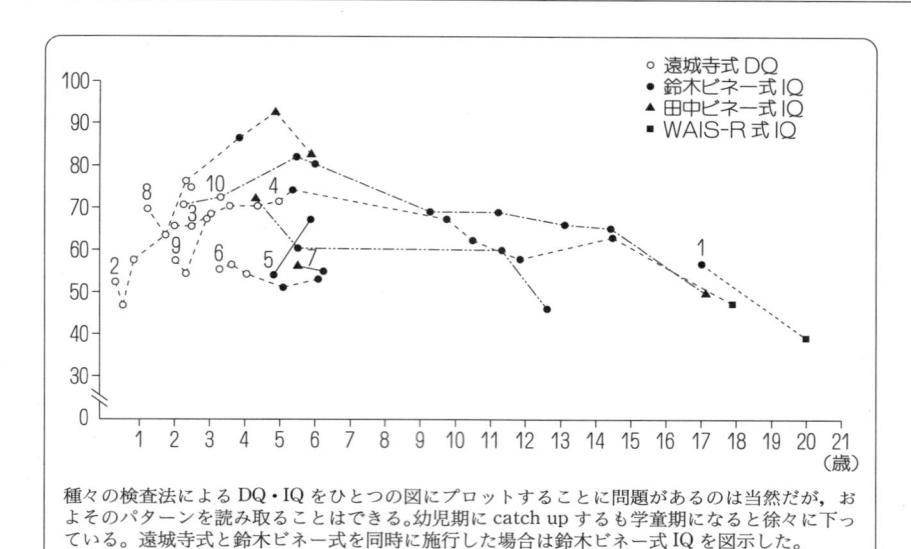

種々の検査法によるDQ・IQをひとつの図にプロットすることに問題があるのは当然だが，おおよそのパターンを読み取ることはできる。幼児期にcatch upするも学童期になると徐々に下っている。遠城寺式と鈴木ビネー式を同時に施行した場合は鈴木ビネー式IQを図示した。

★図5-2　ウイリアムズ症候群10例のDQ・IQ長期推移（石川ら，1998）

能力，迷路，人物画，立方体積み上げ課題などの知覚能力は劣っていた（Bennet, F. C. et al., 1978）。また読みは良好だが，運動能力が乏しく，配列や操作課題に問題があった（Gosch, A. & Pankau, R., 1996）。

　記憶についてはヴィカリら（Vicari, S. et al., 1996）がウィリアムズ症候群児16人（平均年齢10年1か月；平均知能年齢5年）の言語記憶と空間記憶を調べた。言語と視知覚の各題材の記憶スパンおよび直後／遅延再生課題について，正常発達児童（平均年齢5年3か月）と比較した結果，ウィリアムズ症候群児童の記憶能力は短期記憶にも長期記憶にも視覚—空間記憶の欠陥を特徴とした。言語記憶は，短期は正常だが長期は欠陥があった。ウィリアムズ症候群の知的障害は認知能力の障害の有無を含む複雑なシステムの機能欠陥であるという説があるが，この結果はそれを支持する。また語の記憶テストによると，音韻論的記号化メカニズムは発達的に正常だが，語彙意味的知識を用いる方略に問題があった。

　一方，いわゆるサヴァンといわれるケースになるが，ウィリアムズ症候群には驚異的な音楽能力といったような非凡な才能を発揮する者がある。レンホッ

フら（1997）は，ウィリアムズ症候群の音楽的才能として，楽譜は読めないが，ほぼ完璧な音感と超人的とも言えるリズム感をもっている例を逸話的に報告した。すなわちある少年は一方の手は4分の7拍子，他方の手は4分の4拍子で同時にドラムをたたくといった複雑なビートを簡単に学習した。長いバラード曲のメロディと歌詞を楽々と記憶し，なかには25か国語で歌う人もいる。

　ウィリアムズ症候群にはまさに天才的能力と凡才にも至らぬ能力が混在している。

4．言語における特異行動

　ウィリアムズ症候群の特異性はなんといってもその言語行動にあることはすでに指摘した。ウィリアムズ症候群の子どもは会話能力に優れ，とくに音声に対する優れた記憶力と聴覚的系列記憶能力がある。彼らは多くの語彙を有し，普通の子どもよりもよほど達者な言語表現力を発揮する。その言語には躍動性があり，物語を語らせれば，声色，強弱，語調は豊富，語り口は鮮やかで劇的，とどまるところを知らない。このような多弁と社交性のゆえに，しばしば教師はその能力を過大評価することがある（Lenhoff, H. M. et al., 1997）。いずれにせよウィリアムズ症候群の障害は，言語処理を遂行するためのこの種の能力についてはインタクトであるだけでなく，むしろこれを助長しているかのようである。

　一方，彼らの言語表現は一見達者にみえるが，理解力には問題がある。ヴォルテルラら（Volterra, V. et al., 1996）はこの面からウィリアムズ症候群の子どもの言語能力について調べた。17人（8歳〜15.3歳）を対象に，語彙と形態統語論的な能力を理解と産出の両面から調査し，正常児と比較した。ウィリアムズ症候群の語彙理解は正常児とほぼ同じとみられたが，文法理解は劣った。さらにウィリアムズ症候群はその産出において一定の形態統語論的側面に貧弱である。彼らの発声が正常児より流暢なのは，意味内容がかかわらないときに限る。

　ウィリアムズ症候群児のリテラシーは，文字を書く・つづるとなると，読みに比較して顕著に発達が遅い。彼らには文字を形作り，紙の上に配置し，並べるという作業が困難である。行から外れたり，飛ばしたりする。これらの作業

には視覚性と微細運動の巧緻性が必要だからである。

　中村ら（Nakamura, M. et al., 1999）はウィリアムズ症候群児の漢字書き言葉について調べた。ウィリアムズ症候群と診断された9歳の一人の男児について，心理テストバッテリーにより言語と視覚認知の能力を診たものであるが，この被験児には「読み」かつ「理解」できるのに「書けない」漢字があった。部分的な字画が書けても，その正しい配置ができない。これは臨床的に観察されている図形模写の困難ともよく似ている。K-ABC (Kaufman Assessment Battery for Children) テストによれば，この被験児は同時処理の平均点に比べて空間記憶のサブテストが困難である。このことも図形模写と漢字書字の困難と関係が深いと思われる。言語能力診断検査ITPA(Illinois Test of Psycholinguistic Abilities) によれば，意味と用法に問題はあるが，被験児の語彙は比較的よかった。障害児の能力のこのような利点と弱点を知ることは適切な治療教育技法の策定に役立つはずである。

　ヒトはアニマル・シンボリカム（animal symbolicum）といわれて著しく記号能力に偏っているわけであるが，ウィリアムズ症候群はヒトの記号能力への偏りの基にある遺伝子変化のゆがんだ反映とみることができる。ウィリアムズ症候群にみられるのは前頭皮質と小脳を残した脳の大部の発達不全であり，したがってこれらの2つの残った組織に認知過程の多くをまかせることになる。その結果，（発達不全の脳領域の機能であるところの）非記号的な連合（刺激連合）の学習能力がひどく障害され，反対に（前頭部の機能であるところの）記号的な連合学習への偏りが強くなる。ウィリアムズ症候群の子どもたちの過読傾向，早熟な語彙と読字能力，その珍語好み，昂揚した社会感覚がこれで説明できる。

　ウィリアムズ症候群におけるホメオチック遺伝子（形態形成遺伝子）の欠陥は前頭前野への強い偏向となったが，これと引き替えに他の領域の学習不全となった。その結果，彼らの記号理解はほとんど完全に辞書的関係，つまり語—語関係にとどまり，事物や事象との刺激連合的な結合の支援がない。そのことが体験的具象的一般知能の著しい低下をきたす。それでいて抽象的言語記号行動は達者だということは，言語獲得にとって一般に考えられているようには，高度の一般知能は必要でなく，学習傾向の記号特異な偏向をもって成長すれば

よいことを証明している。

5．成人のウィリアムズ症候群

ウィリアムズ症候群の子どもは背が低く，体格も小さいが，この傾向は成人になっても変わらない。平均身長は女性で 152.4 cm，男性では 167.6 cm（ただしイギリス人のデータで，その成人女性の平均身長は 164 cm，男性は 177 cm）である。

ブラードレイら (Bradley, E. A. & Udwin, O., 1989) はウィリアムズ症候群と診断された 43 歳の精神遅滞 (IQ 54) の男性の精神医学的心理学的行動特性を事例史的に報告している。これによるとウィリアムズ症候群の徴候として精神障害，高カルシウム血症（ハイパーカルセミア），大動脈弁上部狭窄などがあり，行動特徴として過剰不安と感覚過敏性格があった。感覚過敏についてはクレインら (Klein, A. J. et al., 1990) がウィリアムズ症候群 65 人（1 歳～28 歳）における聴覚過敏と中耳炎について報告しており，その調査によると聴覚過敏は 95％に，中耳炎は 61％にみられた。これは一般集団に比べて著しく多い。ウィリアムズ症候群における音過敏症の原因はまだ解明されていない。

成人ウィリアムズ症候群の患者の知的側面についてはハウリンら (Howlin, P. et al., 1998) が，62 人（19 歳～39 歳）を対象に認知，言語，学力の検査を報告した。IQ の平均は 61 であったが，言語性 IQ と動作性 IQ の差および言語の理解能力と表現能力の差は，いずれも同じ条件の（つまりウィリアムズ症候群の）児童におけるより小さかった。しかし下位検査得点は児童とほとんど同じ認知的プロフィールであった。

ウィリアムズ症候群成人の読み，つづり，算数，社会適応の技能は低く，6 歳～8 歳程度であった。児童と成人のウィリアムズ症候群の知的能力の報告には一貫性があり，認知，言語，適応機能のそのパターンがウィリアムズ症候群に特異であることはいっそう確かである。またデイヴィッドら (David, M. et al., 1998) も成人のウィリアムズ症候群に心理的行動特徴のめだったパターンがみられるかどうかを調査した。ウィリアムズ症候群の 70 人の成人（19～39 歳）を対象として，その社会的，情動的，行動特性について親やその他の介護者と面接した結果，彼らは行動的情動的に多くの困難があり，とくに社会的関

係が貧困である反面，過度の友好性，社会的脱抑制，偏見と妄想，高度の不安が報告された。

第3節 ウィリアムズ症候群と他の症候群との比較

神経生物学者ディーコンは言語の起源について論ずるなかで，ウィリアムズ症候群と自閉症との関係についてユニークな見解を示した（Deacon, T. W., 1997）。ディーコンはウィリアムズ症候群の言語の特殊性について自閉症と比較しながら詳しく描写しており，今のところ他の心理学関係書に類を見ない貴重なものと思われるので，（前節と重複することもあるが）ここにその抜粋をかかげる。

1．ウィリアムズ症候群と自閉症

ウィリアムズ症候群の子どもにとくに興味あることは，彼らの早熟な言語技能が特異なパターンをとることである。何か身辺の物について説明させると，それがどのような物か，用途は何かなど，記述的なことは長々としゃべる。しかしその用途の何か別の応用を問われると詰まってしまう。同年齢の児童は，初めの質問に対してそんなに多くの記述的特性を述べ立てることはしないが，第2の質問にはおもしろがって，よく答える。ウィリアムズ症候群の子どもの言語知識は辞書か百科事典の項目を暗記したようなもので，その知識についての体験がない。彼らは言語的連合の広い知識をもっているが，語を世界につなぐ体験的連合のネットワークが貧しい。

ウィリアムズ症候群の子どもは文法能力はあるが，言語理解は文脈に限定された浅薄な現物的理解にとどまり，最小限の問題解決能力しか有しない。そこで彼らの文法知識は生得的に何か別のものと考えることができる。この解釈は失語症が言語運用テスト以外の知能指数にあまり影響がないことと符合する。しかしだからといって言語と知能は別々で，病理的状態によっては解離することもあると考えることはできない。知能は脳の単一の機能ではなく，言語は他の認知機能と隔離したものでもない。それにもかかわらずウィリアムズ症候群には，言語発達でもっとも重要ないくつかの過程が選択的に残されるという形

で，認知機能が解離しているのをみるのである。

　ウィリアムズ症候群患者の語彙には，普通には使われない語が好まれるという奇妙な特徴がある。これは語彙を互いに比較評価するための十分な情報をもたず，経験的な使用頻度がわからないので，普通の語も特殊な語も無差別に使われる。語彙利用の指針としての体験的な刺激連合的なサポートがなく，これを教えてやっても無視されてしまう。

　このようにウィリアムズ症候群は言語学習の選択的障害の中でも，もっとも不可解な例である。その特徴として，物語や言語情報の暗唱は非常に達者であるが，作文水準の言語過程に大きな認知的欠陥があり，極めて貧弱な問題解決能力，強い空間的推理障害を示す。知能指数は低いのに，語彙と発話技能は幼少時から平均以上である。

　ウィリアムズ症候群は言語の特異な能不能と平行するかのように，非常に社会的で集団を好み，ほとんど超社会的人格の持ち主であることはすでに述べた。このような言語学習の認知欠陥と反対の発達的様相を示すのが自閉症である。

　自閉症の言語学習困難は，語句の機械的学習や事物的な（非記号的）解釈反応への依存によるところが多く，ウィリアムズ症候群と反対である。その反対関係は社交性にも現れる。自閉症はその名のとおり，自閉的すなわち非社会的である。他者の存在をいやがり，他者とまなざしを合わせることすら忌避する。ましてや触れられればパニックを起こす。他者の存在を無視し，成人しても孤独である。その結果，自閉症患者は他者の心を読むということがとくに苦手である。他者の見方をとること，他者は異なる考えを持っていることがわからない（近年，「心の理論」といわれている問題）。彼らは社会的行動にも日常生活にも，非常にステレオタイプな儀式的行動パターンをとる。成人の自閉症はその生活が厳密なスケジュールとリストに従っていて，変更があると混乱してしまう。

　このような自閉症の社会的認知欠陥はより基本的ななんらかの相関の結果である。つまりウィリアムズ症候群と自閉症の神経学的欠陥を比較すれば，そこに相補的な神経パターンをみることができる。ウィリアムズ症候群の表面的(形式ばかりで意味内容が貧弱)だが達者な言語能力と，彼らの過度の社会性と社会関係における他者への反応への強い関心は，後部皮質は著しく縮小している

が，前頭前野皮質と小脳は障害されていないことによる。反対に言語にかなり重い困難のある自閉症児は，前頭前野の機能の低下と小脳の異常があるが，後部皮質機能は比較的残っている。著しい前頭前野皮質損傷の患者が他者の視点をとることができないのは，その神経学的メカニズムにおいて自閉症と同じである。自閉症は他者の心がわからない。ウィリアムズ症候群も自閉症も，その神経学的メカニズムについては詳しくはわからないが，その典型例の神経パターンを図式的に解釈すればこのようになるということである。

2．ウィリアムズ症候群とダウン症候群

ウィリアムズ症候群とダウン症候群も対照的な2つの遺伝的症候群であるが，ハリスら（Harris, N. G. et al., 1997）は言語学習についてこれを比較した。すなわちウィリアムズ症候群またはダウン症候群の児童93人（12～76か月）の親に「子どもの言語発達に関する親の報告」質問紙を実施したところ，両群とも標準に比べて同じような遅滞を示したが，言語獲得のパターンが違った。言語発達の初期，ダウン症候群の児童はゼスチャーの傾向がめだった。その後の両群には文法発達に違いがあり，ウィリアムズ症候群の児童はダウン症候群の児童をはるかに凌駕した。この所見は青年ないし成人のウィリアムズ症候群とダウン症候群にみられる顕著な違いでもある。ウィリアムズ症候群は対応するダウン症候群と同様の著しい認知的欠陥を示しながらも，言語能力だけは優れていた（Levy, Y., 1996も参照）。

ワンら（Wang, P. P. & Bellugi, U., 1994）はウィリアムズ症候群とダウン症候群の各9例について言語と視覚―運動刺激の短期記憶の解離を調べた。ウィリアムズ症候群は言語能力に優れ，とくに言語短期記憶がよかった。反対にダウン症候群は視覚―空間短期記憶課題に，比較的にだが，優れた。このような二重の解離は，言語と視覚―空間刺激の短期記憶の神経発生的基礎が違う証拠と考えられた。

内田（2001）によるウィリアムズ症候群とダウン症候群，自閉症児のIQの比較は前に述べたが（表5-1），これによるとウィリアムズ症候群は言語性IQと言語理解がダウン症候群よりも明らかに良い。動作性IQ，知覚統合，注意記憶，処理速度の点では両者は変わらなかった。レンホッフら（1997）は画像の

> 認知のしかたはどう違うか（ウイリアムズ症候群とダウン症の比較）
>
> 〔課題１〕　画像の記憶・再現
>
> 青年期の人々に、小さな「Y」の文字で作られた大きな文字「D」（左）を記憶してもらい、再現するよう求めた。その結果、ウイリアムズの人々は小さな「Y」のみを描き、細部を大きな形に統合することができなかった（中央）。ダウン症では、全体的な形はつかめるが、細部は無視する傾向にあった（右）。

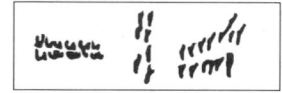

図５-３　ウイリアムズ症候群とダウン症の認知のしかたの違い
(Lenhoff, H.M. et al., 1997；正高訳, 1998)

記憶・再現の認知作用について、ウイリアムズ症候群とダウン症候群を比較した（図５-３，参照）。ウイリアムズ症候群は空間の全体構成がつかめず、ダウン症候群は空間の細部を無視する。

第４節　ウイリアムズ症候群の治療教育とその技法

　現在、ウイリアムズ症候群に関しては、その病理の追究と行動学的研究もさることながら、臨床心理学的な治療・療育の技法の開発が要求される。ここではウイリアムズ症候群児の治療教育に関して想定される心理学的診断に必要な心理査定および心理療法的技法を、行動療法の視点から考察する。発達障害としてのウイリアムズ症候群児の心理療法としては行動療法のほかに、芸術療法、遊戯療法、音楽療法、親の心理相談等が考えられるが、今のところその臨床心理学的症例報告が見あたらない。

１．心理・行動治療のための心理査定

　発達臨床に関する心理学的査定と神経心理学的査定を付章に掲載したが、両者はその測定内容が異なる。ウイリアムズ症候群児の場合は神経心理学的査定を中心に心理診断が行われる。もちろんその他にもその症状から類推して、ど

のような測定具が妥当かを考えて実施するのはよい。子どもの発達が未熟で測定できない場合は，質問紙を含めて親から聴取して査定することになる。たとえば津守式乳幼児精神発達質問紙，幼児の問題行動質問紙などがある。ここでは症状に合わせた測定具を参考までに掲載する（付章，参照）。

2．心理療法的技法

　ウィリアムズ症候群児の心理療法的技法として代表的な技法は行動療法である。行動療法は「行動主義的な学習理論を応用して，不適切行動を軽減・除去するとともに適応行動を触発・強化する方法」（Wolpe, J., 1969），あるいは「学習理論にもとづいて人間の行動を変容する方法のシステムあるいはプログラム」（内山，1990）などと定義されているが，いずれにしても行動療法はきわめて広範な発達障害や不適応行動の治療教育に適用可能である。すなわち自閉症，学習障害，注意欠陥・多動性障害のような発達障害および夜尿症，吃音，チック，強迫行為，恐怖症などの行動障害がある。それぞれに応じて条件づけ法，行動形成法，習慣逆転法，条件性制止法，その他の各種の方法が使われる。

　これらはいずれも適応行動をいかに強化し不適応行動をいかに消去するかの技法，つまり一般的にいえば行動強化法である。その1つの原理はオペラント行動の強化・増大にあるが，その効果的技法として近年とくに注目されているのがトークン・エコノミー法とシェーピング法である。トークン・エコノミー法は一定の課題を正しく遂行できたとき，あらかじめ約束した条件に従ってトークンを報酬として与え，それを目標とするオペラント行動を強化する方法をいう（たとえば Ayllon, T. & Azrin, N. H., 1965：内山，1990）。トークン・エコノミー法は発達障害児に有効な方法であるとされているが，たぶん彼らにとってトークンの報酬価が高いためであろう。

　ウィリアムズ症候群の子どもの行動学的研究と治療教育システムの開発に関してはメイヤーソンとフランク（Meyerson, M. D. & Frank, R. A., 1987）は脱感作手続きと言語療法を包含する教育措置の必要性を提言した。脱感作も行動療法の有力な方法で，ウィリアムズ症候群の不安や心配性はこれで消去できるということである。

　行動形成法またはシェーピング法（shaping method）は，一定の目標行動（標

的行動)に至るまでの行動を段階的にスモール・ステップの形で設定し,順次これを遂行させて最終的に目標を獲得させることである(内山,1990)。この技法は継次的段階によって目標行動に近接するという意味で,継次近接法（successive approximation）ともいう。

シェーピング法の実施には次の点を注意する必要がある（表4-7参照）。

① クライエントの言語獲得レベルに合わせた語彙について,その意味を言わせる。
② 各ステップごとの刺激語は一定の基準で選ばれる。たとえば「図表」「読書」「曲線」など（図と表,書を読む,曲がった線,すなわち語彙構成の基準）。
③ 毎回,刺激語の意味練習をさせ,暗記したことを言わせる。
④ 各ステップの行動を確実に評価するため,ステップごとの成績を本人の前で採点して示す。
⑤ 最終的に治療教育者が合格判定を行う。

第5節 ウィリアムズ症候群の支援ガイドライン

1. ウィリアムズ症候群の家族の状況

ウィリアムズ症候群の療育は同症例が僅少のため,療育法がまだ開発されておらず,その指導法も手さぐりの段階で,これがまさにウィリアムズ症候群の養育・治療教育の現状である。

ウィリアムズ症候群に限らないが,障害者がいると家族はたいへんな負担を負うことになる。アドウィン(Udwin, O., 1990)は,ウィリアムズ症候群の119人（16歳～38歳）の介護者に対する質問紙により,生活手配,日中の仕事とその達成度,介護能力,社会関係,行動／適応困難,介護者と家族の受ける影響などの現状について調べた。その結果,著しい行動的社会的支障が患者の成人期まで続いているという報告が多く,そのほとんどがなんらかの日常活動における指導とサポートを必要としていた。彼らの家族がどのように対処し,サポート・ネットワークを得ているかが問題である。

アドウィンら（1998）によるとウィリアムズ症候群の成人の患者は大部分が在宅で，家族はその自家介護に相当な負担を負っている。29家族（41.4％）は過去2年間にソーシャル・ワーカーとまったく接触がなく，子どもたちは在宅の48家族のうちの34（70.8％）は適切なケアを受けたことがない。特典についてのアドバイスなど，生活上職業上の必要な配慮も断片的で，医学的問題はもちろん，行動的情動的困難も多い。にもかかわらず定期的健康診断を受けているのは20人（29％），過去2年間に精神衛生上のなんらかのサービスを受けたのは21人（30％）にとどまった。多くのケースで，公的またはボランティアのサポートのないまま，家族はウィリアムズ症候群の子弟の介護負担を，それも成人に到るまで負い続ける。

　またフィドラーら（Fidler, D. et al., 2000）は，ダウン症候群，ウィリアムズ症候群，スミス=マジェニス症候群の子どもをもつ家族のストレスについて調査した。これらはそれぞれ異なる遺伝的病因による精神遅滞であるが，そのような子をもつ家族のストレス・レベルに差があるか否か，その差が病因に固有の行動特性によって説明できるか，を検討した。調査対象はこれらの各症候群の幼児をもつ60家族であった。子どもの年齢は3歳から10歳。両親に「アッヘンバッハ児童行動チェックリスト・資源とストレスの質問紙」（Achenbach's Child Behavior Checklist, Questionnaire on Resources and Stress: Friedrich edition）と家族状況質問紙を実施した。ダウン症候群の家族の場合，悲観度は他の2群より有意に低く，親・家族問題度もスミス=マジェニス症候群の家族よりは有意に低かった。親・家族問題と最も関連する特性は，スミス=マジェニス症候群では不適応行動であり，ダウン症候群では幼稚性であり，ウィリアムズ症候群では不適応行動と幼稚性であった。不適応行動はスミス=マジェニス症候群の家族の悲観要因でもあったが，他の2群では悲観要因となる有意の特性はなかった。

　このように各症候群の不適応行動には家族の身体的心理的負担は大きく，しかも社会的援助を受けないまま過ごす家族が多い。専門家による親のカウンセリングの開発や社会的支援，患者の初期の教育刺激プログラムの策定が課題である（Kataria, S. et al., 1984）。

2．親への支援のガイドライン

　ウィリアムズ症候群の子どもの療育についてアドウィンら（Udwin, O. & Yule, W., 1988）は「親のためのガイドライン」と「教師のためのガイドライン」を簡便な小冊子により呈示した。これはウィリアムズ症候群の子どもにおける生活・教育上の諸問題，すなわち：
- 食事，睡眠障害，排泄のしつけ，衣服の着脱などの日常生活の問題
- 集中困難と多動性，癇癪もち，過度の社交性，強い不安と心配性などの行動障害
- 聴覚過敏，視覚―運動系の障害などの不適応
- 読み書き，話法，学校の選択，卒業後の進路などの教育上の問題

などに，親や教師はどのように対処すればよいかが詳細に記述されている。これには邦訳（富和・岡田，1997）があるので，それに従って一部を紹介しよう。

（1）　偏食する子

　冒頭にも述べたようにウィリアムズ症候群には高カルシウム血症が合併することが多い。これは医学的問題であるから，医師や栄養士により低カルシウム食や低カルシウム乳の調合やビタミンD制限食の処方が必要である。やがてカルシウムの血中濃度がある程度安定すれば，医師の指示に従って普通の食事に慣れさせる。

　摂食行動上の問題といえば偏食であろう。子どもが食べないものがあれば食べるような手段を講じる。行動療法的にいえば，子どもがそれを食べたらほめてやり，よい摂食行動の形成を図る。「ほめる」という言語報酬（言語強化）によって適切な行動を形成する。

　きらいなものを無理に食べさせたり，心配やストレスの多いとき，（おそらくいく分かは両親や教師の注意を引く手段として）食事中に吐く子どもがいる。もし嘔吐の身体的原因がないのであれば，それは心因性であるから行動療法の対象になり，嘔吐したときは子ども自身に片づけさせるなどして好ましくない行動の消去を試みる。しかし何よりも，きらいなものも食べるように言い聞かせなくてはならない。

よだれが問題になる場合もある。このような子には、口を閉じてつばを飲み込むよう絶えず注意しなくてはならない。見逃していてはならない。よだれを垂らさずにうまく一定時間を過ごせれば、報酬を与えて強化づけることがたいせつである。

（2） 寝つきの悪い子

寝つきが悪いのはウィリアムズ症候群の子どもの特徴である。寝つくまで、親が傍にいないと承知しないとか、夜泣きが激しかったりする。このような子どもに対しては毎晩同じ時間に「お休みする時間ですよ」と言い聞かせ、習慣づけを行う。子どもが寝室から出てきてしまったら、そのたびごとに「ベッドでお休みしましょう」と約束をさせて、寝室に連れもどす。ただし親はできるだけすぐにベッドから離れる。約束が守れたらほめてやる。たとえば「ごほうび帳」にシールを貼って強化づけるのも一手である。これもひとつのオペラント条件づけによる学習効果である。

睡眠問題の解決には、いつも同じ態度で臨むことがたいせつで、子どもの要求に譲歩してはならない。言葉のわからない乳児の場合、状況がいつまでも改善しないようなら、保健師や育児相談クリニックに問い合わせて相談を受ける必要がある。

（3） 衣服の着脱

衣服の着脱はいろいろな筋肉を順序立てて動かす協調運動が必要で、これはウィリアムズ症候群児の不得意なことのひとつである。さらにボタンをとめたり、靴ヒモを結ぶなどの微細な運動は、いっそうむずかしく、彼らにとっては訓練が必要である。初めはゆっくり時間をかけて励ましながら、自分で着脱できるように応援してやる。全体としては1つの行為であるが、これをスモール・ステップに分けて学習させるとよい（行動形成法）。たとえば靴下をはくにしても、まず初めに母親は靴下を「足首まではかせて」、あとは子どもにやらせる。つぎに靴下を「かかとまではかせ」、その後ができたら、次は「かかとの半分まではかせ」、その次は「足の指まで」はかせて……、といった具合になる。

（4） 注意集中困難と多動性

　ウィリアムズ症候群の子どもには注意集中困難と多動性の問題がある。彼らは音に過敏で，注意集中すべきときに無関係な偶発的な音に気が散りやすい。注意集中の具体的指導は，まず最初に1〜2分間（たとえば）椅子に座ることに集中させ，それができたらすぐ好きな遊びをさせてほうび（報酬）とする。それから徐々に集中時間を5分，10分と段階を追って伸ばしていく。また課題学習を決められた時間（たとえば5分間）続けたら，つぎの2分間は子どもの好きな遊びをしてもよいという約束をさせて，課題学習に入る。これは次の課題学習の継続にもつながる。

　青年期や成人になると多動は際だった特徴ではなくなるが，注意の持続困難は残る。その治療法として「自己指令法」がある。これは初めのうちは考えを声に出して，後には黙って自分自身に言い聞かせながら，与えられた仕事を続けさせることである。作業の間，「仕事中です」とか「今の仕事に注目せよ」など，自分自身に言い続けるのである。

（5） 超社会的適応，過剰な社交性

　ウィリアムズ症候群の子どもの社交性は変則的で，大人との集まりに過剰な社交性を示す。反面，同年齢者とのつきあいがむずかしい。青年期になるとその傾向はいっそう強くなり，（多分，施設における）他の障害者との交流をいやがる。健常者の青年ともつきあえない。そのことが本人や家族にとって葛藤の原因になる。

　しかしウィリアムズ症候群の基本的な集団好きから，ボーイスカウトとかガールスカウトの集団に入って成功するケースがある。これは彼らの外向的な性格と合っているのだろう。ウィリアムズ症候群の親しみやすい性格や他者への思いやりや関心の豊かさは，人々とのつきあいをスムーズにし，そこに温かな友好関係が育つという一面もある。これは自閉症には期待できないことである。

（6） 音過敏症

　ウィリアムズ症候群の70％〜90％の子どもが音過敏症を示す。それは雷，物が落ちる音，風船が割れる音，拍手など，突発的な音響だけでなく，掃除機な

どの電気器具の持続音などがあり，人の笑い声，話し声にも敏感に反応することがある。イライラして両手で耳をふさいだり，部屋から飛び出す。音過敏症は10歳代後半から青年期にはめだたなくなるが，それでも続く場合がある。音過敏症の原因はわからない。

このような場合，雷や機械音が出る訳を説明してやり，理解させる。騒音器具の操作を教えて自分で音を出させてみるのも一法である。子どもの苦手とする音をあらかじめ録音し，初めは小さい音で聞かせ，徐々に音を大きくする脱感作法も考えられるが，いずれにせよ，急がず数日か数週間ぐらいはかけてしだいに慣れさせることがたいせつである。

3．就学のためのガイドライン

(1) ことばの問題：言語理解と言語表出

ウィリアムズ症候群児は全体としては言葉の発達が遅れる傾向にあるので，幼少期に会話刺激を十分に与えて，言語訓練することが必要である。ウィリアムズ症候群児の言語理解能力は，表出言語に比べて劣る。読み能力と会話能力が優れており，音声の機械的な系列記憶には恵まれている。

衣服の着替えや食事などの機会をとらえては，毎日1分でも2分でも，子どもが発語するように仕向け，よくできた場合はほめてやる。子どもの発話できそうな事物を指し示して「これはなあに？」と聞く。ボールを「ボール」と言えなくても，母親の口をまねするように励ましながら，初めはその言葉に近い音が出ればほめてやり，回数を重ねながらもっと正しい音で言えるようにうながす。

事物の実物以外にも絵カードなどを使って徐々に語彙をふやす。子どもの発達に応じて名詞，動詞，形容詞，助詞，副詞と順に教えるのがよい。事物の名前や区別を教え，各種命令語（座る，立つ，持ってくる，飛ぶ，振るなど）を理解させ，日常必要な複雑な指示がわかるようにする。

学齢期になると語彙もふえて，今度は過度におしゃべりになる。彼らの話はしばしば場違いで，同語反復が多い。お気に入りの質問をしてやると，何度も同じ答えをくり返す。そのようなときは無視して，その場にふさわしい別の話題に切りかえる。年長になっても他人の話を理解しようとせず，ただ他人の言

い回しや語り口をまねする。そんなのは無視して無意味なおしゃべりをさせないことが肝要である。

（2） 視覚―運動系の障害

　ウィリアムズ症候群児は粗大運動にしろ微細運動にしろ，運動複合の協調が困難である。ペンや鉛筆を正しく握れないこともあり，したがって描写や書字ができない。つまり物の見分け，自分と物との空間的関係の把握，距離や方向の判断などが不得意なのであるから，事物の分類，図形の形のマッチング，事物の描写作業，線の上をなぞり書きなどの練習が有効である。こういった視知覚認知の訓練は就学前期，読み書きの練習に入る前に身につけていることが望ましい。ウィリアムズ症候群児は話し言葉が達者な子どもが多いから，練習のたびに自分自身に語りかけを行い，今やっていることを声に出して言うように励ますとよい。このような自己教示によって作業に集中でき，活動が活性化する。

（3） 書字とつづりの問題

　内田（2001）は，ADHD児，精神遅滞児，ウィリアムズ症候群児，ダウン症候群児，自閉症児，各1人にひらがなの書字形式で「しりとり」ゲームをさせたが，ウィリアムズ症候群児の書く文字は文字になっておらず，判読できなかった（なお余談ながら彼らの「しりとり」は「かめ⇒めだか⇒かめんらいだー⇒かみなり⇒かいじゅう⇒うなぎ⇒ぎんがけい」といった調子で，「あたまとり」になってしまう。また「しりとり」に関しては言語理解や表出言語の遅い自閉症児のほうが他児に比較して3倍も語彙を作成し，最後の言葉は初めの言葉と同じ言葉で終わる）。

　ウィリアムズ症候群児は読みは早いが，このように書字を覚えるのは遅い。文字の形成，その配列が苦手である。そこで書字の訓練は一文字一文字なぞったり，まねて書くようにして教える。このような視覚と運動の微細な協応運動はその習得に時間がかかる。この動作は何度も反復練習する必要がある。

（4） 算数学習の問題

　ウィリアムズ症候群児にとって算数の学習はむずかしい科目である。まず数字を書くことを，算数の概念や計算の訓練とは別に学習する必要がある。

　天岩（1998）はウィリアムズ症候群児とダウン症候群児を対象に数と計算の指導の効果について調べた。1年後の学習効果をみると，ウィリアムズ症候群児もダウン症候群児も，ベースラインからかなり成績が上がっていた。発達障害児であっても適切な教材を使用し，その興味と関心に合わせた治療教育をすれば，その低い知能水準（ダウン症候群児IQ＝55，ウィリアムズ症候群児IQ＝41）にもかかわらず，一定の学習効果がある。早期の治療教育が有効であり，その必要性がわかる。

　ウィリアムズ症候群児はノートにまっすぐ数字を書くことができない。彼らにフロスティッグ型の視知覚訓練が必要な理由である。数字を書くことに気をとられると計算ができない。時刻を教えるのも容易ではない。アナログ時計でむずかしい場合は，デジタル時計がよい。お金の勘定はスーパーマーケットの買い物など，実際の生活の中で学習させるとよい。

　内田（2001）の「数の認識」に関する予備テストによれば，ウィリアムズ症候群児（10歳）は2桁の2数の加算（答も2桁未満）は50％が正解であったが，減算は2桁はもちろん，1桁の数でもすべて不正解，□＋□－□＝□の形式の演算は1桁の数でもすべて不正解であった。

4．ウィリアムズ症候群児の今後の課題

　ウィリアムズ症候群の遺伝学的・神経学的研究およびその症状や行動特徴の報告などをみると，ほとんどは医学・脳神経学の領域で，行動科学としての心理学や教育実践的な発達臨床あるいは発達障害学の領域ではあまり研究は進んでいないようである。今後は医学的・脳神経科学的な研究もさることながら，そのような研究を基礎として，ウィリアムズ症候群の認知，思考，人格，感情，社会性，家族等のような人間行動学的研究の発展と，さらにその応用として臨床心理学的な，治療教育的なシステムの確立，実践的なプログラムの開発，社会的支援の策定がさしあたって急務である。

第6章

サヴァン症候群

第1節 サヴァンの不思議

サヴァン（savant）は賢者とか物知りという意味のフランス語系の語であるが，心理学では特殊な用語で，精神遅滞ほどにも低い知能でありながら，算数や音楽などに限って突出した能力を示す子のことである。それも常人にまねのできない性質の能力である。当然，これは不思議な現象で，めったにみられるものではないが，古くはイディオ・サヴァン（idiot savant）といわれて，心理学テキストには古くからみられた。事実，イディオ・サヴァンの報告自体はダウン（Down, J. L., 1887）にさかのぼる。ダウンはイギリスの精神科医で，現在はむしろダウン症（いわゆる蒙古症）で知られるラングドン・ダウンのことである。

イディオは重度精神遅滞のひとつの分類であることからイディオ・サヴァンなのであるが，差別用語の問題もあるので，当代のサヴァンの代表的研究者トレファート（Treffert, D. A., 1989）はたんにサヴァンまたはサヴァン症候群（savant syndrome）とよんでいる。それにいかになんでもIQ 25以下レベルの重度精神遅滞にはサヴァンは現れようがない（症候群を意味するsyndromeはギリシア語の $syn + dramein$ = run together に由来する）。

サヴァンを上記では「精神遅滞ほどにも低い知能」といういい方をしたが，ただ「知能が低い」というのでなく，サヴァンは自閉症の子どもにみられることが多いというようなことから，現在ではもう少し特異的に障害を規定し，つぎのようにいう。すなわちサヴァン症候群とは，「発達障害（精神遅滞）ないしは重篤な精神病（早期幼児自閉症あるいは統合失調症）による重度の精神障害をもつ人間が，その障害とはあまりにも対照的に驚異的な能力・偉才を示すこと」である。

またサヴァンは驚異的な能力・異才には違いないが，どういうわけかその現れ方が，多くは算数や音楽などに決まっているのである。その他，音楽以外にも絵画，彫刻などもあるが，なんといっても音楽が多い。カレンダー・サヴァンというのもあって，10年，20年といった過去未来の任意の日付けの曜日をよく当てるということもあるが，これは算数能力に入れてもよいであろう。しか

もこれがきわめて速い暗算で，常人には簡単にまねができない。これを称して電光石火計算 (lightning calculation) という。それはもちろん桁はずれの記憶力をともなう。

また症例は少ないようだが，非凡な知覚力ないしは超感性的知覚（ESP：extrasensory perception），あるいは時間を正確に感知する能力などもある。一握りの豆をテーブルにまくと，一目でその数を当てるというサヴァンの例 (Treffert, D. A., 1989, p. 67) がある。これは近年，認知心理学でスビタイジング (subitizing) といわれる実験パラダイムであるが，常人の一目把握力はせいぜい7個どまりである。

このような才能が，もっぱらある1つの能力に限られていることから，そういうケースをモノ・サヴァン（mono-savant）(Charness, N. et al., 1988) ということもあるが，音楽と計算に優れるといったようなことがないわけではない。

近年，脳科学の発展には著しいものがあり，自閉症の脳科学的説明にも大胆な仮説が展開されるに至っているが（たとえば Deacon, T. W., 1997），なぜ自閉症にサヴァン症候群が好発するかを説明できなくてはならない。あるいは逆にサヴァン症候群にこそ，これからの脳科学の世界の一端を切り開き，大脳の秘密の鍵を解き明かすヒントがあるかもしれない。

第2節　サヴァン症候群に特異な脳機能障害

前節に述べたようにサヴァン症候群が発生する背景には脳機能の障害がある。サヴァンを「脳の機能障害にもかかわらず」とみるか，そのような「脳機能障害があればこそ」とみるか，両者をどのような因果関係でみるかは問題であるが，サヴァンが特異的に発生する障害として，①早期幼児自閉症，②児童統合失調症，③精神発達遅滞があげられている。そこでまずこの3つの障害について簡単に説明する。

早期幼児自閉症は現在ではたんに自閉症 (autism) とよばれることが多い。これはカナー (Kanner, L., 1944) が情緒的接触性障害を有する11症例の報告にあたって，これを自閉症症候群とよんだのが始まりであった。当初，これは

早期幼児期に発症する統合失調症と考えられ，早期幼児自閉症(early infantile autism) といわれた。彼らの行動特徴は，極度の引っ込み思案，現状維持への執着，愛情ある人間関係の欠如，無言症あるいは造語や代名詞の多用による異常かつ意思伝達の役に立たない言語の使用など，他人の言葉にまるで注意をはらわず，耳が聞こえないのかと疑われることも多い。反響言語またはオウム返し（エコラリア：echolalia）も自閉症言語の特徴である。このような情緒的接触性障害に特定領域で発揮される「能力の孤島」（外国文献ではしばしばこのように形容される）が加わったのが，自閉症サヴァンである。

この他に，統合失調症や精神発達遅滞でも自閉症的徴候をもっている患者がサヴァン症候群の対象になる。児童統合失調症（childhood schizophrenia）は精神医学事典類（たとえば加藤ほか，1985；1993）をみても，種々の議論があって定説はまだない。10歳以前に発病し，奇異な行動や年齢不相応な現実認識を示す。若年であるにしろ，その年齢でそれなりにできているであろう世界観がはっきりせず，物事の認識がばらばらである。自分の体験や知識を現実問題に応用できない。不安や緊張が強く，衝動的で落ち着きがない。それは中枢神経系のあらゆる機能レベルにおける統合失調であることから発現もさまざまで，運動，知覚，知能，情緒，自律神経系，さらに対象関係や現実認識のあり方にも及ぶ。統合失調症症候群はおそらく胎児期にすでに成熟遅滞を起こす障害で，その後の特徴的な行動パターンはすべてそれより発する。

精神発達遅滞(mental retardation) は，いかにも広義であいまいな内容を含む用語であるが，出生前あるいは出生後のなんらかの原因によって，発達期に知的機能障害が現れ，能力低下や社会的不利を生じているものである。『新版精神医学事典』（加藤ほか，1993）はつぎのように定義している。

① 明らかに平均以下の全般的知的機能であること：各種知能検査でおしなべてIQ 70以下である。
② いくつかの適応機能障害が併存すること：社会的技能と責任，コミュニケーション，日常生活技能，個人的独立及び自立などの面で，その者の属する文化圏で年齢相応に期待される規準を満たさない。
③ 発症が18歳未満であること。

第2節　サヴァン症候群に特異な脳機能障害

　精神遅滞といういい方は適応機能障害を重視するものであるが，しばしば知的障害と同義的に用いられる。DSM-Ⅲ-R においては，精神遅滞は広汎性発達障害，特異的発達障害とともに発達障害の下位概念に包含されている。WHO では，精神遅滞は他の2つと同列に並べられている。

　精神遅滞の出現頻度は人口の1％。男女比は1.5：1と男子が多い。分類は知能検査のIQ がめやすになり，ウェクスラーの場合は IQ 70 以下，ビネーなら IQ 68 以下で，さらに軽度，中度，重度，最重度に分けられる。軽度遅滞は IQ 70 で，臨床像は成人時に一応身辺処理は自立し，単純な仕事に従事できる。抽象的思考・推理は困難で，精神年齢は9歳～12歳。中度遅滞は IQ 50～55 で，自己の身辺は援助によりなんとか処理できるが，新しい事態の変化には適応しがたい。精神年齢は6歳～9歳。重度遅滞は IQ 35～40 で，言語はほとんどなく，意思の交換や環境への適応が困難，常時保護を必要とする。精神年齢は3歳～6歳。最重度は IQ 20～25 で，精神年齢は3歳未満である。

　精神遅滞の主症状は知能障害で，その原因は古くは内因と外因に二分されたが，現在は次の3つに区分される（表6-1参照）。

① 生理因：正常変異に由来する脳の発達障害による知能の低水準への偏位による。
② 病理因：病的遺伝子，染色体異常，あるいは胎生期，周産期，出生後の各時期における脳のなんらかの病変を原因とする。脳には形成異常あるいは破壊などが生じる。
③ 心理・社会因：知能発達に著しく不適切な環境，感覚運動機能の障害，早期からの精神障害発病によるもので，DSM-Ⅲ-R には原因検索可能なものの内訳が示されている。

表6-1　精神遅滞の病理的原因

(1) **遺伝的要因**（約5％）：先天性代謝異常，単一遺伝子障害（結節性硬化症など），染色体異常（転座性ダウン症など）
(2) **胎生初期の異常**（約30％）：染色体変化（21トリソミーダウン症など），毒素による障害（母親のアルコール常用など）
(3) **妊娠，周産期異常**（約10％）：栄養障害，未熟児，低酸素症，出産障害など
(4) **乳幼児の障害**（約5％）：感染症，外傷，鉛中毒など
(5) **環境・精神障害**（15～20％）：愛情剥奪，社会的遮断，早期統合失調症など

第3節　サヴァンの症例

1．筆者の出会った症例から

　なんといってもサヴァンは，望んで容易に得られる症例ではない。筆者の場合，初めて出会ったサヴァンは，某国立大学教育相談所に来談した自閉症児であった。それは忘れもせぬ1999年6月19日のことで，心理臨床経験25年間ではじめてのケースであった。彼の特異な能力というと，以下に述べるような驚くべきもので，「これはまさにサヴァンだ」と認識した。

　発達障害や脳の機能不全のなかでそのような才能が，いわれるように「孤島のように」存在する事実には畏敬すら禁じ得ず，心中低頭するばかりであった。世に神童という言葉があるが，このような希有の出会いをまさに神の引き合わせとして感謝し，祈りを捧げた。シングル・ケースではあるが，臨床研究には純粋なシングル・ケースにしばしば事の真実がある。以下は同症例をめぐる報告とする。

（1）　生育歴

　対象となった一人のサヴァン症候群児（以下，これを本児と称する）は1993年4月生まれの男子で，調査開始時において6歳2か月であった。出生地は新潟，その後，東京に転居し，現在は再び新潟方面に移っている。

　母親が初めて本児のようすが「少し変だ」と感じたのは生後6か月のこと，あやしても相変わらず笑うことがなく，呼びかけても目を合わせたり，まして振り返るということもなかったことによる。大きな物音に反応して泣くことはあったが，概してあまり泣かなかった。人見知りもなく，母親の姿が見えなくても平気だったので，母親はむしろ「手のかからない子」という印象をもっていた。

　自閉症ではないか，といわれたのは，1歳6か月ごろ，一保健婦からである。1995年8月，某国立大学で聴覚テスト等を受け，「自閉的な言語遅滞」といわれた。その後，県内の知的障害児施設に月に1度通った。医師から正式に「広汎

性発達障害」との診断を受けたのは，都内のあるクリニックであった。

　初歩は1歳2か月。這行はほとんどせず，つかまり立ちはしても，1歳を過ぎても歩く気配がなかったところ，たまたま旅先の宿の畳の上でいきなり歩きだした。しかもその日の内に走りだしたりした。それ以来は多動になり，公園などでも母親の手を振り切って走り回ってばかりいた。持参した遊び道具や公園の固定遊具には興味を示さず，近所の子どもたちといっしょに遊ぶこともなかった。また初めての場所や体験に異常な拒絶反応を示し，しゃがみ込んで一歩も動かないこともあった。1歳を過ぎても語らしいものがなく，親が話しかけても，なかなか発語反応がなかった。2歳6か月ごろ，東京の療育機関に通うようになって急に話し始めた。サ行，カ行，タ行の発音がむずかしく，練習をくり返したが，50音がかろうじて正しく発音できたのは，3歳になってからであった。

　トイレット・トレーニングは2歳から3歳にかけて行った。当初は定時排泄をさせていたので，本人に便意がないのに便座につかせることも多く，他方，自主的に便意を伝えられないために失敗が多かった。便座につくと緊張して抵抗した。その後の東京の療育機関では，便意を大人に伝えること，失敗は恥ずかしいことと自覚することを中心に指導があり，失敗しても責めず，成功したときは過剰なほどほめることのくり返しの結果，やがて自立した。3歳から東京都内の保育所に通うようになった。そこでも他児と遊ぶことは苦手で，保育所ではもっぱらピアノを弾いていた。4歳11か月のときに新潟方面にもどり，現在，地元の小学校に通っている。

（2）　本児の日常行動の特徴

　本児は高機能自閉症で対人関係障害と診断される。本児の知能検査は新潟と東京で行われているが，ある特殊な才能にかけてはIQはじつに160であった。しかも本児は音楽的才能，記憶能力，数的能力，計算能力に優れ，いわゆるサヴァンであることが判明した。たとえば記憶能力に関しては，会話や物語を全部暗記する。2～3ページくらいの短編物語は1回読んでやっただけで全文を暗記してしまう。かけ算の九九の歌をおもしろがって聴き，1回聴いただけで覚えた。通過する車のナンバーを一目で記憶し，電話番号や家の住所を覚える

のも速い。また県名や県庁所在地，県の花，鳥，木をすべて暗記する。さらに各国の国旗や首都を暗記し，常人の知らない世界の小国の名前を知っている。

〈算数のサヴァン〉

　数的計算能力に関しては，8桁程度の数の加減算，3桁や4桁程度の数の乗算，あるいは3の17乗といったようなべき乗は暗算でやる。たとえば18065743＋69286742といったような8桁と8桁の足し算，1042×3568，9874×5892といったような4桁のかけ算などを，自分で問題を作って計算する。おもしろいのは計算時間を自分で決めて，その時間内に計算するべく，時間をカウントしながら計算することである。

　母親の買い物に同行したときにはレシートに興味を示し，25〜30品目なら5パーセントの消費税をつけてレジより先に計算する。算数の文章問題を作って，母親に突きつける。数字も「兆」の上の「京」の桁に及ぶことがあり，数が大きすぎて母親が困惑していると，本児が読んで教える。母親は本児がこれをどこで学習したのか，わからない。

〈音楽のサヴァン〉

　本児は音楽の才能も抜群で，ピアノをよくし，外出先で聞いたBGMや生演奏を覚えていて，帰宅するとすぐ弾き始める。テレビのCM，駅で聞く電車の発車信号のメロディーなど，ピアノに向かえばなんでも，しかも両手で弾く。長調や短調，シャープ，フラットを知っており，作曲もする。本児の音楽サヴァンぶりについては次のような逸話がある。

　本児がピアノの個人レッスンを受けはじめたのは4歳になって間もなくで，3週間後にさっそくピアノの発表会が予定されており，教師は本児に課題曲としてモーツァルトの「アイネクライネ・ナハトムジーク」を与え，1度本児の前で弾いてみせたところ，本児はすぐその場でその通りに弾いたという。

　なにしろ本児はまだ4歳であったから，発表会用に教師はやさしくアレンジした「アイネクライネ」を与えた。実は発表会前夜，母親がその準備として同曲の交響曲演奏を本児に聞かせておいたのだが，発表会の本番で本児は教師が与えた楽譜には見向きもせず，交響曲で聴いた「アイネクライネ」を弾いてしまった。

　本児は指が短くて届かないくせにピアノ演奏には完璧癖がある。曲のテンポ

も楽譜どおりに弾こうとする。教師が原曲をアレンジしたものを与えても，これをきらい，原曲どおりに弾く。微妙なリズムや調和のとれた和音を自由に取り入れ，しかもフォークからジャズ，クラシックと，あらゆるジャンルの音楽を演奏したり作曲したりする。パソコン操作やむずかしい漢字の読みもできる。

それほどに逸脱した優れた能力を示すにもかかわらず，言語能力は低く，感性は欠しく，概念形成は貧しく，対人関係もうまく行かない。

(3) 本児にみる日常行動特性

以上，生育歴と日常行動特徴から本児のサヴァンぶりをみた。多少の重複もあるが，新たな項目も交え，対人行動と認知行動に分けてこれを個条書きにまとめると，以下のようになる。これはもっぱら母親の日常の観察報告に基づくが，これが自閉症サヴァンの生態といえる。

〈対人行動〉
- 自分から自発的に友だちの輪に入っていけない。
- 対人ゲームが苦手。
- 自分で好きなことを一人でやる。
- 集団でゲームや鬼ごっこなど，人とワッーとやることが怖い。
- 母親が本児を公園に連れて行き，近所の子どもたちといっしょに遊ばせようと何度も試みたが，持参した遊び道具や固定遊具には興味を示さず，母親の手を振り切って走り回ってばかりいる。
- 視線が合わない。目が合っているようでもそこにはだれもいないかのように相手を見透かし，その先をみているようである。
- 自分勝手な行動をとる。苦手なことや気が向かないことは逃げてしまう。
- 失敗するのがいやで，完璧にやらないと気がすまない。
- 「できない」とか「負けた」ということに非常に傷つく。
- 模倣遊び（ごっこ遊び）をしない。
- 人への認識が弱い，人の顔が描けない。
- 保育所では返事をしない，しゃべらない，質問には答えない。
- 大きな音（運動会のピストルの音，クラッカーの音など）を異常におそれる。

〈認知面〉
- 数字・英語・漢字を覚えるのが好きである。
- 「魚」を描いてというと魚の絵ではなく，その漢字を書く。
- 50音が正しく発音できない。とくにカ行，サ行，タ行がむずかしい。
- 記憶力が優れている。
- 日本地図のパズルがとくに気に入っていたことがあり，遊びながらすべての都道府県の形を覚え，形を裏返したり上下逆さにしても県名を当てた。
- 算数の問題（文章問題・計算問題）を自分で作る。それは普通にはない問題で，たとえば「みかんが10個あります。パパが3.2個，ママが4.2個食べました。みかんは残りいくつですか？」などである。
- 暗算が得意で，速い。
- 代名詞反転があり，疑問詞を理解しない。状況の変化やようす，時制の概念がなく，過去と進行形がわからない。
- 同質と異質の理解や概念化ができない。
- 4コマカード配列やストーリーの配列ができない。
- 雰囲気で感じ取る感性の部分が弱い。
- 自分が興味と関心があるものには集中力がある。

（4） 本児における各種心理臨床検査結果

　こうして本児は算数と音楽に突出した能力をもつサヴァンとみられるのであるが，心理臨床的に，WISC-III知能検査，フロスティッグ視知覚発達検査，幼児用田中ビネー式知能検査の3種の知能検査を実施した。ただし田中ビネー式検査は，数の弁別，大小判断，立方体分析の各下位検査のみであるが，これは数概念の発達をみることだけを目的としたためである。

① WISC-III知能検査（表6-2参照）

　表6-2に示すように，本児の言語性IQは77，動作性IQは110，全検査IQは92で，これは平均的水準である。下位検査をみると，言語性知能は知識，算数，数唱が高く，単語，類似，理解が低い。このことは言語に関しては理解とともにその産出表現も劣ることを意味する。これは自閉症の特異的認知である。動作性知能は絵画完成・符号・積木模様・組合せ・迷路が高いのに対して，絵

第3節 サヴァンの症例

★表6-2 WISC-III知能診断検査の結果

言語性評価点合計32（言語性IQ：77）	動作性評価点合計57（動作性IQ：110）
言語性下位尺度［粗点／評価点］	動作性下位尺度［粗点／評価点］
知識12/6，算数12/11，数唱19/17，単語6/7，類似1/0，理解1/0	絵画完成11/11，符号11/30，積木模様19/32，組合せ13/21，迷路10/8，絵画配列3/1，記号探し1/0
全検査合計89（全検査IQ：92）　IQ92は平均的水準	

★表6-3 フロスティッグ視知覚発達検査の結果

本児の年齢：6歳7か月，総合的知覚指数PQ：88
下位検査の結果：粗点（知覚年齢）
「視覚と運動の協応」：粗点26（9歳4か月）
「空間における位置」：粗点7（6歳6か月）
「空間関係」：　　　　粗点7（6歳6か月）
「図形と素地」：　　　粗点0（3歳0か月）
「形の恒常性」：　　　粗点0（3歳0か月）

画配列・記号が低い。得点の高低の差が著しく，バラツキがめだつ。

　要するに本児は相手の言葉を自分なりに解釈して答えることが困難であり，イメージを膨らませ，他者の心を感じ取る，いわゆる「心の理論」に弱い。一方，数的能力，記憶力，視覚と運動の機敏性，空間関係には優れている。
② フロスティッグ視知覚発達検査（表6-3参照）
　本検査の実施は本児の6歳7か月時で，総合的知覚指数PQは88であった。表6-3にみるように，各下位検査の結果は次のとおりであった。
　本児は「視覚と運動の協応」と「空間関係」の知覚年齢が高いが，「形の知覚」がきわめて悪い。「図形と素地」の弁別が貧弱だということは，注意の対象があいまいだということで，注意力の散漫と混乱を意味する。新しい刺激が現れると子どもの注意はそちらに奪われてしまう。「形の恒常性」がないのは形の認識が困難だということで，多数の図形の中から一定の図形を選び出したり，あるいは円と楕円，長方形と正方形などの区別がむずかしい。
　「知覚の恒常性」は生活環境の事物の形や位置や大きさの不変性を認識する能力で，その障害は視覚情報の歪曲と混乱をきたす。同様な障害は神経組織の機能不全や重度の情緒障害の患児にもみられる。しかし本児は数的能力（計算能

表6-4 幼児用田中ビネー式知能検査の下位検査の一部を利用

	本児	年長組：28人	年中組：17人
「数の弁別」得点：	本児18	年長児平均8.5	年中児平均7.5
「大小判断」得点：	本児15	年長児平均8.7	年中児平均7.5
「立方体分析」得点：	本児16	年長児平均9.8	年中児平均6.3

力），視覚と運動の協応，空間関係の把握は優れている。結局，本児は健常児に比べて，知覚粗点の大きなバラツキと能力の偏りの点で欠陥が際立っている。

③　田中ビネー式数的知能検査（表6-4参照）

先に述べたようにこの検査は幼児用田中ビネー式知能検査の下位検査の一部を利用した。すなわち「数の弁別」（数の多少を弁別する），「大小判断」（大きさの異なる形を比較し，3番めに大きい形を選択する），「立方体分析」（立方体の積木の構造を分析し，数を確かめる）の3検査であり，数の知識の発達をみた。なおこの検査は健常の幼稚園児（年中組17人，年長組28人）にも実施した結果があり，それと対照させてある。

このように本児は，3項目ともに健常児より明らかに高得点であった。その数的才能には著しいものがある。

（5）　発達臨床心理学の視点から

以上の報告はサヴァンの一症例にとどまるのだが，ピュア・シングル・ケースの方法論的意義に鑑み，以下において本児とあるところを随時にサヴァン症候群児と一般論に置き換えても大過ないことを期待しながら，サヴァンの臨床心理学を考察してみよう。

本児は言語性と動作性の知能の落差が大きい。言語概念化や言語表現といった言語能力がはなはだ低いのに対して，数的能力，空間関係，推理，記憶は抜きん出ていた。田中ビネー式における正常児との比較でも，本児の数的能力は歴然としていた。このサヴァンにおける極端な「言語性IQ＜動作性IQ」の図式は，たんに動作性IQが優れているというより，バランスに欠けたゆがんだ発達

と考えねばならない。

　発達臨床心理学の視点からみて，本児における言語の貧困は，幼少時に母親との相互作用（愛着）が適切でなかったことによる可能性を見逃せない。母親との愛着関係からお互いに信頼関係が生まれ，そこに母子のコミュニケーションが培われるのだが，本児にはそれがなかった。相手と目と目で見つめ合ったり，表情や身振りなどから対人行動を理解することができない。これが自閉性障害そのものなのだが，相手と喜び，楽しみ，興味を共有することによる他者関係が成立しない。母親も努力したのだが，結局，言葉は通じず，言語表出も遅かった。

　言葉の意味理解も乏しい。したがって社会的目的で言語を使用することがない。自閉症は他者への協同的参加などはあり得ない。本児の自分勝手な行動は対人関係の乏しさの反映である。言語能力の貧困と社会性の欠如は互いに悪循環となる。自閉症が「他者の視点」に立って物事を理解できないということは，いわゆる「心の理論」の欠如あるいはメタ表象の障害ということである。

　因果論的にみれば，このような母子関係不全も社会性の欠如も，所詮，原因は脳にあるにしても，現実の心理治療教育的必要からみれば，上記のような発達心理学的原因論の重要性は依然として失われるものではない。むしろその必要は増すばかりである。本児には天才的な優れた能力があるのだから，その能力をたいせつにし，足りぬところを補って均衡のとれた発達になるように指導し援助することが，心理臨床の治療教育の視点である。

　そのための援助の指針は，心理査定から得られることもある。たとえばフロスティッグ視知覚発達検査でみるかぎり，本児に文字，単語，数字，絵の視覚のゆがみはなく，読み書きと算数の学習にも困難はないことがわかっている。ところが文章の中の単語や句の認知に困難があるというのであるから，それを標的に改善の指針を求めればよいことになる。

　仁田（2002）は本児の音楽活動（音楽療法室で1時間，同教室備えつけの打楽器や鍵盤楽器で自由に演奏する）を録音し，その演奏時間，テーマの出現，曲の速さの3点を調べた。これを1年の間隔を置いて2度行った。なおその間，言語指導は続けられた。

　その結果，1回めはハ長調を基調にしたものであったが，1年後の2回めは

短調の曲目がほとんどであった。どちらもリズムの不安定さは変わらなかったが，2回めは彼の言語能力の改善との関係に見落とせないものがあった。その1年間，何が著しく変わったかといえば，本児の言語の改善である。おそらくそれと並行して，1曲当たりの演奏時間が長くなり，曲の部分部分の演奏ではなく，ひとつの流れをもったものに変化し，曲によっては曲想も考えて弾くことができるようになった。これは言語活動をとおして本児の内的世界が深まり，感性が豊かになってきたためと推測された。音楽サヴァンはその創造性を疑問視されるのだが，本児の場合，みずからのイメージを膨らませ，作品を創造することもできるようである。それには音楽教育もさることながら，言語の学習に始まって認知能力の発達をうながし，状況の理解など全体的な人格の発達を促進させることがむしろ必要であると思われた。以上で筆者のケースを終わる。

2．熊谷の紹介する症例から

　熊谷（1993）はM君とN君とよぶ2人の自閉症のカレンダー・サヴァンについて述べている。カレンダー・サヴァンはカレンダー・ボーイともいわれることがあるが，これもサヴァンに男子が多いことの暗黙の了解であろう。M君は22歳，N君は18歳で，熊谷はその年齢なりに両君と問答しながら，その心的過程を分析し，サヴァンの2つのタイプの方式を推測している。

　このサヴァンも一見耳目を驚かせる能力であるが，しかし考えてみればカレンダーは何年かごとに同じパターンをくり返しているにすぎない。そのパターンを記憶しているとすれば，問題はそれをどう検索するかであって，カレンダー・サヴァンの異能も驚異というほどのことではなくなるかもしれない。その記憶のひとつとして直観像（eidetic image）によるという説が有力である。直観像というのは1度見た視覚的光景がいつまでもまざまざと見え続けるものであるが，直観像保有者（eidetiker）は心理学ではいささか特殊な存在と考えられている。ある種の慢性脳損傷にみられるパリオプシア（反復視症：palinopsia *or* paliopsia）は直観像だといわれ，自閉症にもし直観像があれば，パリオプシアというべきかもしれない。

　カレンダー・サヴァンも，一瞬にして計算をやってのけるサヴァンもそうだが，計算のしかたを聞いても答えられない。しかしM君は一言「見える」とい

ったことから，熊谷はM君に直観像説を想定した。暦の一種にスーパー・カレンダーというのがあって，これは「14パターンですべてのカレンダーを網羅する表」のことらしいが，M君はこれに似たものを頭の中にもっているらしいというのである。

一方，N君もやはりカレンダーの周期性を利用しているが，彼の場合は1970年という（大阪万博があった）年のカレンダーを基調と称して覚えており，それが（N君が小学校に入学した）1981年とまったく同じであることを知っていて，これを利用し，あとは計算（暗算，ときに筆算）して答を出していることがわかった。N君はそれを説明することができ，計算図式を書くこともできた。

この2つの方式の違いについて熊谷は，M君とN君に1か月間，1年間，10年間の範囲で曜日の検索実験を行うことによって確認した。検索に要する平均反応時間は，M君はそれぞれ3.31秒，3.44秒，4.15秒で大差がなかった。それに対してN君は3.58秒，5.75秒，10.81秒で，年数が大きいとそれだけ時間がかかった。これは認知心理学で記憶検索の方式を調べるときの周知の実験パラダイムであるが，予想どおりM君が視覚的記憶像の直観的な並列走査をしていること，N君は記憶の（視覚像かどうかはわからないが）論理的な系列走査をしていることが推測された。

N君の方式ならば，健常者にも諒解可能であり，サヴァンは障害者の特権ではなくなる。逆にまたそれだけM君型のサヴァンの不思議は倍増する。しかし熊谷によれば「M君と似た能力をもつ自閉症者の数は，実は非常に多い」とされている。

3．東條・水谷の調査におけるカレンダー・サヴァン

筆者の場合も，多分，熊谷の場合も，サヴァンの研究は多くはサヴァンとの偶然の出会いを契機にしているのであるが，東條・水谷（1990）は実験的に自閉症児からサヴァンを探すことを試みた。自閉症または自閉症傾向と診断されている小学校児童158人（1年生から6年生までのおもに特殊学級児で，一部に普通学級児を含み，うち男子126人）を対象に計算と曜日当て課題を与え，そのなかに若干のサヴァンを確認している。

課題は表6-5に示すようなもので，計算問題5問（A〜E）と曜日問題5問

★表6-5 サヴァン検出用計算・曜日課題 (東條・水谷, 1990)

課題	回答率(%)	回答中の正答率(%)
A. 2+7=○	65	80
B. 3×6=○	62	63
C. 98+8=○	43	65
D. 26-7=○	40	67
E. 1564÷○=23	30	23
F. 1989年7月11日は ○ ようびです。	40	86
G. 昭和61年1月24日は ○ ようびです。	32	20
H. 昭和43年8月14日は ○ ようびです。	26	22
I. 1984年4月28日は ○ ようびです。	30	30
J. 1998年12月3日は ○ ようびです。	28	13
K. わたしのうまれた日(誕生日)は昭和○年○月○日です。	44	41
L. 年齢は	32	64

（F～J）があり，問題用紙を与え，5分で回答させた。なおこの調査の実施日は1989（昭64）年7月14日であることから，最も離れた曜日当ては，過去は約20年前（課題H），未来は約10年後（課題J）ということになる。成績は当然，高学年ほどよいが，表6-5には回答率と正答率を全学年平均で示す。曜日課題の正答数の多い子どもはおおむね計算課題の成績もよかった。

　東條らは5問の曜日課題で3問以上正答したものを一応カレンダー・サバンと見なした。偶然に3問以上当たる確率は対象児総数158人中0.96人という計算であるが，実際には9人（5.7％で全部が男子）おり，これは偶然の出現率をはるかに上回った。この9人のうち，曜日課題と計算課題に全問正解した者が2人いた。その他，補足調査によってこの2人を含む4人が曜日当て能力を示すとみられたが，それは対象児のなかでも，自閉傾向の強い発達障害児であった。不思議なことに彼らは自分の生年月日や年齢を必ずしも正確には答えない。

　東條らはこのうちの典型的な自閉症児（Sとする）について，さらに次のように報告した。Sがカレンダーにこだわりはじめたのは5歳ごろで，前掲の曜日課題はすべて正解し，また「1984年の文化の日は何曜日ですか」「1999年12月には水曜日が何回ありますか」といった質問にもすぐ答えるが，「どうして曜日がわかるのですか」と聞いても，反響言語しかもどらない。2桁加算の暗算課題の平均反応時間は3.1秒（標準偏差1.6秒）であるのに対して，曜日課題（1970～1990年の範囲）の平均反応時間はそれより1秒も速く，2.1秒（標準

偏差1.4秒）であった。

東條らはＳの脳波記録を行ったが，暗算中はアルファ波の減弱が認められたものの，曜日課題ではそれがなかった。通常，アルファ波の減弱は視的活動や精神的作業時にみられるものである。ということは曜日課題では暗算課題におけるような計算過程の動員はなく，さりとて直観像のような視覚的なイメージが想起されているわけでもないということになる。

なお，自閉症児におけるサヴァンの頻度についての調査は，リムランド（Rimland, B., 1978）の前例もある。リムランドは自閉症児5400人の親たちに「何か子どもたちに特技があるか」という問いを含む質問紙で調査したが，531人（9.8％）にそれがみられたという。それも早期幼児自閉症に多く，しかも音楽が多かった。男女比は3.54：1であった。比較は無理かもしれないが，リムランドがあらゆる特技をカウントしていることを考慮すると，その9.8％は東條の5.7％と大きな差はないといえる。

4．トレファートに登場するサヴァンたち

サヴァンについての近年の成書として，前掲のトレファート（1989）にふれぬわけにはいかないが，これには邦訳書もあるので，ここでは文献紹介程度の記述にとどめる。しかしトレファートについては後の議論にも依存するところは多い。なお邦訳書（高橋訳，1990）には肝心の文献リストが割愛されている。

トレファートはアメリカの精神科医であるが，1959年，精神科の臨床実習を修了して間もなくはじめてサヴァンに遭遇し，以来，臨床体験と文献研究を続けてきた。同書はその成果として過去一世紀のサヴァン研究をほぼ総集したものである。

トレファートによれば精神発達障害によって入院した2000人の患者につき1人の割合でサヴァンが発見されるという。しかし早期幼児自閉症の場合でみると，サヴァン出現率はもっと高く，9.8％とされている。ただし早期幼児自閉症の発症率自体はきわめて低く，10万人につき7人とされている（トレファート, p. xx）。特筆すべきことは，自閉症やサヴァンは4：1とか6：1の割合で男子が確実に女子より多いことである。

サヴァンといっても，当人の知的障害にもかかわらず，その技能に注目すべ

きところがあるという程度のこともあり，トレファートはこれを「天分のあるサヴァン（talented savant）」と称した。またその能力・偉才が知的障害にもかかわらず優れるというだけでなく，それが常人の到底及ばないレベルだという意味で驚異的であるサヴァンが存在する。これを「奇才のサヴァン（prodigious savant）」と名づけている。こうなると滅多にない症例である。サヴァン症候群に関するできるかぎりの文献例を集めても，この100年間に報告された症例は100に満たなかったといわれる。

　音楽はサヴァンの「好む領域」であり，トレファート自身が直接取材した当代アメリカの音楽サヴァンとして，レスリー・レムケ（Leslie Lemke, 1952-）とエレン・ブードルー（Ellen Boudreaux, 1957-）（後者は名前のとおり女子である）のポートレートを詳述している。2人とも目が不自由で，原因はいわゆる未熟児網膜症（水晶体後繊維増殖症：retrolental fibroplasia）であるが，目が不自由であることと，多分，未熟児出生にともなったなんらかの脳損傷による精神発達遅滞と音楽のサヴァンとの関係について，トレファートはくり返し強調している。音楽サヴァンの文献的記録は多く，それらを総合して，結局，サヴァンの音楽的才能についてトレファート（Treffert, D. A., 前掲, pp. 69-70）はつぎのようにまとめた。

① サヴァンの中でも一番多いのが音楽サヴァンである。
② 盲と精神遅滞と音楽の才能という組み合せは密接に関係がある。
③ 音楽サヴァンは多く同じパターンで現れる。彼らには絶対音感があり，記憶に優れ，どんなに複雑で長い曲でも正確に再現できる。その際，執拗に原曲との同一性を求める。
④ そのような意味での才能には格別なものがあるが，演奏は機械的，類型的で，情緒性に欠ける。
⑤ 器楽の演奏はほとんどピアノに限られる。
⑥ 新しい主題で作曲を行う創造的才能は概して乏しい。

　音楽的サヴァンが比較的多いのに対して，美術の天分を示すサヴァンは少ない。事実，子どもの音楽家はいるが，子どもの美術家はあまり聞かない。アロンゾ・クレモンズ（Alonzo Clemons, 1956-）は彫刻のサヴァンで，これもトレファートの直接取材にかかり，そのポートレートも詳しい。アロンゾの作品

「3頭の子馬」(Three frolicking foals; Driscol Gallery, Denver 所蔵) の写真は，トレファートの邦訳書のダストカバーを飾っている。

アロンゾの場合は原因が外傷で，3歳のとき，転倒して脳を損傷し，爾後，言葉をはじめ精神発達が遅れ，IQ も 40 にとどまった。語彙はわずか数百，会話も不十分で自発語がない状態であったが，彫刻の才能だけは開花したというものである。作品のほとんどが動物で，モデルを一目見ただけで，作品にしあげたといわれる。

トレファートは日本の美術サヴァンとして山下清，山本良比古，山村昭一郎の3人についても比較的詳しく紹介している。

計算サヴァンについてはトレファートも文献からの紹介で，ここではそれをさらに借用することになるのだが，それがどんなに「すごい」ものであるかをわかってもらうために，1例だけここに引用させてもらうとしよう。それはクリッチュリー (Critchley, M., 1979) と，さらに詳しくはスミス (Smith, S. B., 1983) に記載されているものだそうで，フルーリー (Fleury) のケースである (Treffert, D. A., 前掲, p. 65)。

フルーリーは先天盲の男子で，10歳になっても1人では歩行も入浴も食事もできなかったという精神遅滞であるが，計算サヴァンであるということで，1927年，フランスの国際心理協会 (the International Psychical Institute) でテストを受けたというのである。たとえばそのようすは次のようであった。

$2^{30}=1,073,741,824$ は 40 秒で計算した。

$x^3+y=707,353,209$，(ただし x, y は整数で，y は4桁数) の x と y の値については，28 秒後に $891^3+5,238$ と解答した。(筆者注：トレファートならびに邦訳書では課題の数式が $x+y=707,353,209$ になっている。これはおかしいので，x の冪数3は筆者がつけた)。

同様に $x^3+y=211,717,440$ については，25 秒後に $596^3+8,704$ と答えた (筆者注：同上)

6,137 を 4 つの数字の二乗の合計で表すように指示されると，2 分 10 秒後に最初の解答 $[74^2+20^2+15^2+6^2]$ を出した。その 10 秒後には 2 番目の解答 $[78^2+6^2+4^2+1^2]$ を，さらに 1 分 20 秒後には 3 番目の解答 $[76^2+15^2+10^2+6^2]$ を出した。

さらに 465,484,375 の立方根（＝775）を 13 秒で計算した。またユリウス暦，グレゴリオ暦の両方のカレンダー計算も得意とした。フルーリーでとくにユニークで注目すべきことは，彼が触覚で計算することであった。上着の襟に点字が書いてあるかのように，彼はすばやく指を動かして折り返しの部分をなぞった。しかるにクリッチュリーによれば「彼は代数の問題を一瞬のうちに解くことができたが，幾何学についてはその基礎すら理解していなかった」。

第4節　サヴァンの心理学的説明

　サヴァンの驚異的能力がどうしてあり得るのか，だれしもが説明しようとするし，直観像説というのがあることも，すでに述べた。トレファートももちろんかなりの紙数をその問題に当てているが，しかしトレファートが少なくとも当該の1ケ章（Treffert, D. A., 前掲，Chapter 11）で2度にわたってサヴァンの一般理論はないといっていることにも注目しておこう。1つは同章のはじめにダケット（Duckett, J., 1976）の博士論文の「あらゆるサヴァンを説明する単一の理論はない」との結論を引用し，同章最後には再度，ラフォンテーン（LaFontaine, L., 1974）のやはりこれも博士論文の結論が「サヴァンの行動のいかなる単一の説明もなく，それは複雑かつ真に理解困難」であることを引用している。（筆者注：トレファートの邦訳書，高橋訳，p.185）ではダケットの論文のタイトルの「過剰特殊化」（super-specialization）が「過剰社会化」と誤訳されている。自閉症児に過剰社会化はあり得ない。過剰社会化についてはウィリアムズ症候群参照）。

　直観像説による説明はわかりやすくもっともらしいが，熊谷（前掲）にもみるように，そうでないと思われるカレンダー・サヴァンもおり，東條ら（前掲）も脳波にその所見をみることはできなかった。「脳障害があるにもかかわらず能力を示す」のがサヴァンの定義であるにせよ，トレファートの論調をみると，「脳障害こそがサヴァンの異能の原因である」かのようで，したがってパリオプシアということもあるように，直観像はサヴァンを直接説明するものではなく，脳損傷または大脳機能障害の存在の指標にすぎない。そして脳損傷の有無こそがクリティカルなのである。

第4節　サヴァンの心理学的説明

　サヴァンの遺伝説というのがある。これはサヴァンの異常な能力が系統発生的に（精神分析的ないい方をすれば無意識的に）受け継がれたものの発現だとするものである。これの古典的なものはカリカック家系研究で知られ，ロンブロゾの犯罪素質論とも思想的に近縁のゴダード（Goddard, H. H., 1914）である。すなわちサヴァン遺伝説は「精神遅滞と特殊能力を不可分に組み合わせた１つの遺伝要素がある」というものである。しかしトレファート（前掲，p. 140）は,「サヴァンは精神遅滞と特別な才能という２つの遺伝的要素をたまたま同時に受け継いだにすぎない」とし，次のような理由をあげている。

① 精神遅滞と特殊能力は別々に遺伝することもあり，同時に遺伝することもある。そんなときに後者が遺伝的サヴァンと見なされるだけである。

② 直観像のように遺伝的でないものもあり，サヴァンも遺伝とはかぎらない。

③ 特殊な才能は精神遅滞とは別に普通人でも遺伝し，他方，精神遅滞は遺伝と無関係に起こり得る。

④ 遺伝より心理的要因によるとみられるサヴァンがあり，また特技を遺伝してもその発現には心理的要因が必要なこともある。

　結局，どちらともいえないということである。

　つぎに外界との遮断説がある。これには社会的隔離と感覚遮断の２つがあって，自閉症はある意味ではみずから社会と隔離しているようなものであり，盲や聾などは感覚の遮断である。実験心理学では感覚遮断は精神に異常状態を来すということについて，研究が行われる。社会的遮断にせよ感覚遮断にせよ，それがサヴァンにとってどういう意味があるかについては諸説があるが，しかしこれも必要条件でもないし十分条件でもないケースがあるのでなんともいえない。

　次は抽象思考欠如説である。精神遅滞者が抽象思考を欠如するというのは当然であるが，それこそがサヴァンを説明すると考える研究者がある。その理由もいろいろであるが，そのなかでサヴァンは機械的自動的に反応する，よく訓練されたロボットだというたとえはわかりやすい。抽象能力がなければ機械的記憶しかない。サヴァンと世界とのインターフェイスは世界との機械的関係に限定された狭い技能範囲であり，そこにエネルギーを注入した結果が外面的に

は奇跡ともみえる才能となる。障害があるからこそサヴァンになったということである。しかし自閉症児が抽象能力を欠くということは，それが自閉症なのであるからなにも問題がないが，それでサヴァンが説明できるかというと，説得力はいま一歩欠けるように思われる。

　トレファートがとくに心理学的だという最後の説明は補償行為説と強化説である。補償行為というのは，何か欠陥があれば劣等感の補償として，別の能力でそれを補おうとする心理的メカニズムである。多分，目の不自由な人が鋭い聴覚や驚異的な記憶力をもつのはそれである。強化というのは，ある行為が報酬につながることがその行動を強化するという意味である。人間ならば他人からの称賛は大きな強化因子となる。そしてサヴァンはその特技について強化を受けることが最大のモチベーションになるというのである。しかし果たして補償や強化だけでサヴァンが生まれるものであろうか。もともと能力がなければ，求めても得られないであろう。

第5節　サヴァンと脳科学

　自閉症にしろ精神発達障害にしろ，それは脳の器質的損傷によることに，いまやだれも異論を唱える時代ではなくなった。「障害があればこそサヴァン」は「脳障害があればこそサヴァン」と置き換えることができる。それではその脳障害とはどのようなものであろうか。

　近年，磁気共鳴画像法（MRI : magnetic resonance imaging）やポジトロン断層画像法（PET : positron emission tomography）などの，いわゆるイメージング法によって脳の構造・機能をイン・ビボ（in-vivo : 生きたまま）で知ることができるようになった。その成果として，たとえばディーコン（1997）は自閉症についても大胆な脳図式を呈示するに至っている。もともとディーコンの場合はウィリアムズ症候群が議論の標的であるのだが，そのアンチテーゼとして自閉症を考えている。

　ディーコンによれば，ウィリアムズ症候群はホメオティックと称する遺伝子の異変で発生的に脳構造の異変が起こり，前頭前野を残して脳の後部領野が形成不全となっているケースと解釈される。そもそも前頭前野は霊長類の中でも

人間においてとくに異常に発達し，言語という人間に独特の記号系を進化せしめたところである。人間は動物界で，言語能力を除けば甚だ弱い存在であるのに，言語だけが異常に発達したという意味では，人間はみなランゲージ・サヴァンだといわれる所以である。

　しかし健常な人間は前頭と後頭がそれなりに適切なプロポーションで発達し，具体的な体験に支えられた抽象的記号世界の全体を形成している。しかるにウィリアムズ症候群はその前頭前野を残して後部が退縮した結果，経験の裏づけがなく，抽象的な言語活動のみが空回りする。その結果，奇妙な過剰社会性を呈することになる。ある意味ではウィリアムズ症候群は，上記の「人間みなランゲージ・サヴァン」に対して狭義のランゲージ・サヴァンということもできる。

　ところでディーコンの考える自閉症像はウィリアムズ症候群と対照的に，たぶんこれも遺伝子の異変で，大脳後部は健在ながら前頭前野の発達不全をきたした場合である。自閉症の言語の発達障害はこれで説明される。しかしディーコン説はなぜ自閉症にかぎって，音楽サヴァンやカレンダー・サヴァンなどが多発するかを説明するものではない。またウィリアムズ症候群にはそういうサヴァンは聞かない。これもなぜであろうか（なお，このことについては「まえがき」参照）。

　大脳は半球（hemisphere）と称して，右半球と左半球に分かれ，それぞれ右脳・左脳といわれるが，これがそれぞれ別々の，対照的な相補的な働きをしているということは，いまではポピュラーな話題である。それはたとえば，左が女性で右が男性，左が言語で右が非言語，左が系列的で右が並列的，左が合理的で右が非合理的，左が分化的で右が統合的，左が局在的で右が全体的，左が積極的情動で右が消極的情動，左が優位で右が従属，などと，これは19世紀以来議論されてきた。このような大脳機能の左右分離を側性化（lateralization）という。どちらが優位であるかの視点からは一側優位性（lateral superiority）ということもある。そしていまでは右脳は音楽や美術などの直観的な作業を，左脳は言語や数学などの論理的な作業を司るということはほとんど通説になっている。そのように単純かつ断定的ではないにしても，機能側性化の事実は動かしがたい（ただし側性化をめぐる定説については，ディーコン，1997，の強い批判がある）。

ところでサヴァン研究にとって重要なことには,「自閉症児にもっともよくみられる特技は右半球機能に関係するものであり,欠落した技能は左半球活動である」(Treffert, D. A., p. 155) ということである。このことは多くの研究者が指摘しているといわれる。このようにいうとカレンダー計算は左脳の仕事のはずなのに,なぜそれがサヴァンでは右脳になるのか,という矛盾が起こるが,それは左脳の発達不全の補償作用として計算能力が右脳に移転し,同時に計算方略が右脳型の直観像的な同時処理(並列処理)に変わったのだというのである。

サヴァンの右脳優位については古くサノ(Sano, F., 1918)が引用される。サノは「アールスウッド精神病院の天才」(アールスウッド精神病院はダウンが長いこと院長であった)といわれたプレンという人物の死後剖検の結果を報告しているのだが,それによると「右半球よりも左の著しい発達の遅れ」を指摘し,また「なんらかの病因により脳が縮小し,とくに頭頂葉,側頭葉,前頭葉の発達が止まり,そのようなケースによくあるように,右より左側がより影響を受けていた」と述べた(Treffert, D. A., p. 159)。

サノの70年後,当代の大脳側性化の研究者,ゲシュヴィンドとガラブルダ(Geschwind, N. & Galaburda, A. M., 1987)は次のように述べた。「右半球型スーパー・タレントはしばしば学習障害を伴い,多くの自閉症児は『超越的行動の劇的な孤島』をもっている。失読症やその家族には右半球スーパー・タレントが多い」。ゲシュヴィンドらはこのような能力の孤島を「優位性の病理」と称した。それは脳の一部の発達停滞の結果として他の部分が補償的に成長し,そこが超越的な発達を遂げたものである(Treffert, D. A., p. 197)。

優位性の病理はどうして起こるのであろうか。そもそも側性化の由来については,つぎのように説明される。脳の発生過程において,はじめに莫大な数の神経細胞ができるのであるが,そのように胎児の脳に増殖した神経細胞は妊娠5か月ごろにネットワークづくりを開始する。その際,神経細胞は互いに結合相手の奪い合いをし,その競争に負けた細胞は死滅することによってネットワークが残るのである。発生における細胞のこのような一種の目的的死滅をアポトーシス(apoptosis)という(古典ギリシャ語で木の葉や花びらが自然に"落ちる"ことを意味する)(Duke, R. C. et al., 1996)。普通の死はネクローシス

(necrosis) である。死滅する細胞の割合は全体の5割から9割に達するという。ところがなんらかの理由で左脳の発達が阻害されると，右脳の神経細胞が不当に多く生き残ることになり，その結果が優位性の病理である。

　左脳の発達が損なわれて右脳に過剰細胞を招く原因の一つに未熟児出生がある。未熟児で左脳が障害を受けやすいのは，胎生期において脳は右脳から発達し，遅れて左脳が発達するからだといわれる。この遅れは男性ホルモンであるテストステロンの作用だといわれるが，このことが男性に発達障害者が多い理由でもある。ともかく未熟児出生すると，右脳に続いて発達し始めたばかりの傷つきやすい状態にある左脳が損傷を受けやすい。右脳の神経細胞が大量に死ぬ前に左脳が損傷を受けると，右脳に残っている神経細胞が左脳のネットワーク形成を補うためにそのまま生き残り，その分だけ右脳が過大に発達することになる。

　こうして右半球に優位性が移ると，サヴァンにみられるような右半球技能に連合した能力の異常な優位を招来する。この能力シフトは失読症，言語遅滞，自閉症，吃音，過剰活動性など，いずれも男子に多い障害と関係がある。男子に左利きが多いのもこれで説明される。右脳の神経細胞が数多く生き残ることで，右脳に関連したサヴァンにおけるような天才的な能力が発揮される。

　レスリーとエレンがいずれも未熟児網膜症による盲であったことについて，彼らが盲であったことよりも未熟児であったことをトレファートは重視している。とくに未熟児に対する高濃度の酸素供給が水晶体後繊維増殖症の原因であると同時に，それが眼だけでなく脳組織にも影響し，自閉症の原因ともなる可能性が強い。しかし1950〜60年代以降，水晶体後繊維増殖症の原因が高濃度酸素にあることがわかって，未熟児に対する酸素供給濃度の管理がなされるようになり，水晶体後繊維増殖症は著しく減少した。しかしどうしても高濃度酸素を必要とすることもあり，その場合に適切な管理によって水晶体後繊維増殖症は避けることができたとしても，脳組織への影響による自閉症とサヴァンの発生の可能性はあり，この関連について今後さらに注意深く見守る必要がある (Treffert, D. A., pp. 207-8)。

第7章

てんかん

第7章 てんかん

第1節 てんかんとは

　てんかんの状態については古くから記載が認められる。かつて古代ギリシャ人によって「神聖病」と名づけられ，魔力によっておこる病気と信じられた。その後，ヒポクラテス（Hippocrates）は，病気の原因は脳にあると説いたが，このヒポクラテスの考えは長い間受け入れられないままであった。ローマ時代から中世にかけては，さらに迷信と呪術的思考が増大し，てんかんは「悪魔つき」として忌みきらわれる時代が続いた。また，てんかんには精神病と似た精神症状を伴うことがあるため，人々は長い間てんかん患者を精神病者と見なした。1873年，ジャクソン（Jackson, J. H.）が，てんかん発作が機会的，急激，過度，急速で，かつ局所的な脳灰白質の発射であることを発表し，これによってんかんは脳の病気であり，発作の起源が大脳灰白質1局所におこる機能的異常であるという現代のてんかんの本態に関する認識が確立した。この後，1929年にベルガー（Berger, H.）によって，ジャクソンが推測した脳の異常放電を目で見ることのできる電気現象として証明する方法が発見された。てんかんは，脳波の異常によって証明され，一般の精神病と明らかに区分されるにいたった（秋元，1978）。

　てんかんはさまざまな病因によって生じる脳の疾患である。脳内ニューロンの過剰放電によって発作（てんかん発作）が生じ，その発作がくり返し起こる慢性の病気である。てんかんというと，痙攣発作を起こして倒れる病気であると考えられやすいが，すべてのてんかんが痙攣発作を起こすわけではない。脳の過剰放電は，はじめは脳の一部分（てんかんの病巣）に始まり，この病巣部位の違いによっていろいろな発作の症状となる。全身の痙攣と意識消失だけでなく，体の一部分のみの痙攣や，いろいろな意識障害や精神症状が，病巣部位との関連で生じる。てんかんの発作型はさまざまであり，てんかんの複雑な分類法については議論が重ねられてきている（表7-1）。

　てんかんは，原因によって次の2つに分けられる。すなわち，脳の器質的病変がなく，明らかな原因が見あたらない特発性てんかんと，なんらかの基礎疾患または器質的病変（先天性遺伝性疾患による脳の異常，胎内性および周生期

★表7-1 国際てんかんおよびてんかん症候群分類による分類 (向平ら, 1995)

1. 局在関連性（焦点性，局所性，部分性）てんかんおよびてんかん症候群
    1.1 特発性（年齢に関連して発病する）
        中心・側頭部に棘波をもつ良性の小児てんかん
        後頭部に突発波をもつ小児てんかん
        原発性読書てんかん
        その他
    1.2 症候性
        側頭葉てんかん
        前頭葉てんかん
        頭頂葉てんかん
        後頭葉てんかん
        小児の慢性進行性持続性部分てんかん
        （Kojewnikov 症候群）
        特異な発作誘発様態をもつてんかん
        その他
    1.3 潜因性
2. 全般てんかん
    2.1 特発性
        良性家族性新生児てんかん
        良性新生児てんかん
        乳児良性ミオクロニーてんかん
        小児欠伸てんかん
        若年欠伸てんかん
        若年ミオクロニーてんかん
        覚醒時大発作てんかん
        上記以外の特発性全般てんかん
        特殊な賦活法で誘発される発作をもつてんかん
        熱性けいれんに孤立性無熱性けいれんをもつもの
        良性乳児けいれん
    2.2 潜因性あるいは症候性
        潜因性 WEST 症候群
        症候性 WEST 症候群
        潜因性 Lennox-Gastaut 症候群
        症候性 Lennox-Gastaut 症候群
        潜因性ミオクロニー失立発作てんかん
        症候性ミオクロニー失立発作てんかん
        潜因性ミオクロニー欠伸てんかん
        症候性ミオクロニー欠伸てんかん
        乳児の大発作を主徴とする小児の難治てんかん
    2.3 症候性
        2.3.1 非特異性誘因
            早期ミオクロニー脳症
            supression-burst を伴う早期乳児てんかん脳症
            その他の症候性全般てんかん
        2.3.2 特異性症候群
3. 焦点性か全般性か決定できないてんかんおよびてんかん症候群
    3.1 全般発作と焦点発作を併有するてんかん
        新生児てんかん
        乳児重症ミオクロニーてんかん
        徐波睡眠期に持続性棘・徐波を示すてんかん
        獲得性てんかん性失語
        上記以外の未決定てんかん
    3.2 全般性あるいは焦点性のいずれの特徴をも欠くてんかん
        不十分な情報による
        分類困難

第7章 てんかん

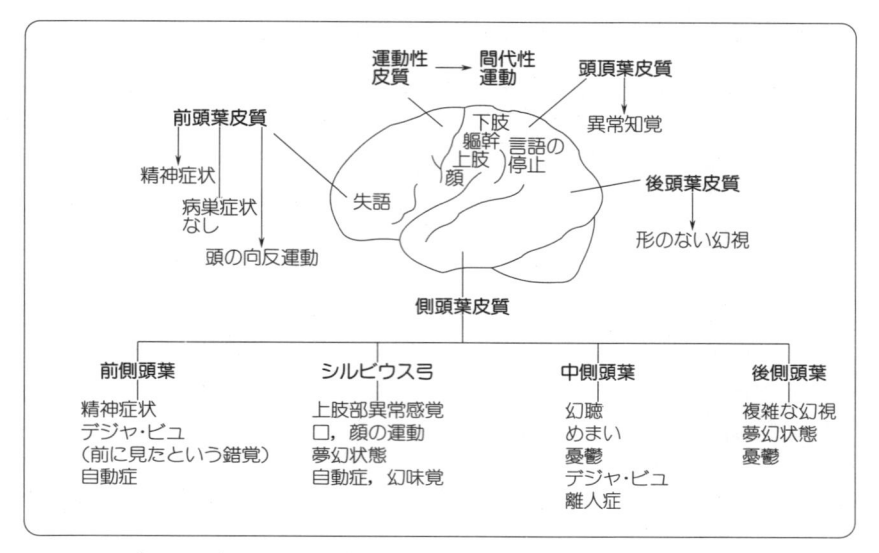

```
                    運動性 → 間代性
                    皮質      運動      頭頂葉皮質
         前頭葉皮質        下肢              異常知覚
                          軀幹 言語の
            精神症状     上肢 停止
                          顔
             病巣症状        失語       後頭葉皮質
             なし
                                         形のない幻視
              頭の向反運動

                         側頭葉皮質

    前側頭葉        シルビウス弓      中側頭葉         後側頭葉
   精神症状      上肢部異常感覚     幻聴           複雑な幻視
   デジャ・ビュ    口，顔の運動       めまい          夢幻状態
   （前に見たという錯覚） 夢幻状態          憂鬱           憂鬱
   自動症       自動症，幻味覚     デジャ・ビュ
                                   離人症
```

★図7-1　発作起源の部位と症状（福山ら，1980）

性の脳の異常，代謝障害，頭部外傷，中毒，脳腫瘍，脳炎，髄膜炎，脳血管障害など）が認められるか，または強く疑われる症候性てんかんである。さらに，原因が明らかでないが症候性と考えられるものを潜因性てんかんとよんでいる。一方，てんかん発作の起源によって，発作放電が脳の左右でいっせいに始まる全般てんかんと，発作の起源が脳のある限定した領域にあると考えられる局在関連てんかんに分けられている。過剰放電の発生する部位によって，種々の症状が認められる（図7-1）。てんかんの有病率（一般人口中のてんかんの頻度）は1〜1.5％といわれる（福山ら，1980）。てんかんの初発年齢は低く5歳未満の発症が多い（図7-2）。岡山県の10歳未満の小児を対象とした疫学的調査（大田原，1980）では，小児てんかん2,310例の初発年齢は，6か月未満10.1％，6〜12か月18.7％，1〜2歳32.8％，2〜3歳16.1％，3〜4歳8.5％であり，0〜4歳までに86.2％が発症している。このように，てんかんが小児期の早期に発症することは，発達臨床心理学的には注目すべきことである。一般に小児期発症のてんかんは症候性てんかんが多く，脳の病巣と関連した認知障害を伴いやすい。また，小児特有のてんかん発作もあり，発作回数も小児てんか

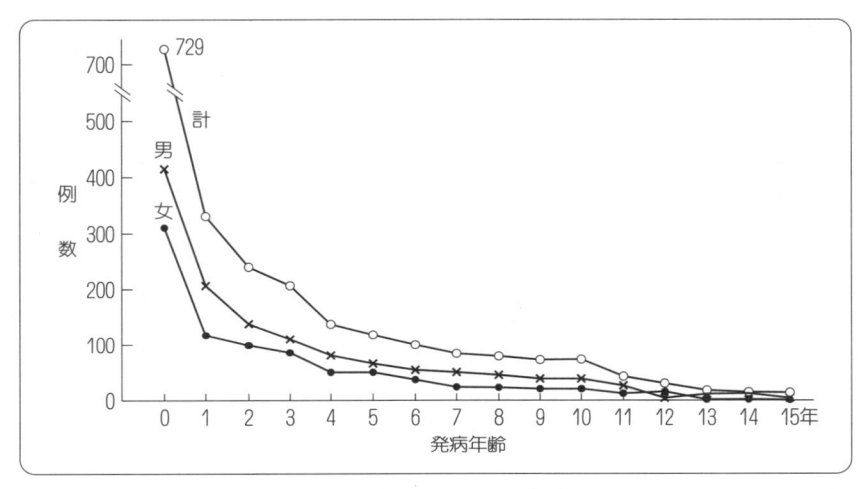

★図7-2　てんかんの発病年齢（2609例）（秋山，1978）

んでは多い傾向が認められ，てんかんが子どもの発達全般に及ぼす影響は大きい。

　てんかんのおもな治療は薬物療法である。てんかんの治療に薬物療法が導入されたのは80年ほど前である。それ以降抗てんかん薬の開発が進んでいる。抗てんかん薬の服用によりてんかん発作の70〜80％は発作がコントロールされる。抗てんかん薬のなかには，認知能力の低下や行動障害などの副作用が指摘されるものもあったが，今日では安全で有効な抗てんかん薬が開発され使用されている（Trimble M. R., 1992）。また最近では，難治性てんかんには病巣を切除する外科的治療も試みられるようになり，発作のコントロールに成果をあげている（石島ら，1992）。いずれの治療法においても，発達過程にある小児のてんかんについては，小児と家族に対する心理・教育的な配慮が必要である。

第2節　てんかんの特徴

1．てんかんと認知障害

　言語や記憶や行為などの人間の高度な精神活動は脳と深くかかわっている。

第7章 てんかん

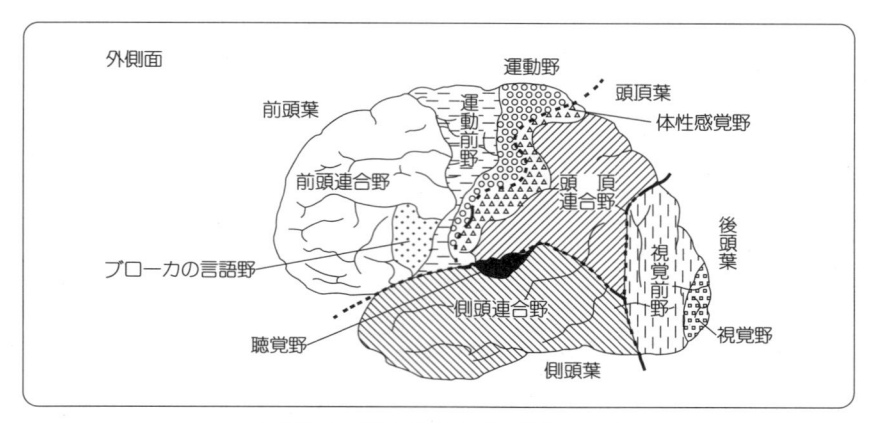

★図7-3 脳の機能（伊藤・佐伯，1988）

　近年，人間の行動を脳との関連において考えること，すなわち，脳と心理的機能の関連に関心が集まってきている。人間の脳はその機能において大まかに前（前頭葉），横（側頭葉），上（頭頂葉），後（後頭葉）に分けられるが，よく知られているのは，側頭葉と記憶，頭頂葉と行為，後頭葉と視覚認知の関連である。前頭葉は人間の大脳皮質の約30％を占め，思考，判断，注意，計画などの高度な心理機能に関係しており，最近とみに注目されている（図7-3）。また左半球は言語的要素と，右半球は非言語性の視覚認知などの要素と関連している。このように，言語や記憶や注意や行為などの高度な精神活動と脳の関連性は無視できない。てんかんは低年齢の発症が多く，発達の早期に脳に異変が生じるのであるから，当然このような認知機能への影響が心配される。

　1960年代後半から，てんかんの認知機能や行動特性を客観的測定手段によって明らかにしようという研究が行われてきた。しかし，てんかんは臨床的に多くの変数（発作型，発症年齢，罹病期間，抗痙攣剤ほか）をもつことと，とくに子どもの場合は，適用可能な神経心理学的検査が少ないために，てんかんの子どもの認知障害の研究は知能検査の域を出ないものが多かった。一般的には，症候性てんかんで，発症年齢が低く，発作抑制が不十分で，数種類の抗てんかん薬を服用している場合に，知能や注意や記憶などの認知機能が障害されやすいといわれている。局在関連てんかん（発作症状や検査所見から発作の起源が脳のある限定した領域にあると考えられるてんかん）の子どもたちを対象にし

て，神経心理学的検査を行った筆者らの研究（五十嵐ほか，1994，2000）では，発作焦点の存在する脳の部位と関連した認知障害が明らかにされている。

（1） 側頭葉てんかん

側頭葉てんかんにおける記憶障害については，以前から多くの研究があり，左側頭葉病変では言語性記憶が，右側頭葉病変では視覚性記憶が障害されることが認められている。最近では，難治性側頭葉てんかんで側頭葉切除術を行った症例の術前術後の神経心理学的検査結果も報告されており，興味深い報告もある。たとえば，一般的には手術によって側頭葉と関連した心理機能になんらかの変化を生ずると考えがちである。しかし，側頭葉切除後に側頭葉外の機能評価のために使われる課題（たとえば，前頭葉機能検査など）が改善したという報告がある。これは手術による発作放電の消失が，側頭葉内だけでなく，脳の他の領域に良い影響を与えた可能性を示している（Hermann, B. P., 1988；船越・井上，1995）。また，術後の記憶機能の変化に関する報告では，左側頭葉切除例で視覚性記憶が，右側頭葉切除例で言語性記憶が改善を示し，てんかんの焦点の消失が反対側の側頭葉の記憶機能を改善させたことが明らかになった報告もある（高橋，1995；五十嵐ら，1995）。

症例□

内側側頭葉てんかんで11歳0か月時に右側頭葉切除を施行した小児の症例について，術前術後の神経心理学的検査成績を検討した。WISC-R，言語性対連合記憶検査(三宅式小児用修正版)，ITPAの図形記憶を施行し，また，遂行機能検査としてウィスコンシン・カード分類検査を施行した。以上の検査は，術前2年（9歳1か月），術前10か月，術後1か月，術後9か月の計4回施行した。術前10か月に，WISC-Rの言語性IQ (VIQ)と動作性IQ (PIQ)，言語性記憶の低下が認められた。しかし，術後1年以内に各数値は上昇し，とくに言語性記憶の顕著な上昇が認められ，てんかん原性焦点の消失が対側側頭葉の記憶機能の改善をもたらした可能性が示唆された。遂行機能検査は術前術後を通して正常値であった。空間操作能力および視覚性記憶は，初回検査から低値で変化を認めず，乳児期の痙攣重積や幼児期からの発作の影響が示唆された。神経心理学的には,側頭葉切除術による検査成績の悪化は認められなかった(図

	WISC-R		記憶検査	
	VIQ	PIQ	言語性	視覚性
術前2年	109	88	19	(15)
術前10か月	100	75	(15)	(20)
手術				
術後1か月	90	82	21	(18)
術後9か月	101	86	25	(16)

( )内は平均値以下。

★図7-4 症例Oの手術前後の検査値

7-4)。

　一方，側頭葉内側にある海馬（新しい情報を長期の記憶に固定する過程に関与していると考えられている）に萎縮のある側頭葉てんかんの症例では，前頭葉機能検査の成績低下が認められた（五十嵐ら，1996）。海馬萎縮例では，幼児期に発作重積や熱性痙攣のあった症例が多いので，その後遺症によって発達早期に海馬に異常が生じ，それが前頭葉の機能に影響を与えたことも考えられる。海馬萎縮のない側頭葉てんかんでは，記憶検査のみに異常を認め，前頭葉機能検査は正常であった。また，右側頭葉てんかんと左側頭葉てんかんで，焦点の存在する半球と神経心理学的検査成績の関係を検討したところ，右側頭葉てんかんが言語性知能と言語性記憶において劣り，一般にいわれている成人の場合と異なる結果であった（五十嵐ら，1997）。小児期では脳の機能が成人のように分化していないために，近接領域との結合が生じやすかったり，あるいは，早期に障害された機能の代償が起こっている可能性も考えらる。いずれにしても，側頭葉てんかんでは，全般的知能の低下はないが言語性または非言語性機能のいずれかが劣る，つまり両機能のアンバランスのある症例が多いことがうかがえる（五十嵐ら，1994）。こういったことは，知能検査のプロフィールや記憶検査に特徴が反映される。

（2） 前頭葉てんかん

　大脳の前方にある前頭葉は霊長類，とりわけ人間で最もよく発達しており，大脳皮質の約30％を占めている。思考，判断，注意，計画などの高度な心理機能に関係しており，脳の最高中枢であるとともに，最も謎の多い領域であるといわれる。前頭葉の損傷は，行動の企画や組織化などの障害をもたらすが，全般的な記憶障害は生じないといわれてきた。しかし近年になって，前頭葉の中心的機能としてワーキングメモリ（working memory：作動記憶）が注目されてきた。ワーキングメモリについては，バッデリー（Baddeley, A., 1986）のモデルが広く知られているが，「行動や決断を導くのに必要な情報を一時的に保持しつつ操作する心理的機能」と定義される（苧阪，2000）。すなわち，ある状況に適切な情報を選び出して保持しながら操作し，不要になったら消し去るという働きをさしており，ワーキングメモリは「心の作業所」「心の黒板」にたとえられる。たとえばたし算の暗算を考えてみると，たし算を行っているときに，繰り上がった桁の数字を記憶に保ちながら次の計算を行い，次に繰り上がった桁の数を前の数と置きかえて（前の数を消して）再び保持しながら計算を進める。このような作業は，情報の保持と課題の実行が同時に行われるような記憶過程と深くかかわっている。ワーキングメモリは言語情報の理解や推論などの高度な精神活動の中心を占めると考えられる。子どもにおいては，教科学習に不可欠な読み能力や計算能力と関連している。

　以上のように注目すべき働きをする前頭葉であるが，この領域の成熟年齢については意見が分かれている。前頭葉領域が関与する心理機能は思春期早期まで発達しないので，この領域の障害は12～15歳かそれ以上になるまで徴候が認められないという意見がある（Goldmann, P. S., 1974 ; Golden, C. J., 1981）。また一方では，前頭葉の関与を必要とするような心理的課題のいくつかを達成する能力は，児童期初期から認められるという意見もある（Chelune, G. J. & Bear, R. A., 1986 ; Heaton, R. K., 1981 ; Welsh, M. C. & Pennington, B. F., 1988 ; Levin, H. S. et al., 1991）。いずれにしても，成人の前頭葉損傷と心理機能の障害については多くの研究があるが，子どもが青年期へ向かう発達途上における障害の影響については，きわめてわずかな報告しか認められない。筆者らは，成人の前頭葉機能検査と見なされている神経心理学的検査を使って，6

歳から20歳の健常者の前頭葉機能の発達を調べてみた（五十嵐ら，2000 a）。その結果，発達のピークが12歳と18歳において認められた。また，4歳から12歳の低年齢の局在関連てんかんにおける情報の処理のしかたを検討した結果では，ワーキングメモリを必要とするような情報処理が，幼児期から児童期初期の前頭葉てんかんの小児ではうまくいかないことがわかった（五十嵐ら，1998）。前頭葉てんかんの小児の場合，前の反応にこだわってしまうため，新しい情報を取り入れて自分の反応を転換できない（前の情報を消せない）ことに特徴があり，複数の情報が連続的に提示されるときの処理や操作に問題があるといえる。こういった認知障害は，おもに遂行機能検査や認知検査に特徴が認められる。

　以上のように，側頭葉てんかんの場合には，神経心理学的検査成績が低下する原因は「覚えにくさ」にある。このような問題のある子どもは，学習場面で新たに出てくる漢字や英単語が覚えられなかったり，歴史上の人物の名前や年号の暗記といったことが苦手であるかもしれない。一方，前頭葉てんかんの場合は，「自分の反応の抑制のしにくさ」による情報処理の失敗に原因があると思われる。この場合は，漢字や単語や年号の記憶には問題がないにもかかわらず，文章の読解や推理，あるいは歴史の中に人物や事実を位置づけて理解することの困難などを示すかもしれない。このような学習上の問題はLD (learning disabilities, 第2章参照) そのものであると考えられ，学習場面で生ずる困難に対して，異なるタイプの治療教育の方法が考えられなければならない。てんかんの子どものなかには，LD児によく似た行動特徴を示す子どもたちがいる。筆者は，多くのてんかんの子どもの検査や相談を行ってきたが，学齢期にある子どもたちや両親から「文章の読解ができない」「漢字が覚えられない」「計算ができない」「英語が苦手」といった訴えがしばしばあり，このような学習上の困難が学校生活における深刻な問題となっている例を多く認める。すでに森永らの研究（森永・上村，1980）では，LDと診断された子どもの6.5％にてんかんの痙攣発作があり，38％にてんかん性脳波異常が認められたと報告されており，LDと結びつきの強い病気の1つにてんかんがあげられている。

2．てんかんの臨床心理

　てんかんの患者とその家族は，てんかんに対する偏見と誤解と無知のために，長い年月にわたって悩まされてきた。てんかん発作は嫌悪感と好奇の目でみられ，患者も家族も社会の中で孤立し萎縮して生活することが多かった。今日では，患者や家族の会や支援団体もできており，人々がてんかんについて理解し正しい知識をもつようになった。しかし，かつて何百年もの間続いたてんかんという病気に対するイメージがまだ拭いされない，と思わざるをえない場面に出会うことが時どきある。このような歴史的背景をもつ病気であるため，わが子がてんかんであると告げられたときの親の動揺の激しさは他の病気の比ではない。

　息子の発作を初めて目撃した家族のようすを両親は次のように述べている。

　クリスマスの朝だったので，子どもたちは両親の部屋へ来て，プレゼントを見せてくれた。3人の子どもは我々のベッドの周りに座った。真ん中に下の娘，その両側にはヨハンと上の娘がいた。突然，3人のうちの1人が呼んだ。「ママ，ヨハンがおかしいよ。」皆がヨハンをみた。ヨハンは目を据え，棒立ちになっていた。ヨハンは首をゆっくり左へ回転させ，両目を片方へ寄せた。彼の体は硬直して，ベッドからずり落ちそうになったので，私は急いで彼の体を支えた。数秒の間に，彼の体は硬くなっていくようにみえ，顔面は青くなり，恐ろしいほど真っ青となってしまった。次いで，小さなけいれん運動が手と足から始まった。そのけいれん運動は激しいものではなかったが，こわばっており，全身に広がっていった。けいれん運動が激しい体操をやっているように思われたが，そのたびに声をあげていた。このけいれんは限りなく続くように思えたが，30秒以内であった。顔色はますます悪くなっていった。息子は横になったまま，目をつり上げていたが，発作は突然止まった。呼吸は止まっていた。彼の脈を触れてみたが，脈はなかった。私が手首を持ったとき，ヨハンは深いあえぎを始め，顔の色がもとにもどり始め，青ざめた色が消えていった。ヨハンは咳をし，痰を出し始めた。私の妻はハンカチ

でヨハンの唇をふいてやったが，いつも以上に口の中に唾液がたまっているように思えた。

　ヨハンの呼吸は普通となり，ブツブツ何かいい始めたので，彼をベッドに連れていった。その後約15分，彼は眠っていた。目を覚ましたとき，疲れたような表情で，無口であった。彼は普通と変わりない状態となり，控えめな妹達とクリスマスプレゼントの話を始めた。この出来事は私達には30分以内のことであっても，私の家族の全生活を変えてしまったように思える
(Linnet, M, J.；畠中・中川監訳，1992より抜粋)。

　親は，病気の原因や治療や患児への告知について悩み，患児の性格や知能や将来の進路や結婚を心配し，患児の同胞への影響を恐れる。また，子どもに対する罪悪感や不憫さのために過保護な養育態度になったり，いつ発作が起こるか不安で，そのために子どもの行動に過干渉になったりしがちである。

　実際，てんかんの子どもは，発作の観察や服薬や発作時の安全確保など，日常生活において親や保育者の注意深い観察や援助を必要とすることが多い。このように，てんかんの場合は他の病気に比べて親や指導者の過剰な不安と緊張が生じやすく，このことがてんかんの子どもに本来の病気と無関係の心因反応を生じやすくしている。子どもと親がてんかんという病気とつきあっていく過程においては，臨床心理学的配慮と援助が必要である。

第3節　治療教育と技法

1．神経心理学と神経心理学的検査

　成人の限局性の脳損傷患者では，損傷部位と関連して，病前に獲得された心理機能が障害されることが明らかにされている。脳損傷によって生じた心理機能の障害（高次脳機能障害）について，脳の構造との関連で検討し，ある心理機能を脳のどの領域が担っているのか，どのように担っているのかといったことを究明していく領域が神経心理学である。神経心理学には，神経学，精神医学，神経生理学，心理学，言語学など多岐にわたる領域が関与している。

てんかんは必ずしも脳損傷を伴わず，神経心理学が対象としている症状と少し異なるが，神経心理学的考え方は，てんかんにおける認知障害と LD を検討するときに非常に重要であり，役に立つ。高次脳機能障害の検討には神経心理学的検査を行う必要がある。神経心理学的検査は，そもそもは脳損傷の有無の判断をするために開発されたもので，検査は広い範囲で応用できるものもあり，一方，ある特定の脳機能障害の指標となるように作成されたものもある。最近では，MRI (magnetic resonance imaging)，SPECT (single photon emission)，PET (positoron emission tomography) などの画像解析法の急速な進歩により，損傷部位の診断手段としての用途は薄れた感があるが，小児のてんかんにおいては画像検査の限界もあり，また局在の決定のみでなく高次脳機能障害の質的検討とその後の治療教育の方向づけのためには，神経心理学的検査は重要な役割を担っている。子どもは年齢によって発達に相違があり，可塑性も高いので，成人用検査をそのまま適用するにはむずかしい点が多くある。筆者らは，成人用に開発された神経心理学的検査を子ども向けに一部改変したり，小児用に独自に作成したりした検査を使用してきた。おもな検査をあげると，まず認知機能全般をみるウェクスラー法知能検査 (WAIS-R，WISC-III，WPPSI)，またはビネー法知能検査は必ず行う。特定の心理機能をみる検査としては，言葉や数字や文章など言語性の認知能力や図形や絵などの視覚性認知能力をみる検査（ウェクスラー記憶検査，三宅式記銘検査，ベントン視覚記銘テスト，ベンダーゲシュタルトテスト），単純な記憶や注意と異なったハイレベルの情報の操作や計画性を要するような機能をみる遂行機能検査（ウィスコンシン・カード分類検査，ハノイの塔，リーディング・スパンテストなど），あるいは言語性か視覚性かといった刺激の種類に関係なく情報の処理のしかたをみる認知検査 (K-ABC) などを行う。

このような神経心理学的検査結果と，親や保育者や教師などより観察される日常行動から，子どもの認知障害を明らかにして治療教育を行う。治療教育は，障害のある神経機能を訓練し，補うとともに，心理・教育的に開発された情報の処理や操作のスキルを具体的に指導していくことである（小池，2001）。

ワープロや計算機やパソコンなどを障害に応じて導入することや，学習場面のみでなく現実場面で実際に使用する練習を行うこともたいせつである。この

ような観点から個々の治療教育場面で適用される技法は，第1章の技法であげたもののすべてが応用可能である。

2. 心因性の問題と親のカウンセリング

てんかんにかぎらず，発達障害の子どもが心因性の問題をあわせもつことは多い。てんかんの場合は，この病気に対する偏見の歴史が長く，そのため子どもや親の生活スタイルや人生観までも変えてしまうような大きな問題を生じかねない。疾病受容とその後の適応に関して，子どもと親および家族に対する臨床心理学的援助が必要である。子どもの年齢や問題の内容によって技法が選択される。基本的には，先に述べたように他の発達障害に適用される技法と大きな違いはない。第1章第3節を参照されたい。

第4節 援助事例

1．症例P　8歳（小学校2年生）男児　左利き：局在関連てんかん

（1）主訴
視覚認知障害による学習困難（本が読めない，読めても内容の理解が困難，絵が描けない，算数の図形，重さ，グラフが苦手）
微細・粗大運動が拙劣，自信喪失と自己否定感情が強い

（2）生育歴・病歴
39週で出産，3340g，吸引分娩，仮死・黄疸なし。
定頸4か月，一人すわり6か月，始歩1歳6か月，始語2歳。運動および表出語はやや遅い発達であった。
3歳時，脳外科にてクモ膜のう胞の解放手術を施行し，経過は順調。6歳時，初めてのてんかん発作が出現し（二次性全汎化を伴う左部分発作），抗けいれん剤（テグレトール）服用開始。てんかん発作とは異なる不定愁訴が断続的，不定期にあり，休日や長期休暇には軽快する。

（3） 神経心理学的検査

聴いて話す言語能力はほぼ年齢相当であるが，視覚的な認知・統合力が顕著に劣り，学習上の種々の困難を生じている。具体的には，三角形や四角形など幾何図形の模写ができない，算数の展開図がまったくわからない，人物画が描けない，図工の時間は半分はボーッとしている，漢字は特徴を細かく教えてもらうとはじめてわかる，聴いて覚えて音読はできるが，初めての文章は読めず内容理解もできないことが多い，ボタンはめがへた，蝶結びができない，といった特徴が認められた。

Ｐに行った認知検査の結果は，図7‐5，表7‐2に示すとおりであった。

（4） 治療教育と援助

両親からは視覚性の学習困難に対する治療教育の希望があり，学校の勉強の補充をしながら，不器用さの軽減，視覚認知の悪さに対する治療教育，自信喪失に対する心理的ケアを中心に取り組んでいく方針をたてた。月3回1時間ずつの個別治療教育，月1回1時間のグループ音楽療法（ソーシャル・スキル・トレーニング）を2年間継続してきた。

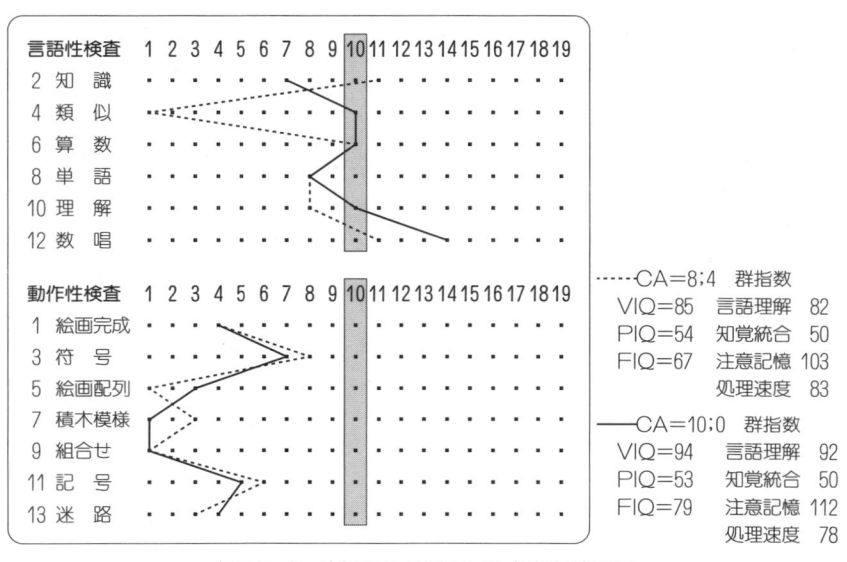

	CA=8;4 群指数	CA=10;0 群指数
VIQ	85 / 言語理解 82	94 / 言語理解 92
PIQ	54 / 知覚統合 50	53 / 知覚統合 50
FIQ	67 / 注意記憶 103	79 / 注意記憶 112
	処理速度 83	処理速度 78

★図7‐5　症例ＰのWISC-Ⅲ知能検査結果

表7-2　症例P（局在関連てんかん）の認知検査結果

フロスティッグ視知覚発達検査	（CA=8；4）	
PQ（知覚指数）=70	知覚年齢（歳；月）	評価点
Ⅰ．視覚と運動の協応	6；2	7
Ⅱ．図形と素地	4；5	5
Ⅲ．形の恒常性	4；6	5
Ⅳ．空間における位置	6；6	10
Ⅴ．空間関係	6；6	8

K-ABC	（CA=8；4）
	標準得点
継次処理尺度	86
同時処理尺度	56
認知処理過程尺度	69
習得度尺度	60

〈個別治療教育〉

　不器用さの軽減には，はさみやコンパス，定規の使用による工作や描画，リコーダーの練習などを行った。視覚認知の問題には，パズルや写真を用いて図形遊びなどを含む形の認知に関するさまざまなアプローチを取り入れた。見て書く言語の問題には，日記やドリルの読解問題をていねいに音読と解説をしながら指導した。また算数は文章題と図形問題を中心に，文章の内容を絵に描いたり，実行したり，図形を実際に作ったりして理解を助けた。

絵：指導開始当初の人物画は，3歳児程度の絵であった（図7-6）。いやがりながら描いた1枚である。描くことを好きになることを主眼とし，身近な課題（休日にしたこと，季節の食べ物など）に関する絵を自由に描かせたり，人形やおもちゃのスケッチや幾何図形の模写を行った。苦手意識が強く課題をきらう傾向にあったので，指導者も子どもと同じ課題に取り組んで，ヒントを与えたり，できた個所をほめたりした。2年後に描いた絵では，手，指，足，首が描かれており，指も手の大きさに見合って描かれている（図7-7）。目や口などの顔の部分は，指導者が指摘しないと描かないことが多く，表情の描き分けはまだできていない。

日記：文の構成を指導した。絵日記から始め，だれが，いつ，どこで，何を，どうして，どのようにしたか……を言葉で表現し，それを絵と文章でかき表し

★図7-6　人物画―初回（8歳）　　★図7-7　人物画―2年後（10歳）

た。しだいに1回に書く文章が長くなり，感情の表現も豊かになった。漢字も交えて書くことが可能になった。

国語：教科書の予習を中心にドリルの読解問題を併用して指導した。短い文節ごとに音読をくり返し行い，読み飛ばしや読み間違いに気づかせた。指導者が内容の解説を加えながら，読んで理解することを指導した。徐々に読み飛ばしなどによるミスが少なくなって，文脈の把握ができるようになった。

算数：コンパスや定規を使って，ボール紙に図形を描き，はさみで切り抜いて種々の図形の相違を比較認識させた。量や重さや長さについては，実物を持ったり，器に入れたり，つないだりして意味とイメージの獲得を助けた。いろいろな援助によって進歩は認められるものの，図形の課題にはまだ多くの困難を残している。

　約2年後に行ったWISC-Ⅲにおいては，言語性課題の成績が上昇し，2年間の治療教育の効果が顕著であった（図7-5）。自分の知らないことやできないことの把握ができており，できることでは自信をもって少ない言葉で的確に応ずる態度が印象的であった。言語性の能力の発達が加速し，一方，非言語性の能力も本人なりのペースながら順調に発達している。

〈グループ音楽療法（ソーシャル・スキル・トレーニング）〉

　本人の性格および学校や家庭環境に起因する心因性の不定愁訴については，個別治療教育だけでは対応が不十分であった。失った自信を回復させ，学習困難によるストレスを発散させ，さらに学校生活における友人関係の修復を図るため，ソーシャル・スキル・トレーニングの意味合いを強くもったグループ音楽療法への参加を促した。プログラムは，本人が苦手とする楽器，歌唱，絵画が中心であったため本人は躊躇したが，参加を強く勧めた。参加グループの構成および音楽療法の内容は，第１章の援助事例と同じである。（第１章４節参照）。

経過：初回来室時は，ためらいが強く壁にもたれて下を向いていた。アシスタントや指導者の声かけに対しては，うつむいてかたくなに拒否の姿勢を続けていた。

　プログラムが進み，ボールを使って２拍子のリズムを刻む場面になるとみずからボールを持って参加した。やがてアシスタントと話をする場面がみられ，最後までボールをつくことができた。初回前半で自分の居場所を見つけ，自信をもてる場面ができた。後半は合奏と描画の発表であり，本人にとってとても苦手なことであったが，指導者や周囲の指示と励ましに応じて参加した。以後，回を追うごとに意欲的に参加し，アシスタント，とくに男子学生のアシスタントとのかかわりを楽しむようになった。一方，同年齢の子どもたちとのかかわりについては，自己主張ができず，消極的で，何事にも譲歩しがちであった。しかし，ソーシャル・スキル・グループは，「本人にとって唯一心が解放される場所である」と母親が述べているように，月１回のセッションを楽しみに待ち，休もうとしなかった。身体的不調で前日救急車で病院に運ばれたにもかかわらず，グループ指導当日には元気に参加し，年齢相応の活発で明るい表情を見せるといったエピソードもあった。集団の中で自信を回復しストレスの発散もできるようになるにつれ，アシスタントへの攻撃性や乱暴な言葉づかいがめだち，指導者に指摘されることがあったが，以前のように打ちひしがれることなく自然に行動の抑制ができた。物事や人に対して「できる」「できない」「上手」「へた」といった狭い判断基準を用いる場面がたびたびあり，失敗体験に非常に弱

く，年下の子どもへのかかわり方や苦手なことへの取り組み方にはまだ問題を残している。

2．全般てんかん症例（P　14歳：男児）

　10歳になって間もなく，全身痙攣の発作が初発し，以来11歳2か月で某大学病院小児科を受診するまで，ほぼ1か月に1回の頻度で発作をくり返した。母親による訴えでは，痙攣発作が出現するまではまったく気にならなかったのに，最近になって強情，反抗的，いったん言いだしたら絶対に譲らず，徹底的に相手を追及するなど，ひどく頑固で理屈っぽくなり，日常的にもささいなことにこだわりを示すようになって，周囲の者が手をやいている。家人や友人のちょっとした間違いやごまかしを許さず，執拗に誤りを認めさせ，ごまかしを訂正させようとする。特定のことにひどく凝るようになり，学科や教師の好ききらいが激しくなった。また，情緒的な温かみがなくなって，かわいげがなくなり，自分の子どもでも「いやだな」と思うことがしばしばとなった。

　両親はこれらの行動や情緒的な変化は，てんかんという疾患に由来するか，あるいは薬物の副作用によるものだと案じている。Pは家庭でも学校でも，親や兄弟，担任の教師やクラスメートと口論や取っ組み合いのけんかが絶えず，だれが相手になっても，果てしない堂々めぐりの口論の末，相互に不快で気まずい思いをするか，激しいけんかになってしまう。頻繁に生ずるトラブルのため，周囲のだれもが悩まされていると感じており，母親もしだいに子どもに対する拒否感を強めている。しかし一方，Pを叱って興奮させることは，発作を誘発するのではないかと恐れて，おどおどしながら接しており，拒否と過保護という相反する感情をもっていると母親は自覚している。

　Pの心理検査では，WISCによる知能指数はFIQ 128（VIQ 140，　PIQ 108）と優れている。テストや面接場面では，神経過敏な面と意欲の乏しい面がめだち，素直さがなく，頑固でひねくれた対応のしかたが認められた。

　Pと母親に別々に心理面接が行われた。Pに対しては，ほぼ全面的な許容的姿勢で雑談を交えながら，Pの求めに応じて助言を行う方法がとられた。

　毎週定期的に継続された心理面接の過程で，Pはごく早い時期から心を開き，母親の干渉が多くわずらわしいこと，自分のことを母親はけっして快く思って

いないし，はっきりきらっているかもしれないと思っていることなど，きわめて打ち解けた調子で話すようになった。一方，父親は子どもに対して過保護で溺愛するような状態にあったが，てんかんということがわかってからは，少しでも危険な遊びや冒険のようなことは厳しく禁止されてしまったという。両親がPに対して抱いている感情や養育方針には，微妙な違いがあるとP自身も語っている。

　母親（時に両親）に対する心理面接では，母親自身のてんかんに対する偏見や不安は十分に受容しながら，母親が訴えているPの行動上の問題は，てんかん（疾患）そのものや薬物に由来するよりも，両親がてんかんであることに気づいて，それまでにない緊張した不自然な養育や親子関係が始まったことに起因している可能性が大きいこと，疾患・発作・薬の副作用などについて不安があれば，気のすむまで十分に主治医に相談すること，日常の養育は，定時的な服薬など主治医から特別に指導や注意があったこと以外は，他の子どもたちとまったく同じように，特別な配慮をすることなしに行うことなどを，原則的にふまえてほしいとくり返して説いた。

　さらに，母親に対しては，日常的に遭遇する具体的な養育上の問題についても，適宜指導や相談を継続した。そのうちのいくつかを列挙して例示すると，Pの反抗的な言動にも，それぞれ理由があってのことだから，頭ごなしの否定をする前に，十分耳を傾けて，相手がすっかり言い終わってから親としての考えや判断を簡潔に伝えるとよいし，その場合には両親が協力し合うことが必要であること，問題がこじれて堂々めぐりに陥りそうなときには，冷静に適当なところで切り上げる要領をつかむ必要があり，時間をおいてまた話せばよいと思うこと，Pの愛情欲求は，母親が生活の中でよく満たしてやるように心がけること，たとえ一時的にPが幼稚な言動で退行を示しても，何も心配することはない，というようなことを，しばしば療育相談の話題としてとりあげた。

　当初の6か月くらいの経過のなかで，Pの反抗的な態度や，爆発的に怒って家族に乱暴をするといった言動はしだいに軽減していった。両親や同胞に対する態度が穏やかになるにつれて，ある私立中学を受験したいといって，勉強にも意欲を示すようになった。こういったPの変化は，それまでの行動上の問題が，てんかんそのものに由来したり，服薬による副作用によるものでもないと

いうことを母親に確認させることにもなり，また安心させることになって，母子関係の緊張は著しく和らいだ。Pが多少理屈っぽく頑固な態度をとっても，母親は精神的に安定した状態で子どもと接することができるようになり，従来のように，家庭騒動的な問題に発展することはなくなったという。

治療開始後2年を経た時点では，Pとその周辺の人たちの心理的問題はほぼ完全に解消されている。

第5節　親への支援・カウンセリング

症例Q　14歳女児（中学3年生）：局在関連てんかん（単純部分発作）

Qは一人っ子で，両親と祖父母のもとで大事に育てられた。多少わがままで，依存的，自己中心的であったが，積極的で活発な女の子で，幼稚園にも楽しく通っていた。てんかん発作は幼稚園の年中時に初発している。発作はほぼ毎晩あったが，寝入りばなと深夜の時間に起こるので，家族以外に発作を見られることはなかった。本人も小学校の高学年になるまでは，自分に発作があることを知らなかった。両親はQがてんかんであることをだれにも知られたくなかったので，祖父母にも隠し続けた。母親は「病名を耳にするのも，見るのもいやだ」と述べる一方で，「隠していることの気苦労が多い」とこぼし，「いつか本人に病名を明らかにしなければならない日がくるのか」と恐れていた。母親の動揺が大きいため，親に対するカウンセリングを月1回継続した。

小学校入学後も変わりなく元気であり，友だち関係も良好であった。しかし発作は毎晩あったので，母親の気持ちが安まることがなく，とくに学校行事への参加や宿泊訓練には神経をとがらせていた。Qや教師に隠れて合宿や遠足や社会科見学先までついて行き，運動会や競技会などは疲労を恐れて（その結果，発作が起こって人に見られてしまうことを恐れて）参加を取りやめさせた。てんかん発作のために知能が低下することも心配で，何回も知能検査を受けさせ，家庭教師をつけて勉強させていた。小学校5年生のころから，「息が苦しい」「胸が苦しい」という昼間の発作が時どき出現した。「喉に小ビンが詰まったようで苦しい」と訴えた。母親は，新たなてんかん発作が始まったと仰天したが，医

学検査の結果は心因性の発作であろうとの診断であった。この時期から，子どもにも月1回の心理面接と必要な心理検査を行った。病気を周囲に知られまい，病気のためにQが心身ともに後退することを絶対に防ぎたい，という母親の気持ちは強く，Qに対する養育態度は，過干渉と管理と溺愛が顕著であった。本人は一見快活で，学校でも明るくふるまっていたが，心理面接や心理検査では心理的負担の大きさがうかがわれた。てんかん発作が起こる時間帯がほぼ決まっているので，昼間の生活管理を緩めて干渉を控えること，基本的には，医者から禁じられたこと以外は普通の生活をさせることを両親に助言したが，実行はむずかしかった。

　その後，中学1年生の3学期末テストの前から頭痛が始まり，テスト期間中ずっと頭痛と吐き気が続いた。このころのQは，萎縮し自信がなく，とくに勉強やテストの話題では表情が暗く，うつむいて口が重かった。小学校3, 4年までは普通の成績であったが，高学年から下降気味になり，中学校では下三分の一の位置にいた。両親は，Qを私立中学に入れて保護的環境の中で大学まで進ませたいと考えていたので，母親はQの不振を見ていると歯がゆくて，干渉や激励や管理は以前以上に多かった。症状は学校の休み時間や休日には消失し，授業時間中やテスト期間に限って出現したことから，てんかんとの関連性は考えにくかった。しかし母親は，学業に対する取り組みの悪さや意欲のなさはてんかんという病気のせいであり，「この病気でさえなかったら親子がどんなに幸せな生活を送れたか……」と嘆いた。『この病気』という言葉がくり返し語られ，見方を変えれば，今の生活の中に十分な光明が見いだせるかもしれない，という助言は耳に入らなかった。公立中学に行かせることにして勉強から解放し，趣味や本人の得意なことを奨励してはどうか，との助言に対しては，「てんかんという負い目を背負って生きていく子であるから，Qを親以下の教育レベルにとどめたくない」「親の敷いたレール上を進むことがQの幸せだ」と主張した。

　それから1年後の中学2年生の3学期，Qは学校で失立発作と痙攣を起こして救急車でかかりつけの病院に運ばれた。症状はてんかん発作そのものであり，医療関係者も両親も，新たなてんかんの発作が起こったと思った。この発作の後，Qは精査のための入院をくり返している。発作は学校生活のいろいろな場

面で起こるようになった。パタンと倒れて意識を失う発作である。そのつど救急車で搬送され，親は病院と学校を往復した。勉強どころではなくなり，親はなんとか発作を止めてほしいと願った。

　本症例はこの先まだ長い経過がある。結果を述べてしまうと，中学2年生で起こった発作は偽発作であった。てんかんの大発作であるとだれもが信じた発作はてんかん発作ではなく，心因性の偽発作だったのである。

　てんかんという病気には，他の慢性疾患と異なる特有の恐れと嫌悪感がつきまとった時代がある。しかし，この半世紀におけるてんかんの医学研究はめざましく，てんかんは不治の病ではなくなった。すべてのてんかんが遺伝性ではないことが明らかになり，てんかん本来の性格行動の偏りであると見なされてきた迂遠さ，粘着性，爆発性などの性格傾向や，思考の固さや知能低下についても疑問視されるようになった。また，てんかんの正しい理解に向けての教育や支援が積極的に行われた。それにもかかわらず，一部の人々にはてんかんに対する偏見がいまだに根強く残っていることは否定できない。年月を経て，さすがに悪霊がついたとは言われなくなったものの，てんかんは口から泡を吹いて意識を失って倒れる病気であり，遺伝性で一生治らず，知能が低下し性格も偏っているという古い考えがまだあり，その恐れと嫌悪の感情がてんかん患者と家族に向けられる。

　てんかんであると診断された子どもの親の衝撃は大きく，子どももろとも突然に暗黒の世界に引きずり込まれた感をいだく。すぐには診断を信じることができず，いくつかの医療機関を回り歩く親もいる。かたくなに治療を拒む親もいる。子どもや，祖父母や親戚，あるいは夫や妻に対してすらも，わが子がてんかんであることを隠そうとする親もいる。そのために，家から遠く離れた医療機関に移っていく親もいる。こういった親の心情は，てんかんという病気に対する社会一般の偏見と誤解の歴史を反映しており，親自身がもつ偏見でもある。てんかんの子どもの親への援助は，親自身が子どもの病気をありのまま受け入れること，すなわち，親自身が偏見を取り去って子どもの病気と直面し，他の慢性疾患と同様に病気を受け入れるよう援助することが第1にあげられる。

てんかんの子どもの行動上の問題として，落ち着きがない，注意散漫である，行動がのろい，かんしゃくをおこしやすい，怒りっぽい，こだわりが強いなどなどの訴えが親から出されることがよくある。このような行動が顕著なため，友人関係や集団生活，兄弟親子関係に支障をきたし，学業にも遅れが出ている。こういった場合，問題行動の原因が，てんかんであることや抗痙攣剤の服用に求められることが多い。すなわち，「てんかん発作があるから」「脳波が異常だから」「強い薬を飲んでいるから」と考えられがちである。てんかん発作の抑制状況やある種の抗痙攣剤が子どもの情緒や行動に影響することはある。しかし多くの場合，親が訴えるこれらの問題の基本的原因は，てんかん以外の心因性の問題における原因と共通である。認知障害や学習困難などてんかんの病態に一次的に関連した障害と，てんかんの周辺の問題とが混同されないように，問題の成因を検討し，親への適切な指導が行われなければならない。

　てんかんの子どもには，発作があったり，薬を服用したり，通院の時間が必要であったりするため，子どもの生活について親の保護，干渉，管理が多くなりがちである。保育所や幼稚園や学校の教師も同様であることが多く，必要以上に慎重に対処されたり特別扱いされたりする。このことは，子どもの健全な心理的発達を妨げ，過度な依存性，萎縮，攻撃性，疎外感などを生ずる結果になりやすい。また，子どもが病気へ逃避したり，自分の病気を否定したりすることにもつながる。健康管理上どの程度の制限と配慮が必要であるかについて，医者の判断を求めることを親に勧め，注意を促す必要がある。

　てんかんという病気の特性故に，親がてんかんに関する正しい知識をもつように援助することが重要である。そのためには，医療従事者との連携による援助とカウンセリングが必要であり，また，家族や教師，友だちとその親など，子どもを取り巻く環境全体の理解と協力がたいせつである。

付　章
発達臨床における心理査定

発達臨床の心理学的査定

① 認知発達面にかかわるもの

1．田中ビネー式知能検査法

　知能についてビネー（Binet, A., 1857-1911 仏）は，これを注意，想像，推理，判断といったような個々の能力の集合ではなく，あらゆる知的機能の基礎として統一的な一般知能を考えた。一般知能の本質は方向性，目的性，自己批判性の3側面にある。そのような知能観に基づいて，各年齢の発達段階に応じた質問項目を精選し，ビネー式知能検査ができた。それを田中寛一（1880-1962）が日本版に改訂したのが本検査である。心理検査は時代に応じて改訂の要があり，今のところ1987年版が最新である。

〈実施要領〉

　検査項目は多様で，単語の知識，文章完成，直接記憶，道徳的判断，反対類推，数概念，図形模写，数唱，欠所発見，紐通し，不合理発見，常識的判断，曜日の理解，関係類推，共通点，文章の構成と記憶，文章題による加減算，絵の解釈，物の差異点と共通点，単語の列挙，抽象語の定義，形と位置の推理，立方体の計数，暗号，方角等の各項目である。検査は個人式で，質問は被験者の生活年齢と等しい年齢級の問題から開始し，不合格の問題が1つでもあれば順次下の年齢級へ下がり，全問正解の年齢級まで行う。開始の年齢級で全問正解のときは，順次上の年齢級に進み，全問答えられない年齢級まで行う。適用年齢：2歳〜成人まで。所要時間：30分〜60分。

〈結果の整理・解釈〉

　結果の整理はつぎのようにする。
① 　生活年齢：月令で数え，1か月未満は切り捨てる。生活年齢15歳以上の場合の知能指数の算出は「生活年齢修正表」を用いて生活年齢を修正する必要がある。
② 　精神年齢：合格した全問題数から精神年齢が算出される。
③ 　知能指数：IQ＝精神年齢／生活年齢×100。小数第1位で四捨五入して整数で出す。

本検査は乳児から成人の認知発達を測定するもので，健常児（者），発達障害児，成人等多方面で利用される。たとえば学習指導，教育効果の診断，学力評価の基準，学級編成への利用，知能障害児や優秀児の発見とその指導，進路指導，性格観察，発達傾向の診断に利用できる。

2．WISC-III知能診断検査

WISC (Wechsler Intelligence Scale for Children)はウエクスラー (Wechsler, D., 1896-1981 米) の開発になる児童用検査である。WISC-Rというのは改訂版 (revised)のこと。WISC-IIIはその第3版で，最新の日本版は1998年版になる（なお成人用WAIS : Wechsler Adult Intelligence Scale がある。この方がWISCより先にできた）。ウエクスラーは知能を「目的的に行動し，合理的に思考し，能率的に環境を処理する個人の総合的全体的能力」と定義した。本検査は知能指数だけでなく，結果を構造的に分析して知能を力動的側面からとらえ，治療教育的な情報を提供するところの診断検査である。適用年齢：5歳0か月（米国版では6歳0か月）から16歳11か月。

〈実施要領〉

個別式検査である。下位検査として動作性検査7項目（絵画完成，絵画配列，積木模様，組合せ，符号，記号探し，迷路）と言語性検査6項目（知識，類似，算数，単語，理解，数唱）からなり，検査に対する興味を持続させるために，動作性と言語性を交互に，この順序で行う。なお記号探し，数唱，迷路は補助検査扱いとなる。どんな検査でもそうであるが，検査者は手引きの指示を守り，言葉づかいを変えたり，制限以上の援助をしたり，時間を遵守しなかったり，その他，実施条件を変えることはよくない。所要時間：基本検査で約60分，補助検査で約10分。1回で検査を終了することが望ましいが，2回に分ける場合，その間隔は1週間以内とする。

〈結果の整理・解釈〉

言語性と動作性の10項目の基本下位検査の粗点を評価点に読み替え，それぞれ言語性IQと動作性IQをもとめ，さらに総合して全体IQが出る。その際，基本検査になんらかの意味で不適切が発生し，データとして採用できないものがあれば，「数唱」を言語性検査の代替とし，「迷路」を動作性検査の代替とすることができる。下位検査評価点のプロフィールを描く。また「記号探し」はWISC-IIIで新しく加わったものであるが，これによって4種類の群指数（言語理解，知覚統合，注意記憶，処理速度）の測定が可能になり，群指数の個人内診断がより構造的になった。

プロフィールは実験参加者の特性の内容を示すものである。また WISC は知能を言語性と動作性に分けるので，その差が大きな関心となる。とくに差の大きい場合はその原因を探り，検討する必要がある。また各下位検査の評価点の発達的アンバランスを検討する必要がある。4つの群指数にも視点を向け，どこに発達的障害があるかが考察できて，より診断的になる。

3. WPPSI 知能診断検査

WPPSI (Wechsler Preschool and Primary Scale of Intelligence) は WISC，WAIS とともにウエクスラーの一連の知能診断検査の1つで，幼児用である。本検査は 1969 年に日本版ができた。この検査の下位項目 11 種類のうち 8 種類（知識，単語，算数，類似，理解，絵画完成，迷路，積木模様）は WISC から取り入れられ，他 3 種類（文章，動物の家，幾何図形）が新しく挿入された。適用年齢：3 歳 10 か月〜7 歳 1 か月（原本は 4 歳〜6 歳半）。

〈実施要領〉

実験参加者が幼児であることにとくに留意する必要がある。すなわち検査は幼児にとって温かい親しみやすい雰囲気のなかで実施することが望ましい。子どもの注意が中断されることがないように配慮することが必要である。本検査も言語性と動作性と交互に実施し，"やさしいもの"と"難しいもの"が交互になるよう設定されているが，子どもが特別なテストに困難や抵抗を感じている場合は，その順序は適宜，変更してもよい。

その他のウェクスラー検査と同様に，各項目の検査要領，検査の中止条件（制限時間），採点基準など，マニュアルに忠実に従い，有能な熟達した検査者によって検査が行われることが望ましい。所要時間：約 60 分。

〈結果の整理・解釈〉

各測定項目の採点基準に従って言語性検査と動作性検査の得点，評価点，それぞれの合計得点（評価点）を算出し，言語性 IQ (VIQ: verbal intelligence quotient)，動作性 IQ (PIQ: performance IQ) および全検査 IQ (full-scale IQ) を換算表によって算出する。下位検査全体のプロフィールを描く。

WPPSI も言語性と動作性に分けて測定するため，知能の発達状況を構造的に診断することができる。言語的にハンディキャップをもつ子どもでも，動作性検査で IQ を測定できる。上肢障害をもつ子どもには言語性検査だけでも測定可能である。

4．新版K式発達検査

本検査は京都市児童相談所のスタッフによって開発されたK式乳幼児発達検査（旧K式検査と称される）および京都ビネー検査（略称K-B）を経て，昭和58年頃に新たに改訂をみたものである（英語名はKyoto Scale of Psychological Development）。乳幼児精神発達検査は1920～30年代に開発が始まり，ゲゼル（Gesell, A., 1880-1961）の発達診断スケジュールが知られているが，本検査もそれなどが見本になっている。全324項目ほどの多項目から成り，精神身体発達の状態を全体的にとらえようとする。測定領域は姿勢・運動（P-M：postural-motor），認知・適応（C-A：cognitive-adaptive），言語・社会（L-S：language-social）の領域に区分される。知能検査から派生したものではあるが，知的検査が困難な乳幼児であることもあって，知的側面以外にもこのように発達過程を多面的に把握するのが，乳幼児検査の特長である。適用年齢：0.1か月～14歳0か月。

〈実施要領〉

本検査に使用する用具は検査用紙も含めて47種，165点ある（小物類，玩具類，積木類，図版類，日用品類等々）。検査用紙は各検査領域ごとに課題項目が発達段階ないし難易度段階に応じて横に並んでいる。検査者は決まった順序で検査しながら，問題系列ごとに被検児にとって「できる項目」と「できない項目」の境目を特定し，プロフィールを描き，領域別と全領域について得点，発達年齢，発達指数を求める。所要時間はできるだけ短く，必要最小限にする。

〈結果の解釈〉

本検査は子どもの発達のようすを全体的にとらえようとする検査であり，障害の有無や種類を明かにしようとするわけではない。しかし検査結果によって不均衡な発達傾向が発見できれば早期介入で援助する。これは早期経験による学習によって不均衡が是正されるからである。また早期の治療教育的介入が子どものコンピテンスの発達にも影響を与える。

乳幼児の検査では，この検査によってなんらかの異常が認められ，医学的な精密診断の必要がしばしば生じる。ゼロ歳児では子どもの側の経験や興味の偏りによる差が大きく，ただ1度の，しかも特定項目だけに見られた異常から，早急に断定することなく，慎重に判断する必要がある。異常な状態についての十分な知識と臨床体験を積む必要がある。

5．デンバー式発達スクリーニング検査（日本版）DDST

デンバー式発達スクリーニング検査DDST (Denver developmental screening test)のスクリーニング（篩い分け）とは問題となる子どもを見つけだすことで，程度（たとえば発達指数など）を測定することはしない。外見上普通に見える子どもたちのなかに，発達的に遅れやゆがみのある気になる子どもをとりあえず見つけ，警告をならす手がかりとするのが目的である。本検査は，①対人関係，②微細な運動適応，③言語，④粗大な運動適応の4領域から，子どもの発達全体を把握しようとする。対象者：0歳児〜6歳児。

〈実施要領〉

1歳6か月児健診，3歳児健診，保育園や幼稚園の入園時などの機会に行われる。検査用具として＜赤い毛糸の玉(直径およそ4インチ)，干しぶどう，柄の細いガラガラ，2.5cm立方の色のついた積木(赤，青，黄，緑)，口径5/8インチの小さな透明なガラスびん，小さなベル，テニス用のボール，鉛筆＞などが用意される。これらの道具を見せたり言語指示に対する反応を調べる。検査課題は104項目ほどあり，この中には保護者（親）から聴取して判定するものもある。所要時間は約10〜20分。

〈結果の整理・解釈〉

すべての項目について健常児が25％，50％，75％，90％の通過率を示す月齢または年齢が図示されており，被検児と同月齢または同年齢の子どもの90％が通過する項目に，もし当該児がパスしなかったら，その項目についてその子は「遅れている」と判定される。「遅れ」の項目が4領域のどの領域にいくつあるかによって一定の基準に基づき「正常，不能，疑問，異常」に分類する。

幼児は身体的精神的影響を受けやすく，個人差も大きく，1回の検査では発達状態の完全な把握がむずかしいので，再検査が必要なことが多い。検査では母親からの聴取事項も多いので，データは主観に偏りがちになる。被験児が初回の検査で正常でないのなら，2〜3週間後に再検査を実施する必要がある。ともあれスクリーニング検査によって，親が心配になる行動を通して，異常や疑問に感じる症状をとりあえず発見し，早期に治療教育を施すことは治療効果を促進するうえにも重要である。

6．コース立方体組合せテスト

この検査は聾児，難聴児，言語障害児のために，コース (Kohs, S. C.) が1923年

に開発したというブロック・デザイン・テスト (Kohs block design test) を、大脇義一が日本人用に改訂したものである。その改訂増補版 (1979) がある。コースは「知能とは目的達成のために新奇な問題を分析したり総合したりする能力」であると定義し、立方体を組み合せる作業によって、人がはじめて遭遇する経験外の問題を、分析したり総合したりする能力を測定しようとした。回答に言語を必要としないので、動作性知能検査である。適用範囲は6歳～成人。

〈実施要領〉

材料として6色に色分けされた立方体16個があり、テストは見本の図版(模様図)を見て、それと同じ色模様図を構成することにある。モデルは17種類があり、やさしいものから順次むずかしいものへと展開する。はじめ練習として4個の色つきの立方体により、練習用模型図と同じ模様をつくる練習をさせる。色の名前は言わず、「これを同じもの」という言い方をする。1回でできなければ3回までくり返す。各問題に時間制限はないが、全体の所要時間は20分～50分、平均35分。

〈結果の整理・解釈〉

各下位検査は所要時間に応じて配点が決められており、各得点を合計して総得点とし、総得点をもとに精神年齢換算表で精神年齢を算出する。被検者の歴年齢が13歳0か月～17歳11か月までは暦年齢修正表に基づいて修正を行う。歴年齢18歳0か月以上はすべて16歳とする。

本検査には分析、総合、比較、熟慮、完成、識別、判断、批判、決定の精神機能が働いている。脳障害者の大脳生理学(神経心理学)の分野でも使用可能である。

7．大脇式精薄児用知能検査器

コース立方体組み合わせテストは6歳以上を対象としているが、本検査はそれ以下の1歳10か月～6歳を適用年齢として工夫された積木検査である。精神遅滞児用としても利用できる。幼児や精神遅滞児も楽しみながら検査を受けることができる。

〈実施の要領〉

本検査器は6面が同色の立方体8個(赤2個、青2個、黄2個、白2個)、6面がすべて異なっている立方体4個より構成されている。積木の色の名前は言わず、「これと同じもの」という表現で理解させる。成功の見込みがない場合にはそのテストは打ち切る。検査に長時間かからず、所要時間は約30分である。

〈結果の整理・解釈〉

結果の判定は簡単で容易である。被検者が1つのテストでも失敗すればそれ以後

の課題は不能とみなし終了する。採点はテストの何番目まで成功したか，その番号が粗点になる。「粗点から精神年齢を算出する表」で精神年齢を出す。

　健常児の知能測定もさることながら，精神遅滞児の早期発見，その遅滞の程度を段階的に区分することができる。精神遅滞は，境界線扱（IQ：75～85），軽度（IQ：50～75），中度（IQ：25～50），重度（IQ：25以下）と区分されるが，重度以外は本検査による区分が可能である。そのような段階的分類によって身辺処理，生活指導，治療教育のあり方の指針を出すことができる。

② 情緒・行動・性格にかかわるもの

1. 小児自閉症評定尺度

　小児自閉症評定尺度（CARS：Childhood Autism Rating Scale）は15項目からなる行動評定尺度で，自閉症児と他の発達障害児を鑑別する尺度である。15項目の評定内容とは，①人との関係，②模倣，③情緒反応，④身体の使い方，⑤物の使い方，⑥変化への適応，⑦視覚による変化，⑧聴覚による反応，⑨味覚・臭覚・触覚反応とその使い方，⑩恐れや不安，⑪言語性のコミュニケーション，⑫非言語性のコミュニケーション，⑬活動水準，⑭知的機能の水準とバランス，⑮全体的な印象である。1500以上の症例をもとに約15年間に亘って検討・修正された尺度といわれ，1985年に改訂版が発表されている。マニュアルの邦訳版がある（文献 Schopler, E., Reichler, R. J., and Renner, B. R., 1986参照）。適用範囲は3歳より成人，おもに学童水準（12歳ごろ）。

〈実施要領〉

　CARSの実施はさまざまな状況で行われるが，データは親との面接，学級での観察，事例史などからも得られる。観察に際し，子どもの行動は正常な子どもとの比較で行われ，正常でないと判断された場合は，その行動の特異性，頻度，強度，持続時間に注意する。所要時間：60分。

〈結果の整理・解釈〉

　各項目に1点～4点までの7段階得点が与えられる。すなわち，1点は正常範囲内の行動；1.5点は同年齢の子どもと比べてごく軽度の異常を示す行動；2点は軽度の異常を示す行動；2.5点は軽度と中度の中間程度の異常を示す行動；3点は中度の異常を示す行動；3.5点は中度と重度の中間程度の異常を示す行動；4点は重度の異常を示す行動である。全15項目の合計得点から，自閉症の程度が評定される。そのためのフロー・チャートがある。分析結果は正常，軽度自閉症，中度自閉

症，重度自閉症に分けられる。

CARS の総得点が，15～29.5 点までが「自閉症でない」，30～36.5 点が「軽・中度自閉症」，37～60.0 までが「重度自閉症」と判断する。しかし境界線上の得点の処理は難しく，また CARS だけでは自閉症児の全体的な診断はできないことが注意される。

2．精研式自閉症診断検査 CLAC II・III

精研式 CLAC (Check List for Autistic Child は国立精神医学研究所で開発された自閉症児用行動評定表であり，精研式と呼ばれる。1968 年以来，梅津耕作が中心となって進められ，1980 年に発表された。CLAC II の一般用と，CLAC III の行動療法用の 2 種類がある。CLAC II は自閉症児が評定の中心となるが，自閉症障害の疑いのある児童や知的障害児及びその他の障害児の発達過程を把握するのに有効な尺度である。CLAC III は行動療法に基づいて，課題学習領域の治療指針を与えるものである。課題学習領域は，学習態勢，基本習慣，動作学習，言語，数概念，抽象概念などに区分される。適用範囲は自閉症児及びその他の発達障害児で，幼児・児童・生徒が対象となる。

〈実施要領〉

CLAC II（一般用）の評定は，尺度 1～8 までの項目は養育者である母親で，施設児童では養育を担当している保育者が行うのがよい。9～24 までの項目の評定者は治療教育者もしくは学校の教師がよい。CLAC III（行動療法用）の評定は尺度 1～3 を母親が，4～11 を教師が，12～20 までを治療機関の検査者が行うという形態がよい。評定点は 1～5 で，高得点ほど良好である。結果をサイコグラムに転記する。CLAC III 以外にも行動観察法，検査法，調査法，面接法などを総合して，被検児の実態を把握することが必要である。CLAC II の評定時間は 40 分～50 分。CLAC III の評定時間は約 60 分。

〈結果の整理・解釈〉

円形サイコグラムは円の外周を段階 5 とし，中心を段階 1 とする。これに CLAC III で評定した 20 項目をプロットする。サイコグラムによって本児の発達の様相をつかみ，指導の順序を決定したり，不足の部分は治療教育によって補完する。

サイコグラムによって対象児の状態像がどのような様相を示しているかを検討することができる。全尺度が段階 5 というのは 6 歳の健常児の発達段階に対応するが，この尺度は子どもの発達指数や知能の程度を表すものではない。また 20 尺度すべて

が5段階に達しても自閉症傾向が消失したと結論することもできない。治療教育の目的でサイコグラムを使用する場合，強化子や施行手続きなど詳細に記述する必要がある。

　この尺度によって治療者は治療計画の立案が可能になり，親との話し合いの参考資料にもなる。また行動療法の治療効果の判定にも役立つ。

3. 幼少教育研究所式・幼児児童読書力検査

　本検査は辰見敏夫（代表）の開発になる検査で，児童の読みの学習能力，読書力の水準，読書力の偏りなどを調査するもので，読み指導の言語教育のための手がかりとなる。下位能力として，①語の理解：話しことばの中で聞く語を理解する能力，②図形の弁別：ひらがな文字71字を正しく読むための図形的弁別力，③音節の分解：単語がいくつの音節で構成されているかを判断する能力，④音節の抽出：単語の中の特定の音節を抽出する能力（「頭字あそび」のたぐい），⑤文字の認知：（文字どおり）文字の認知能力，⑥文の理解：（文字どおり）基本的な文の理解力，を考える。3歳8か月の幼児から小学校1学年1学期末の児童が対象になる。

〈実施要領〉

　集団検査で，クラスの実施人数は，小学1年生はクラス全員30人〜40人，5歳児は10人まで，4歳児は7人まで，3歳児は5人までで，低年齢ほど小人数で行う。検査者と補助者2人が必要。各下位能力の検査には制限時間がある。所要時間は5歳児を基準に約30分，4歳児の場合はもう少し時間が必要である。

〈結果の整理・解釈〉

　採点は正答に対してそれぞれ1点を与え，所定の換算をして評価点を求め，読書力の水準を偏差値と段階点で表す。テストの実施・採点は容易である。

　本検査は総合的読書力の測定の他に，上述の6つの下位能力の診断が可能で，子どもにとって読みの学習能力に問題があるのか，読字力はあっても基礎読書力に問題があるかが診断できる。それによって各個人に適した文字指導，読書指導の手がかりが得られる。本検査は言語的障害をもつ自閉症児にも，読み書き障害をもつLD児にも適用され，その後の治療教育の指針として役に立つ。

神経心理学的査定

1．フロスティッグ視知覚発達検査

　視知覚障害がある学習障害児のために，視知覚の障害の種類と程度を明らかにし，学習活動上の問題点を予測し，早期治療教育プログラムを誘導する。

　以下の5つの検査から構成される。

　Ⅰ．視覚と運動の協応：目と手の協応動作の検査，Ⅱ．図形と素地：順次複雑さを増す素地に対する図形の知覚の変化の検査，Ⅲ．形の恒常性：異なる条件のもとに呈示される幾何図形を知覚し類似の幾何図形と弁別する検査，Ⅳ．空間における位置：図形の反転や回転を弁別する検査，Ⅴ．空間関係：単純な形態や模様を分析する検査。

適用年齢：4～8歳。所要時間：30～40分。

〈実施要領〉

＊検査Ⅰ：いろいろな幅をもった2本の境界線の間に，連続的な直線や曲線や角のある線を描いたり，案内線なしに点と点を結ぶ線を描くことを内容とする。
＊検査Ⅱ：交差したり隠されたりしている幾何学的図形の中から指示された図形を選択する。
＊検査Ⅲ：大きさ，線による濃淡の変化，構成，空間における位置等によって条件が異なって呈示される円・正方形・長方形他の類似の幾何図形の中から指示された図形を選択する。
＊検査Ⅳ：並んで呈示されている日常目にふれる事物の略画の中で，反転したり回転したりしているものを弁別する。
＊検査Ⅴ：点点を道しるべとして，見本として与えられているいろいろな長さの線や角と同じものを描く。

〈結果の整理〉

＊各下位検査ごとに粗点をもとにして知覚年齢（PerceptionAge：PA）を算出し，PAと生活年齢（CA）の十分率により評価点（Scale Score：SS）を算出する。
＊各下位検査ごとに各年齢における粗点の平均の変化（発達曲線のデータ）に修正を加えた後に得られた5つの評価点を合計して知覚指数（Perceptual Quatient：PQ）を算出する。

〈結果の解釈〉

* 各下位検査とも評価点8以下である場合は，その能力が普通よりも低いことを示す．
* 知覚指数（PQ）が90以下である場合（全体の4分の1下位群にある）は，検査全体の成績が不良であり，学習上の困難を招きやすいことが示される．
* 視知覚の発達の障害をもつ子どもは，幼児期における不適応行動や学童期における学習困難を生ずることが多い．いずれかの領域でも問題が発見されたら，早期治療教育を行うことが望ましい．治療教育のための「フロスティッグ視知覚学習ブック初級〜上級」が用意されている．

2．ベントン視覚記銘検査

　視覚認知，視覚記銘，視覚構成能力の評価と分析に用いられる．検査は1つ以上の図形が描かれてある10枚の図版から構成されており，3種類の図版形式（Ⅰ〜Ⅲ）がある．図版は各形式を通して対応した同質のもので難易度も等しい．練習効果と習熟の可能性を避けて再検査を行うことができる．脳損傷や脳疾患が疑われる子どもや学習障害児の視覚認知の障害を明らかにする．適用年齢：6〜13歳の児童および成人．

〈実施要領〉

* 4つ施行方式がある．図版1枚を描写用紙1枚に描く．

　施行A：各図版を10秒間提示して熟視させた後図版をかくし，見た図形をすぐ再生（描写）させる．

　施行B：各図版を5秒間提示して熟視させた後図版をかくし，見た図形をすぐ再生（描写）させる．

　施行C：各図版を模写させる．

　施行D：各図版を10秒間提示して，その後15秒たってから見た図形を再生（描写）させる．

* 同じ子どもに再検査する場合は，第1回目に使用した以外の図版形式を用いる．

〈結果の整理〉

* 各図版ごとに正確数（1点または0点）と誤謬数を求める．誤謬のタイプは，省略，ゆがみ，保続，回転，置き違い，大きさの誤りの6つに分類される．
* 採点方式は，描写能力ではなく視覚による印象を保持する能力を重視する．

〈結果の解釈〉
* 検査成績は知能水準および暦年齢との間に有意な関係があり，臨床的解釈は患者の年齢と発病前の本来の知能にふさわしい予想点に基づき得点と予想点の差についてなされる。
* 正確数および誤謬数は成績の全般能力の尺度であり，視覚認知と再生の指標である。誤謬内容の分析は，その子どもの視覚認知上の特殊な誤りを理解するために役立つ。

3．ベンダー・ゲシュタルト・テスト

9個の幾何図形を描写させることにより，視覚認知，視覚運動の統合や成熟度を知るとともに機能的，器質的脳傷害を知る手掛かりを得る。

〈実施要領〉
* 1枚の白紙に幾何図形1種類ずつが描かれた図版9枚（図形A，図形Ⅰ～Ⅷ）を用いる。定められた順序で図版を1枚ずつ呈示し，描写用白紙1枚に模写させる。時間制限はない。

〈結果の整理〉
* パスカル・サッテル法が11歳以上の児童と成人に，コピッツ法が5歳から10歳の児童に適用される。精神遅滞の場合は精神年齢（MA）による。
* 各図形ごとに採点アイテムがあり，該当する誤りや逸脱を「ある」か「ない」かで1点または0点と採点する。
* 得点を各図形ごとに合計し，さらに総得点を算出する。
* 個々の図形の評価の他に9個の図形の全体の構成，所要時間，筆圧等も評価の対象となる。

〈結果の解釈〉
* アメリカでは得点を標準によって換算するが，日本では標準値がないので換算しない。
* 各図形の全体や部分について，ゆがみ，回転，くり返し，固執などのアイテムが脳傷害の指標となる。
* 全体の構成における順序の混乱，寸法の大小，筆跡，くり返しは，情緒障害の指標とされる。
* 頭部外傷，てんかん，統合失調症，躁うつ病，自閉症，精神遅滞などの事例報告が記載されており，これらを参考に総合的解釈を行う。

4. K-ABC

K-ABC (Kaufman Assessment Battery for Children) は神経心理学と認知心理学の研究成果に基づいて開発された小児の認知アセスメントバッテリーであり，学習障害児に対する神経心理学的アセスメントのひとつとして注目されている。継次処理尺度，同時処理尺度，認知処理過程尺度，習得度尺度の4尺度から構成され，問題を解決し情報を処理する認知様式（認知処理過程）と習得された知識（習得度）とを明確に区別して評価する。

入ってくる情報が言語的か視覚的かといった情報の種類ではなく，情報を処理する方法の違いにより，処理様式は継次処理と同時処理に分けられる。継次処理は，情報を1度にひとつずつ時間的な順序で連続的に分析処理する過程であり，それぞれの情報は，ひとつ前の情報と直線的時間的に関係している。一方，同時処理は，最も効果的に課題を解決するために，刺激の空間的全体的統合が必要とされる処理である。

継次処理尺度は，数唱，一連の手の動作の再生，語の配列の再生のように，系列的体系的課題で構成される。この処理は，文法的な関係や規則の学習，歴史的事実の年表的理解，繰りさがり計算，ゲームのルールの理解などに影響する。また同時処理尺度は，刺激の空間配置の再生，不完全な絵の呼称，幾何図形の再生など統合的全体的課題で構成され，この処理は，文字や数字の形態学習，語や文章の要点の理解，算数の概念の理解などに影響する。認知処理過程尺度は，継次処理と同時処理のふたつの処理尺度を統合したもので，新しい場面での問題解決解決能力を測定し，認知機能の全体水準に表す。習得度尺度は，数の計算，言葉の読み，文の理解など知識や教科学習に関する技能を測定する課題で構成され，以前の学習経験を高度に適用して得られた判断力や習慣を表わす。適用年齢：2歳6か月から12歳11か月。

〈実施要領〉

* 14の下位検査から構成されるが，年齢により異なる下位検査を実施する。すべての下位検査で，子どもの生活年齢（CA）に応じて開始問題が定められており，また年齢に応じた中止問題がある（年齢中止条件）。
* 各下位検査において，問題はユニットでまとめられている。ユニットとは同程度の難易度をも問題の単位である。子どもが1つのユニットで全問失敗した場合はその下位検査を中止する（ユニット中止条件）。
* 年齢中止条件およびユニット中止条件にはともに例外があるので注意を要する

（手引書を詳読すること）。
* 言語能力に何らかの障害があって全問を実施できない子どもの場合には，非言語性の応答が可能な下位検査を選択して組み合わせて行う特別な実施方法がとられる（非言語性尺度）。

〈結果の整理〉
* 各下位検査の粗点合計を求める（1点か0点で採点される）。粗点合計を，認知処理過程尺度の各下位検査については評価点に，習得度尺度の各下位検査については標準得点に換算し（換算表による），記録用紙に記入する。
* 下位検査の評価点あるいは標準得点を合計して，総合尺度の標準得点を求める（換算表による）。
* 総合尺度の標準得点の高低が有意であるか否かを決定する（表による）。
* 認知処理尺度下位検査の評価点，習得度尺度下位検査の標準得点について，平均と比較して有意に高いか低いかを明らかにする（表による）。有意に高いまたは低い下位検査があれば「強い下位検査：S」「弱い下位検査：W」として記録用紙に記入する。

〈結果の解釈〉
* 評価点の平均は10，標準偏差は3であり，標準得点の平均は100，標準偏差は15である。不得意な下位検査の検出および各尺度間の差を比較することにより，学習障害児およびその他の障害児の学習困難のタイプを明らかにして，学校や家庭における学習指導計画をたてることができる。
* 低年齢においては，粗点が0点でも評価点が得られることがある。粗点と評価点の欄に注意をはらう必要がある。

5．マッカーシー知能発達検査

　幼少期の子どもの知能および運動能力を測定する。積木，パズル解き，絵の記憶，ことばの知識，数の問題，連続タッピング，ことばの記憶，左右の方向（5歳以上のみ），脚の整合，腕の整合，動作の模倣，図形の模写，子ども画，数の記憶，ことばの流暢さ，数え方・分け方，反対類推，概念のグルーピングの18種の下位検査から構成されており，言語（V），知覚－遂行（P），数量（Q），一般知能（GI），記憶（Mem），運動（Mot）の6尺度にまとめられる。検査は1つの尺度にのみ属するものと，いくつかの尺度にわたるものとがある。各尺度について得点または指数が得られる。検査用具は，幼児でも関心をもって自然にとりくめるよう考案されてい

る。健常児および学習障害児の査定に有用な情報が得られる。適用年齢：2歳4か月から8歳7か月。

〈実施要領〉

＊ラポートや息抜き等を考慮して検査が構成されているので，規定の順序で全検査を実施する。子どもの年齢に応じた開始項目と中止条件が定められている（手引きを詳読すること）。

〈結果の整理〉

＊検査ごとに全粗点を求め，記録用紙に指定してある算出法で重みづけ粗点を算出して記録用紙裏表紙に転記する。尺度ごとに得点を合計して合成粗点の欄に記入する。

＊該当する暦年齢の換算表から尺度指数を求め記入する。

＊プロフィールを作成する。

〈結果の解釈〉

＊一般知能指数（GIQ：General Intelligence Quotient）は平均が100，標準偏差が16であり，他の5つの尺度は平均が50，標準偏差が10である。各尺度指数およびプロフィールから子どもの認知能力と運動能力の発達を判断する（各下位検査概念と各尺度概念についての解説を詳読すること）。

＊一般知能（V＋P＋Q＝GI）の尺度値は他の尺度値に異なることに注意する。

＊低年齢の優秀な幼児に比べて，6〜8歳の優秀児には上限が十分といえない。このような子どもの知能査定が目的の場合は他の知能検査との併用が望ましい。

6．ITPA 言語学習能力診断検査 (Illinois Test for Psycholingustic Abilities)

学習障害をもつ子どもの心理・教育的診断検査として開発された新しいタイプの検査で，コミュニケーション過程に必要な心理的機能を測定する。コミュニケーションに関する言語学習能力を①回路（聴覚—音声，視覚—運動），②過程（受容，表出，連合），③水準（表象，自動）の3次元の関係でとらえ，子どもの全体的な知的水準（個人間差：inter-individual differences）を知るだけでなく，その子どもの中でのいろいろな能力の差異（個人内差：intra-individual differences）を明らかにし，治療教育のプログラム作成に役立てることができる。適用年齢：3歳0か月から9歳11か月。

〈実施要領〉

ことばの理解，絵の理解，形の記憶，ことばの類推，数の記憶，．絵の類推，．絵

さがし，ことばの表現，文の構成，動作の表現の10の下位検査があり，この順序で実施する。子どもの能力によって実施範囲を決定するために下限と上限が設定されている。また，形の記憶と数の記憶では，検査を簡略化するためにサンプリング法が用いられる。サンプリング法は，子どもの能力水準のおよその見当をつけて，その水準に最も近いところを集中して調べる方法である。

〈結果の整理〉

* 各下位検査の粗点を算出する。換算表から言語学習年齢（PLA）と評価点（SS）を換算し，得点記録用紙に記入する。表象－自動水準，聴覚－音声回路ごとに記録される。
* 全検査粗点（10の下位検査粗点の合計），全検査PLA（全検査粗点のPLA換算値），SS合計点（10の下位検査評価点の合計），SS平均値（SS合計点÷10），SS中央値（10の下位検査のSSを大きさの順に並べたときの第5番めと第6番めの値の平均値）を記入する。
* プロフィール用紙に，暦年齢（CA），PLA，精神年齢（MA）を記入する。各下位検査のSSをITPA得点欄に記入し，線で結んでプロフィールを描く。SS平均値およびSS平均値±6の値をプロフィール上に線で記入する。

〈結果の解釈〉

* 言語学習能力間の発達的差異を理解するためにPLAとSSの2つの尺度を用いて解釈を行う。
* PLAとCA間の差異は，年齢的な発達のずれを示す。
* 下位検査SSとSS平均値の差異は，言語学習能力間の優劣を示す。差が±6点以内は能力間の優劣なし，差が±7～±9点は境界線，差が±10点以上であればその能力は明らかに優れているか，もしくは劣っているとみなされる。
* 個々の下位検査結果だけでなく，ITPAモデルを構成する3つの次元について，プロフィールの形態からも検討する。
* とくに学習障害の診断にあたっては，臨床的情報を得るための他の神経心理学的検査，医学検査，行動観察等を加えて総合的に解釈を行うことが望ましい。

引用参考文献

●序論

森永良子・上村菊朗　1980　LD―学習障害　治療教育的アプローチ　小児のメディカルケア・シリーズ　医歯薬出版
中島義明・安藤清志・子安増生・坂野雄二・繁桝算男・立花政夫・箱田裕司（編）　1999　心理学辞典　有斐閣
西村　學・小松秀茂　1996　発達障害の病理と心理　障害児教育シリーズ3　培風館

●第1章

次良丸睦子・五十嵐一枝・加藤千佐子・高橋君江　2000　子どもの発達と保育カウンセリング　金子書房
小池敏英・北島善夫　2001　知的障害の心理学―発達支援からの理解　北大路書房
前川久男　2001　知的障害の評価と教育　杉原一昭（監修）　発達臨床心理学の最前線　6部5章　pp.241-251．教育出版
中島義明・安藤清志・子安増生・坂野雄二・繁桝算男・立花政夫・箱田裕司（編）　1999　心理学辞典　有斐閣
中根　晃　1999　発達障害の臨床　金剛出版
西村　學・小松秀茂　1996　発達障害の病理と心理　障害児教育シリーズ3　培風館
内山喜久雄　1988　行動療法　日本文化科学社
渡辺弥生　1996　ソーシャル・スキル・トレーニング　内山喜久雄・高野清澄（監修）　講座サイコセラピー11　日本文化科学社
Wolpe, J. 1969 *The practice of behavior therapy*. Pergamon Press.
山下貴子・五十嵐一枝　2000　LDおよびADHDにおけるソーシャルスキルとグループ音楽療法―年齢を異にする3例の経過の検討　日本LD学会第9回大会論文集　pp.242-245.

●第2章

APA 1994 *diagnostic and Statistical Manual of Mental Disorders*, (4th ed.) Washington DC: American Psychiatric Association. 高橋三郎・大野　裕・染谷俊幸　1994　DSM-IV　精神疾患の分類と診断の手引　医学書院
Baddley, A. 1986 *Working Memory*. Oxford University Press, London.
五十嵐一枝・大澤真木子・溝部達子　2000　小児科外来におけるADHDとLDの子どもの問題―年齢と症状をめぐって　関東児童青年精神保健懇話会　第12回学術集会抄録集　p.6.
五十嵐一枝・酒井裕子・宮尾益知・溝部達子　2001　ADHD（注意欠陥多動性障害）におけるワーキングメモリの検討　日本教育心理学会第43回総会発表論文集　p.502.

森永良子　1993　LDの認知過程の障害とその臨床症状　LD（学習障害）―研究と実践　1：22-31.

森永良子・上村菊朗　1980　LD―学習障害　治療教育的アプローチ　小児のメディカルケア・シリーズ　医歯薬出版

中根　晃　1999　発達障害の臨床　金剛出版

Rourke, B. P. & Del Dotto, J. E. 1994 *Learning Disabilities A Neuropsychological Perspective*. SAGE Publication Thousand Oaks London New Delhi.

●第3章

Barkley, R. A. 1998 *Attention-deficit hyperactive disorder*. Scientific. American September 石浦章一（訳）　1999　集中できない子供たち―注意欠陥多動障害　日経サイエンス1月号　pp.18-25.

Dykman, R. A., Ackerman, P. T. & Oglesby, D. M., 1979 Selective and sustained attention in hyperactive, learning disabled, and normal boys. *J. Nerv Ment Dis*, **167**, 288-297.

Dykman, R. A., Ackerman, P. T. & McCray, D. S. 1980 Effects of methylphenidate on selective and sustained attention in hyperactive, reading-disabled, and presumably attention disordered boys. *J. Nerv Ment Dis*, **168**, 745-752.

五十嵐一枝・砂原眞理子・大澤真木子・酒井裕子・宮尾益知・阿部敏明　2000　思春期以降のADHDにおけるワーキングメモリの検討　第42回小児神経学会　抄録集　p.150.

五十嵐一枝・酒井裕子・宮尾益知・溝部達子　2001　ADHD（注意欠陥多動性障害）におけるワーキングメモリの検討　日本教育心理学会　第43回総会発表論文集　p.502.

小池敏英・北島善夫　2001　知的障害の心理学―発達支援からの理解　北大路書房

Lou, H. C., Henriksen, L., Bruhn, P. et al., 1989 Striatal dysfunction in attention deficit and hyperkinetic disorder. *Arch Neurol*, **46**: 48-52.

中根　晃　1999　発達障害の臨床　金剛出版

中島洋子　2001　ADHDの治療　中根　晃（編）　ADHD臨床ハンドブック　Ⅰ．6．pp.86-106．金剛出版

Shekin, W. O., Kashani, J., Beck, N. et al. 1985 The prevalence of attention deficit disorders in a rulal midwestern community sample of nine-year-old children. *J. Amer Acad Child Psychiat*, **24**, 765-770.

Swanson, H. L. 1981 Vigilance deficit in learning disabled children: a signal detection analysis. *J. Child Psychol Psychiat*, **22**, 393-399.

Swanson, H. L. 1994 Short-term memory and working memory: Do both contribute to our understanding of academic achievement inchildren and adults with learning disabilities? *J. Learning Disabilities,* **27**, 34-50.

●第4章

Arnold, L. E. 1978 Helping parents help their children アーノルド（編）　作田勉（監訳）1981「親指導と児童精神科治療」　星和書店

Asperger, H. 1944 Die autisticshe psychopathen in Kindesalter. *Arch Psychiatr Nervenkrankheit,* **117**, 76-136.

American Psychiatric Association 1994 *DSM-*Ⅳ *: Diagnostic and Statistical Manual of Mental Disorders* (4th ed.) APA : Washington.

Baron-Cohen S. et al., 1996 Psychological markers in the detection of autism in infancy in a large population. *British Journal of Psychiatry,* **168**, 158-163.

Bates, E. et al., 1994 From first words to grammar in children with focal brain injury. In D. Thal and J. Reilly, (eds.) *Special Issues on Origins of Communication Disorders, Developmental Neuropsychology* (in press). [data summarized in Elman, Bates, et al., 1996, pp. 306-307.]

Bryson, S. E., Clark, B. S. & Smith, I. M. 1988 First report of a Canadian epidemiological study of autistic syndromes. *Journal of Child Psychological Psychiatry,* **29**, 433-445.

Deacon, T. W. 1997 The symbolic species-The co-evolution of language and the brain. 金子隆芳（訳）　1999　ヒトはいかにして人となったか——言語と脳の共進化　新曜社

Duke, R. C., Ojcius, D. M., Young, J. D-E. 1996 Cell suicide in health and disease. Scientific American, No. 12. 大山ハルミ（訳）　1997　細胞の自殺——アポトーシス　日経サイエンス　第27巻3号.

Ellis, A. 1962 *Reason and Emotion in Psychotherapy*. Lyle Stuart Press.

Evan Rund 1978 *Music therapy and its relationship to current treatment theories*. Norsk Musikforlag. 村井靖児（訳）1992　音楽療法——理論と背景　ユリシス・出版部

岡田康伸　1989　箱庭療法の基礎　誠信書房

Grandin, T. & Scariano, M. 1986 *Emergence ; labelled antistic*. Arena Press, Novato. カニングハム久子（訳）　1993　我自閉症に生まれて　学習研究社

Grandin, T. 1995 *Thinking in picture's*. Arena Press, Novato. カニングハム久子（訳）1997　自閉症の才能開発　学習研究社

林恵津子（訳）　2001　リーグスクールにおける自閉症児の教育　国立特殊教育総合研究所　国立特殊教育総合研究所分室2001　『自閉性障害のある児童生徒の教育に関する研究』第4巻

林恵津子（訳）　2001『ニューイングランドセンターにおける自閉症児の教育』　国立特殊教育総合研究所　国立特殊教育総合研究所分室2001　『自閉性障害のある児童生徒の教育に関する研究』第4巻

林恵津子（訳）　2001『言語・認知センターにおける自閉症児の教育』　国立特殊教育総合研究所　特殊教育総合研究所分室2001　『自閉性障害のある児童生徒の教育に関する研究』第4巻

引用参考文献

林恵津子（訳）　2001『グローデン・センターにおける自閉症児の教育』　国立特殊教育総合研究所　国立特殊教育総合研究所分室 2001　『自閉性障害のある児童生徒の教育に関する研究』第 4 巻

Kanner, L. 1943 Autistic disturbances of affective contact. *Nerv. Child*, **2**, 217-250.

Geiwitz, P. J. 1969 *Non-Freudian personality theories*. Brooks/Cole. 次良丸睦子（訳）　1999　現代アメリカ・パーソナリティ心理学　聖徳大学出版部

小林重雄　1981　自閉症　岩崎学術出版社

栗田広，長沼洋一，福井里江　2000　高機能広汎性発達障害をめぐって（総論）　臨床精神医学　**29**(5)，473-478.

次良丸睦子　1991　自閉症状を示す幼児の言語行動分析　筑波大学医療技術短期大学部研究報告，**12**, 39-49.

次良丸睦子・杉美恵子　2000　自閉症児の言語的意味理解に関する発達的研究—意味理解の発達と治療教育的プログラムの考察—聖徳大学児童学研究所，1-12.

次良丸睦子・田中裕子　2002　サヴァン症候群児の驚異的能力—脳科学的所見と症例報告—聖徳大学家族問題研究誌，1.

Minkowski, E. 1929 *La Schizophreinie*. Payot, Paris.

森口奈緒美　1996　変光星　飛鳥新社

中根　晃　1999　LDと自閉症　小児の精神と神経，**39**，1，51-57.

中根　晃　2000 a　発達障害の臨床　金剛出版

中根　晃　2000 b　高機能自閉症の治療と学校精神保健からみた診断困難例　臨床精神医学，**29**，5，501-506.

中根　允文　2000　自閉症の疫学と遺伝　小児の精神と神経，**40**，2，79-87.

石浦章一　2000　妊娠初期に決まる自閉症　日経サイエンス　5月号　日本経済新聞社

Ornitz, E. M. 1989 Autism at the interface between sensory and information processing, In Dawson, G. (ed.) : *Autism : Nature, Diagnosis, and Treatment*. The Guildford Press, New York, London. pp. 174-207. 野村東助・清水康夫（監訳）　1994　自閉症　日本文化科学社

Rodier, P. M. 2000 The Early Origins of Autism. Scientific American, No. 2. Autism in Thalidomide Embryopathy : A Population study. In K. Stromland, V. Nordin, M. Miller, B. Akerstrom & C. Gillberg 1994 *Development Medicine and Child Neurology*, **36**, 4, 351-356.

Rodier, P. M. 2000 *The early origins of autism*. Scientific American, No. 2. 石浦章一（訳）　2000　日経サイエンス，第 30 巻，5 号.

Rotter, J. & Hochreich, D. J. 1975 *Personality*. Scott, Foresman. 詫摩武俊・次良丸睦子・佐山菫子（訳）1980　パーソナリティの心理学　新曜社

Schopler, E. & Mesibov, G. B. 1987 *Neurobiological Issues in Autism*. Plenum Press. 中根晃・佐藤泰三（監訳）　1996　自閉症と脳　岩崎学術出版社

Steffenburg, S. & Gillberg, C. 1986 Autism and autistic-like conditions in Swedish rural and urban areas : A Population study. *British Psychiatry*, **149**, 81-87.

Steffenburg, S. & Gillberg, C. 1989 The etiology of autism. In : C. Gillberg (Ed.) Diagnosis and Treatment of Autism. Plenum Press, New York. pp. 63-82.

杉山登志郎　1994　自閉症に見られる特異な記憶想起現象―自閉症の time slip 現象　精神経誌, 96, 281-297.

杉山登志郎　2000 a　Asperger 症候群　臨床精神医学　29, 5, 479-486.

杉山登志郎　2000 b　発達障害の豊かな世界　日本評論社

杉山登志郎　2000 c　自閉症の体験世界：高機能自閉症の臨床研究から　小児の精神と神経 40, 2, 88-100.

杉山登志郎　2001　第1章　歴史的展望　pp. 3-14　杉山登志郎・辻井正次（編著）　2001　高機能広汎性発達障害―アスペルガー症候群と高機能自閉症―　ブレーン出版

鈴木茂　1984　成人境界例の記述精神病理学的研究　精神経誌, 86, 167-203.

Szatmari, P., Bartolucci G. & Bremner, R. 1989 Follow-up study of high-functioning autistic children. *Journal of Autism Developmental Disorder*, **19**, 213-225.

東條吉邦　1993　自閉症児における大脳の左右半球機能差に関する研究　風間書房

東條吉邦ら　2001　自閉性障害のある児童生徒の教育に関する研究　第4巻　国立特殊教育総合研究所分室

Tantam, D. 1991 Asperger's syndrome in adulthood. In Ftith, U. (Ed.) *Autism and Asperger syndrome*. Cambridge University Press. Cambridge. pp. 147-183.

Treffert, D. A. 1989 *Extraodinary people*. Harper & Row, Inc., New York.　高橋建次（訳）1996　なぜかれらは天才的才能を示すのか：サヴァン症候群の驚異　草思社

Trower, P., Casey, A. & Dryden, W. 1988 *Cognitive—Behavioural counseling in action*.　内山喜久雄（監訳）　1997　実践認知行動カウンセリング　川島書店

氏家寛・東山紘久・岡田康伸（編）　1993　心理面接のノウハウ　内山喜久雄ほか　1980　行動療法の理論と技術　日本文化科学社

内山喜久雄・高野清純・田畑　治　1984　カウンセリング　日本文化科学社

Williams, D. 1992 *Nobody Nowhere*. Donna Williams.　河野万里子（訳）　自閉症だったわたしへ　新潮社

Wing, L. 1979 Differentiation of retardation and autism from specific communication disorders. *Child : care, Health & Developmentm*, **1**, 57-68.

Wing, L. 1981 Asperger's syndrome : A Clinical account. *Psychological Medicine*, **11**, 115-129.

World Health Organization 1992 *The ICD-10 Classification of Mental and Behavioural Disorders*. WHO, Geneava.　融　道男・中根　允文・小見山実（監訳）　1993　ICD-10 精神および行動の障害　医学書院

渡辺弥生　1997　ソーシャル・スキル・トレーニング　日本文化科学社

●第5章

天岩静子　1998　特殊学級児童に対する数・計算指導の効果　日本心理学会　第62回大会発表論文集　p. 398.

Ayllon, T. & Azrin, N. H. 1965 Measurement and reinforcement of the behavior of psychotics. *Journal of Experimental Analysis of Behavior*, **8**, 357-383.

Bellugi, U. et al., 1990 Neuropsychological, neurological, and neuroanatomical profile of Williams syndrome. *American Journal of Medical Genetics, Supplement*, **6**, 115-125.

Bennet, F. C. et al., 1978 The Williams elfin facies syndrome: The psychological profile as an aid in syndrome identification. *Pediatrics*, **61**, 303-306.

Bertrand, J. & Mervis, C. B. 1996 Longitudinal analysis of drawings by children with Williams syndrome: Preliminary results. *Visual Arts Research*, **22** (2), 19-34.

Bogdanov, N. N. & Solonichenko, V. G. 1997 Williams syndrome as a model of genetically determined right hemisphere dominance. *Neuroscience and Behavioral Physiology*, **27**, 3, 264-267.

Bradley, E. A. & Udwin, O. 1989 Williams' syndrome in adulthood: A case study focusing on psychological and psychiatric aspects. *Journal of Mental Deficiency Research*, **33**, 2, 175-184.

Chapman, C. A. et al., 1996 Neurologic findings in children and adults with Williams syndrome. *Journal of Child Neurology*, **11** (1), 63-65.

Crisco, J. J. et al., 1988 Cognitive processing of children with Williams syndrome. *Developmental Medicine and Child Neurology*, **30** (5), 650-656.

David, M. et al., 1998 Adults with Williams syndrome: Preliminary study of social, emotional and behavioural difficulties. *British Journal of Psychiatry*, **172**, 273-276.

Deacon, T. W. 1997 *The Symbolic Species: The co-evolution of language and the brain*. W. W. Norton & Company. 金子隆芳（訳）　1999　ヒトはいかにして人となったか　新曜社

Einfeld, S. L. & Hall, W. 1994 Recent developments in the study of behaviour phenotypes. *Australia and New Zealand Journal of Development Disabilities*, **19**, 4, 275-279.

Einfeld, S. L. et al., 1997 Behavioral and emotional disturbance in individuals with Williams syndrome. *American Journal on Mental Retardation*, **102**, 1, 45-53.

Fidler, D. et al., 2000 Stress in families of young children with Down syndrome, Williams syndrome, and Smith-Magenis syndrome. *Early Education & Development*, **11**, 4, 395-406.

Gosch, A. & Pankau, R. 1996 Longitudinal study of the cognitive development in children with Williams syndrome. *American Jouarnal of Medical Genetics*, **61**, 26-29.

Grant, J. et al., 1996 Is the language of people with Williams syndrome mere mimicry?

Phonological short-term memory in a foreign language. *Cahiers de psychologie cognitive* (Current Psychology of Cognition), **15** (6), 615-628.

Harris, N. G. et al., 1997 Contrasting profiles of language development in children with Williams and Down syndromes. *Developmental Neuropsychology*, **13** (3), 345-370.

Howlin, P. et al., 1998 Cognitive functioning in adults with Williams syndrome. *Journal of Child Psychology and Psychiatry and Allied Disciplines*, **39**, 2, 183-189.

石川丹一ほか　1998　Williams症候群10例のDQ・IQ長期推移　臨床小児医学，**46**，3，129-131．

次良丸睦子・杉美恵子　2001　自閉症児の言語的意味理解に関する発達的研究　児童学研究（聖徳大学児童学研究所）**2**，1-17．

次良丸睦子　2001　ウィリアムス症候群とその臨床心理学的課題　児童学研究（聖徳大学児童学研究所）**3**，1-10．

Jones, K. L. & Smith, D. W. 1975 The Williams elfin facies syndrome : a new perspective. *Journal of Pediatrics*, **86**, 718-723.

Kataria, S. et al., 1984 Developmental delays in Williams "elfin facies" syndrome. *Applied Research in Mental Retardation*, **5** (4), 419-423.

Kates, W. R. et al. 1997 Neuroimaging of developmental and genetic disorders. *Child and Adolescent Psychiatric Clinics of North America*, **6** (2), 283-303.

Kaufman, A. S. & Kaufman, N. L. 1983 *Assessment Battery for Children*. American-Guidance Service INC. 松原達哉・藤田和弘・前川久男・石隈利紀（共訳）　1993　K-ABC実施・採点マニュアル　丸善メイツ

Klein, A. J. et al., 1990 Hyperacusis and otitis media in individuals with Williams syndrome. *Journal of Speech and Hearing Disorders*, **55** (2), 339-344.

Lenhoff, H. M. et al., 1997 *Williams Syndrome and the Brain*, Scientific American, No. 12. 正高信男（訳）　1998　ウィリアムス症候群が明かす脳の謎　日経サイエンス，No. 3，42-47．

Levy, Y. 1996 Modularity of language reconsidered. *Brain and Language*, **55**, 2, 240-263.

MacDonald, G. W. & Roy, D. L. 1988 Williams syndrome : A neuropsychological profile. *Journal of Clinical and Experimental Neuropsychology*, **10** (2), 125-131.

Meyerson, M. D. & Frank, R. A. 1987 Language, speech and hearing in Williams syndrome. *Intervention Approaches and Research Needs*, **29**, 2, 258-262.

Nakamura, M. et al., 1999 Difficulty in writing Japanese semantic characters in a 9-year-old boy with Williams syndrome. *Journal of Intellectual Disability Research*, **43**, 6, 562-567.

Pagon, R. A. et al., 1987 Williams syndrome : features in late childhood and adolescence. *Pediatrics*, **80**, 85-91.

Pani, J. R. et al., 1999 Global spatial organization by individuals with Willimas syndrome. *Psychological Science*, **10**, 5, 453-458.

引用参考文献

内田晴子　2001　発達障害児の行動比較研究：認知特性による学習効果　聖徳大学大学院児童学研究科修士論文
内山喜久雄　1990　行動療法　日本文化科学社
Udwin, O. 1990 A survey of adults with Williams syndrome and idiopathic infantile hypercalcaemia. *Developmental Medicine and Child Neurology*, **32**, 2, 129-141.
Udwin, O. & Yule, W. 1988a *Infantile hypercalcaemia and Williams Syndrome* : Guidelines for Parents. Infantile Hypercalcaemia Foundation : Harlow. 富和清隆・岡田眞子（訳）　1996　ウィリアムス症候群：親のためのガイドライン　ウィリアムス症候群の会
Udwin, O. & Yule, W. 1988b *Infantile hypercalcaemia and Williams Syndrome* : Guidelines for Teachers. The Williams Syndrome Foundation : Harlow. 富和清隆・岡田眞子（訳）　1997　ウィリアムス症候群：教師のためのガイドライン　ウィリアムス症候群の会
Udwin, O. & Yule, W. 1991 A cognitive and behavioural phenotype in Williams syndrome. *Journal of Clinical and Experimental Neuropsychology*, **13**, 2, 232-244.
Udwin, O. et al. 1998 Community of care for adults with Williams syndrome : How families cope and the availability of support networks. *Journal of Intellectual Disability Research*, **42**, 3, 238-245.
Vicari, S. et al. 1996 Memory abilities in children with Williams syndrome. *Cortex*, **32**, 3, 503-514.
Volterra, V. et al., 1996 Linguistic abilities in Italian children with Williams syndrome. *Cortex*, **32**, 4, 663-677.
Wang, P. P. & Bellugi, U. 1994 Evidence from two genetic syndrome for a dissociation between verbal and visual spatial short term memory. *Journal of Clinical and Experimental Neuropsychology*, **16** (2), 317-322.
Wang, P. P. & Jernigan, T. L. 1994 Morphometric studies using neuroimaging. *Neurologic Clinics*, **12** (4), 789-802.
Wolpe, J. 1969 *The Practice of Behavior Therapy*. Pergamon Press : New York.

●第6章

Down, J. L. 1887 *On some of the mental affections of childhood and youth*. London, Churchill.
Treffert, D. A. 1989 *Extraordinary people*. Harper & Row, Inc. : New York. 高橋健次（訳）　1996　なぜかれらは天才的才能を示すのか―サヴァン症候群の驚異　草思社
Charness, N., Clifton, J. & MacDonald, L. 1988 A case study of a musical mono-savant : a cognitive psychological focus. In L. K. Obler, and D. A. Fein (ed.) *The exceptional brain : neuropsychology of talent and special ailities*. New York, Guilford Press.
Deacon, T. W. 1997 *The symbolic species The co-evolution of language and the brain*.

New York, Norton. 金子隆芳（訳） 1999 ヒトはいかにして人となったか―言語と脳の共進化 新曜社

Kanner, L. 1944 Early infantile autism. *Journal of Pediatrics*, **25**, 200-217.

加藤正明・宮本忠雄・保崎秀夫・小此木啓吾・笠原嘉（監修） 1985 精神医学事典 弘文堂

加藤正明・保崎秀夫（他） 1993 新版精神医学事典 弘文堂

仁田亜生 2002 ミュージカルサヴァン症候群の音楽才能についての一考察 聖徳大学卒業研究（未刊）

熊谷高幸 1993 自閉症からのメッセージ 講談社

東條吉邦・水谷 徹 1990 自閉症児の記憶・思考に関する生理心理学的研究(1)：曜日あて課題および計算課題による検討 国立特殊教育総合研究所紀要，**17**, 19-24.

Rimland, B. 1978 Savant capabilities of autistic children and their cognitive implication. In G. Serban (ed.) 1979 *Cognitive defects in the development of mental illness*. New York, Brunner/Mazel.

Critchley, M. 1979 *The devine banquet of the brain*. Raven Press.

Smith, S. B. 1983 *The great mental calculators*. Columbia Univ. Press.

Duckett, J. 1976 *Idiot savant : super-specialization in mutually retarded persons*. Unpub. Doc. Dissertation. Univ. of Texas, Austin, Dept. of Special Education.

LaFontaine, L. 1974 *Divergent abilities in the idiot savant. Unpub.* (Ed.) D. dissertation, Boston Univ., School of Educ., Boston.

Goddard, H. H. 1914 *Feeble-mindedness*. New York, MacMillan.

Sano, F. 1918 Janes Henry Pullen, the genius of Earlswood. *Journal of Mental Science*, **64**, 251-267.

Geschwind, N. & Galaburuda, A. M. 1987 *Cerebral lateralization : Biological mechanisms, associations, and pathology*. Cambridge, Mass., MIT Press.

Duke, R. C., Ojcius, D. M. & Young, J. D. -E 1996 *Cell suicide in health and disease*. Scientific American, December. 大山ハルミ（訳） 1997 細胞の自殺―アポトーシス 日経サイエンス，第27, 巻3号.

● 第7章

秋元波留夫（監修） 1978 てんかん 日本文化科学社

アメリカ精神医学診断マニュアル 高橋三郎・大野 裕・染谷俊幸 1994 DSM-IV 精神疾患の分類と診断の手引き 医学書院

Baddley, A. 1986 *Working Memory*. Oxford University Press, London.

Chelune, G. J. & Baer, R. A. 1986 Developmental norms for the WisconsinCardSorting Test. *J. Clin Exp Neuropsychol*, **8**, 218-228.

Goldman, P. S. 1974 An Alternative to developmental plasticity : Heterology of CNS structures in infants and adults. In D. Stein, J. Rosen, & N. Butters (eds.) *Plasticity and recovery of function in the central nervous system*. New York : Academic Press. pp. 149-174.

Golden, C. J. 1981 The Luria-Nebraska Children's Battery : Theoly and For-mulation. In G. W. Hynd & J. E. Obrzut (eds.), *Neuropsychological assessment and the school-age child*. New York : Grune & Stratton. pp. 277-302.

Hermann, B. P., Wyler, A. R. & Rickey, E. T. 1988 Wisconsin Card Sorting Test performance in patients with complex partial seizures of temporal lobe origin. *J. Clin Exp Neuropsychol*, **10**, 467-476.

Heaton, R. K. 1981 *Wisconsin Card Sorting Test manual*. Odessa, FL : Psychological Assessment Resources.

福山幸夫・北原久枝・土屋節子　1980　小児のてんかん　小児のメディカル・ケア・シリーズ　医歯薬出版

船越昭宏・井上有史　1995　側頭葉てんかんの神経心理学的評価―術前，術後の比較―　脳と精神の医学，**6**，2，171-177.

五十嵐一枝・小国弘量・上原　孝・向平暁子　1994　てんかん児の認知機能の特性に関する研究―局在関連てんかんにおける神経心理学的検査による検討　安田生命社会事業団研究助成論文集　vol. 9，No. 1，1-6.

五十嵐一枝・小国弘量・向平暁子・大澤真木子　1995　小児期の局在関連てんかんにおけるWisconsin Card Sorting Testの検討　第19回日本神経心理学会予稿集，p. 68.

五十嵐一枝・小国弘量　1996　側頭葉てんかんをもつ小児における海馬萎縮と神経心理学的検査成績について　第30回日本てんかん学会予稿集，p. 120.

五十嵐一枝・栗屋　豊・小国弘量・大澤真木子　1997　小児の側頭葉てんかんにおける焦点の側性と神経心理学的検査成績の検討　第31回日本てんかん学会予稿集，p. 95.

五十嵐一枝・小国弘量・大澤真木子　1998　低年齢の小児局在関連てんかんにおける認知処理様式について―K-ABCの成績の検討―　第32回日本てんかん学会予稿集，p. 116.

五十嵐一枝・小国弘量・林北見・今井　薫・大澤真木子　2000　小児局在関連てんかんにおける学習障害の神経心理学的検討―高次脳機能障害とワーキングメモリについて―　(財)てんかん治療研究振興財団研究年報第12集　pp. 169-174.

五十嵐一枝・加藤元一郎　2000　ワーキングメモリの発達―小児におけるリーディングスパンテストおよびウィスコンシン・カード分類検査の成績変化に関する検討　苧阪直行(編)　脳とワーキングメモリ　第15章　pp. 299-304.

石島武一・清水弘之（編）1992　脳外科におけるてんかん　大日本製薬

小池敏英・北島善夫　2001　知的障害の心理学―発達支援からの理解　北大路書房

中根允文・岡崎裕士・藤原妙子　1993　ICD-10　精神および行動の障害：DCR研究用診断基準　医学書院

Linnet, M. J. 1992 In J. Laidlaw & A. Richens (ed.) A Text Book of Epilepsy. 畠中　垣・中川泰彬（監修）　てんかん　医学，心理学，福祉学からのアプローチ　第1章　西村書店　pp. 15-27.

Levin, H. S, & Culhane, K. A. & Hartmenn, J. 1991. Developmental changes inperformance on test of purported frontal lobe functioning. *Dev Neuropsychol*, **7**, 377-395.

森永良子・上村菊朗　1980　LD―学習障害　治療教育的アプローチ　小児のメディカルケア・シリーズ　医歯薬出版

苧阪直行　2000　ワーキングメモリと意識　苧阪直行（編）脳とワーキングメモリ　第1章　京都大学学術出版会　pp.1-15.

Shekin, W. O., Kashani, J., & Beck, N. 1985 The prevalence of attention deficit disorders in a rulal midwestern community sample of nine-year old children. *J. Amer Acad Child Psychiat*, **24**, 809-819.

高橋克朗　1995　側頭葉てんかんと前頭葉機能　てんかん研究，13，57.

Trimble, M. R. & Reynolds, E. H. (ed.) Epilepsy, Behavior and Cognitibe Function. 今野金裕・栗屋　豊・猪野雅孝・梅津亮二（共訳）1992　てんかん・行動・認知機能　星和書店

Welsh, M. C., Pennington, B. F., & Groisser, D. B. 1991 A normative developmental study of executive function : a window on prefrontal function in children. *Dev Neuropsychology*, **7**, 131-149.

Welsh, M. C. & Pennington, B. F. 1988 Assessing frontal lobe functioning in children : views from developmental psychology. *Dev Neuropsycholigy*, **4**, 199-230.

●付章

旭出学園教育研究所／上野一彦・越智啓子・服部美佳子　ITPA言語学習能力診断検査手引（1993年改訂版）日本文化科学社

Benton, A. L. 高橋剛夫（訳）　1966　ベントン視覚記銘検査―使用手引　三京房

Frostig, M. 飯鉢和子・鈴木陽子・茂木茂八（訳）　1977　フロスティッグ視知覚発達検査手引　日本文化科学社

Kohs, S. C. 大脇義一（編）　1979　コース立方体組み合せテスト使用手引　三京房

松原達哉・藤田和弘・前川久男・石隈利紀　1993　K-ABC心理・教育アセスメントバッテリー　丸善メイツ

日本心理適性研究所　1980　WPPSI知能診断検査手引　日本文化科学社

小田信夫・茂木茂八・池川三郎・杉村　健　1981　マッカーシー知能発達検査手引（1981年修正版）　日本文化科学社

大脇義一　大脇式精薄児用知能検査器（改訂増補版）　三京房

坂本龍生・田川元康・竹田契一・松本治雄（編著）　障害児理解の方法―臨床観察と検査法　学苑社

Schopler, E., Reichler, R. J. & Renner, B. R. 1986 *The Childhood Autism Rating Scale* (CARS) Irvington Publishers, Inc. 佐々木正美（監訳）　1997　CARS小児自閉症評定尺度　岩崎学術出版社

嶋津峯眞（監修）　生澤雅夫　1987　新版K式発達検査法　ナカニシヤ出版

引用参考文献

高橋省己　1968　ハンドブック・ベンダー・ゲシュタルト・テスト　三京房
田中教育研究所（編著）　1987年全訂版　田中ビネー知能検査法　田研出版株式会社
上田礼子　1987　子どもの発達の診かた　中外医学社
梅津耕作　1976　自閉児の行動療法　有斐閣双書
梅津耕作（編著）　1980　自閉児の行動評定—精研式CLAC解説書　金子書房
Wechsler, D. 1967 *Wechsler Preschool and Primary Scale of Intelligence*. The Psychological Corporation, New York.
Wechsler, D. 日本版WISC-III刊行委員会（訳編著）　1998　日本版WISC-III知能検査法　1 理論編，2 実施・採点編，3 尺度換算表　日本文化科学社
幼少教育研究所（編）　1997　幼児・児童読書力テスト手引　金子書房

参考図書

●精神遅滞

- 山崖俊子（編）　1999　乳幼児期における障害児の発達援助　建帛社
- 大見川正治・須永　進・佐藤克敏・佐藤　進・徳田隆二・徳田克巳　小田正敏・小室康平・西村章次　1991　〈現代幼児教育研究シリーズ15〉　心身障害幼児の保育　チャイルド本社
- 田中敏隆・田中英高　1988　知能と知的機能の発達―知能検査の適切な活用のために―　田研出版
- 小池敏英・北島善夫　2001　知的障害の心理学―発達支援からの理解―　北大路書房
- 片桐和雄・小池敏英・北島善夫　1999　重症心身障害児の認知発達とその援助―生理心理学的アプローチの展開―　北大路書房

●ADHD

- 宮尾益知　2000　自分をコントロールできないこどもたち　注意欠陥／多動性障害（ADHD）とは何か？　講談社
- マンデン，A. & J. アーセラス，J.　市川宏伸・佐藤泰三（監訳）　2000　ADHD注意欠陥・多動性障害　親と専門化のためのガイドブック　東京書籍
- 中根　晃　2001　ADHD臨床ハンドブック　金剛出版
- Pliszka, S. R., Carlson, C. L., & Swanson, J. M. 1999 *ADHD with Comorbid Disorders Clinical Assessment and Management*. THE GUILFORD PRESS. New York London.
- Anastopouls, D. & Shelton, T. L. 2001 *Assessing Attention-Deficit/Hyperactivity Disorder*. Kluwer Academic/Plenum Publishers. New York, Boston, Dordrecht, London, Moscow.
- Barkley, R. A. 1998 *Attention-Deficit Hyperactivity Disorder : A Handbook for Diagnosis and Treatment*. THE GUILFORD PRESS. New York, London.

●LD

- 上野一彦・牟田悦子　1992　学習障害児の教育―診断と指導のための実践事例集―　日本文化科学社
- Rourke, B. P. *Learning Disabilities : A Neuropsychological Perspective*. 服部照子（訳）1997　神経心理学的視点からのLD（学習障害）　文教資料協会
- Johnson, D. J. & Myklebust, H. R. *LEARNING DISABILITIES : Educational Principles and Practices*. 森永良子・上村菊朗（訳）　1975　学習能力の障害―心理神経学的診断と治療教育　日本文化科学社
- 日本LD学会（編）上野一彦・中根　晃（責任編集）　1996　わかるLDシリーズ1　LDとは何か―基本的な理解のために―　日本文化科学社

参考図書

- 日本LD学会（編）森永良子・中根　晃（責任編集）　1997　わかるLDシリーズ2　LDの見分け方―診断とアセスメント―　日本文化科学社
- 日本LD学会（編）林　邦雄・牟田悦子（責任編集）　1998　わかるLDシリーズ3　LDと学校教育　日本文化科学社
- 日本LD学会（編）中根　晃・加藤醇子（責任編集）　2000　わかるLDシリーズ4　LDと医療　日本文化科学社
- 日本LD学会（編）牟田悦子・森永良子（責任編集）　1999　わかるLDシリーズ5　LDと家庭教育　日本文化科学社
- 日本LD学会（編）上野一彦・森永良子（責任編集）　2001　わかるLDシリーズ6　LDの思春期・青年期　日本文化科学社
- Katz, L. J., Goldstein, G., & Beers, S. R. 2001 *Learning Disabilities in Older Adolescents and Adults. Clinical Utility of the Neuropsychological Perspective.* Kluwer Academic/Plenum Publishers, New York, Boston, Dord-recht, London, Moscow.
- Funnell, E. 2000 *Case studies in the neuropsychology of reading.* Psychology Press, a mennber of the Taylor & Francis group.
- Snowling, M. J. 2000 *Dyslexia.* Blackwell Publishers, GBR.
- Fawcett, A. J. 2001 *Dyslexia Theory and Good Practice.* Whurr publicshers, London and Philadelphia.

●発達障害全般

- 中根　晃　1999　発達障害の臨床　金剛出版
- 小林久男（編著）　2000　発達障害児における神経心理学的研究―注意・同時処理・継次処理・プランニングの発達と障害―　多賀出版
- 杉原一昭（監修）　2001　発達心理学の最前線　教育出版
- 岩川　淳・杉村省吾・本多　修・前田研史　2000　子どもの発達臨床心理（新版）　昭和堂
- 西村　學・小松秀茂　1996　障害児教育シリーズ3　発達障害児の病理と心理　培風館
- Sohlberg, M. M. & Mateer, C. A. 2001 *COGNITIVE REHABILITATION : An Integrative Neuropsychological Aooroach.* THE GUILFORD PRESS, New York, London.

●神経心理学関連

- 山鳥　重・河村　満　2000　神経心理学の挑戦〈神経心理学コレクション〉　医学書院
- Carter, R.　藤井留美（訳）養老孟司（監修）　1999　ビジュアル版　脳と心の地形図　思考・感情・意識の深淵に向かって　原書房
- 岩田　誠　1996　ブレインサイエンス・シリーズ21　脳とことば―言語の神経機構―　共立出版
- 平野龍一（著者代表）　1983　東京大学公開講座38　脳と心　東京大学出版会
- Luria, A. R.　鹿島晴雄（訳）保崎秀夫（監修）　1978　神経心理学の基礎―脳のはたらき―　医学書院

- Devinsky, O.　田川皓一・田辺敬貴（監訳）　1999　神経心理学と行動神経学の100章　西村書店
- ザイデル，D. W.(編)　河内十郎(監訳)　1998　神経心理学―その歴史と臨床の現状―　産業図書

●評価・心理検査ほか

- 西村　健（監訳）　1988　ルリア神経心理学的検査法―TEXT, MANUAL, TEST CARDS―　医歯薬出版
- Hebben, N. & Milberg, W. 2002 *Essentials of Neuropsychological Assessment*. John Wiley & Sons, Inc, New York. Canada.
- Barkley, R. A. 1997 *DEFIANT CHILDREN : A clinician's Manual for Assessment and Parent Training*. THE GUILFORD PRESS, New York, London.

人名索引（アルファベット順）

●A

アスペルガー（Asperger, H.）　*82, 90*

●B

バッデリー（Baddeley, A.）　*41, 165*
バークレイ（Barkley, R. A.）　*63*
ベルージ（Bellugi, U.）　*113*
バートランド（Bertrand, J.）　*112*
ブラードレイ（Bradley, E. A.）　*117*

●C

チャップマン（Chapman, C. A.）　*111*
クリスコ（Crisco, J. J.）　*112*
クリッチュリー（Critchley, M.）　*149*

●D

ダス（Dass, J. P.）　*12*
デイヴィッド（David, M.）　*117*
ディーコン（Deacon, T. W.）　*85, 118, 152, 153*
ダウン（Down, J. L.）　*132, 154*
ダケット（Duckett, J.）　*150*

●E

エンフェルド（Einfeld, S. L.）　*107*

●F

フィドラー（Fidler, D.）　*124*
フランク（Frank, R. A.）　*122*

●G

ガラブルダ（Galaburda, A. M.）　*154*
ゲシュヴィンド（Geschwind, N.）　*154*
ゴダード（Goddard, H. H.）　*151*
グランディン（Grandin, T.）　*95, 97*

グラント（Grant, J.）　*110*

●H

ハリス（Harris, N. G.）　*120*
ハウリン（Howlin, P.）　*117*

●I

石川丹一　*113*
石浦章一　*86*

●K

カナー（Kanner, L.）　*82*
加藤正明　*134*
カーク（Kirk, S.A）　*32*
クレイン（Klein, A. J.）　*117*
熊谷高幸　*144, 150*

●L

ラフォンテーン（LaFontaine, L.）　*150*
レンホッフ（Lenhoff, H. M.）　*108, 114, 120*
ルリア（Luria, A. P.）　*12*

●M

メイヤーソン（Meyerson, M. D.）　*122*
ミンコフスキー（Minkowski, E.）　*82*
水谷徹　*145*
森永良子　*36*
マイクルバスト（Myklebust, H. R.）　*32*

●N

中根晃　*17, 90*
中根允文　*83*

●O

オルニッツ（Ornitz, E. M.）　*94*

●P

パニ (Pani, J. R.)　*112*

●R

リムランド (Rimland, B.)　*147*
ロディエ (Rodier, P. M.)　*85*
ローク (Rourke, B. B.)　*36*

●S

サノ (Sano, F.)　*154*
スミス (Smith, S. B.)　*149*
杉山登志郎　*91, 94, 97, 98*
サツマリ (Szatmari, P.)　*92*

●T

タンタム (Tantam, D.)　*92*

東條吉邦　*145, 146, 147, 150*
トレファート (Treffert, D. A.)　*132, 147, 148, 149, 150, 151, 152, 155*

●U

内田晴子　*113, 120, 129, 130*
アドウィン (Udwin, O.)　*123, 125*

●V

ヴィカリ (Vicari, S.)　*114*
ヴォルテルラ (Volterra, V.)　*115*

●W

ワン (Wang, P. P.)　*120*
ウェクスラー (Wechsler, D.)　*135*
ウィリアムス (Williams, J. C. P.)　*106*
ウィング (Wing, L.)　*83, 90, 92*

事項索引 (50音順)

●あ 行

ICD（国際疾病分類）　86
ICD-10（国際疾病分類第10版）　10, 35, 57, 92, 93
ITPA　112, 116
アスペルガー障害　1, 56, 89, 90
アスペルガー症候群　83, 89, 90, 91, 92, 93
アポトーシス　154
一側優位性　153
イディオ　132
イディオ・サヴァン　132
WISC　101, 140
WISC-III　169
WISC-R　100
ウィスコンシン・カード分類検査　169
ウィリアムズ症候群　3, 24
ウェクスラー記憶検査　169
ウェクスラー法知能検査　12, 169
ADHD（注意欠陥・多動性障害）　2, 32, 56, 111, 122, 129
ADD（注意欠陥障害）　39
エクムネジー（擬現在化）　97
S-M社会生活能力検査　26
SPECT　169
SVAS　106
エピソード　90, 92
MCLチェックリスト　26
MBD　56
エラスチン　107
エラスチン遺伝子　108
LIM 1キナーゼ　108
LD（学習障害）　1, 2, 32, 56, 166
LD児診断のためのスクリーニングテスト　64

LDの定義　33
オペラント　122
オペラント条件づけ　126
オリエンテーションの障害　36
音韻障害　1
音楽サヴァン　138, 144, 148, 153
音楽療法　22, 121

●か 行

カウンセリング　22
過読症　110
カレンダー・サヴァン　132, 144, 146, 150, 153
カレンダー・ボーイ　144
感覚遮断　151
偽現在化（タイムスリップ）　91
器質型　12
強化　96, 122, 125, 126
境界性人格障害　97
境界線級　11
共同注意　95
局在関連てんかん　160
グループ音楽療法　70
K-ABC　169
芸術療法　121
系列走査　145
痙攣発作　158
言語性IQ　140, 142
言語性LD　36
原叙述的指さし　95
抗うつ剤　66
高カルシウム血症（IHC：ハイパーカルセミア）　106, 117, 125
高機能自閉症　3, 89, 90, 93, 94, 95, 96, 97
高次脳機能障害　168
抗てんかん薬　161

217

行動形成法　*102, 122, 126*
行動療法　*19, 102, 103, 121, 122, 125*
広汎性発達障害（PDD）　*1, 86, 89, 91, 92, 93, 135, 136*
心の理論　*84, 92, 119, 141, 143*
混合型　*57*

● さ　行

サイコドラマ　*99, 100*
サリドマイド　*85, 86*
算数障害　*35*
CLAC Ⅱ　*99*
CLAC Ⅲ　*99*
シェーピング法　*122, 123*
磁気共鳴画像法（MRI）　*109, 152, 169*
実行機能　*63*
自閉症　*1, 56*
自閉症スペクトラム　*3*
自閉性障害　*1*
受容―表出混合性言語障害　*1*
条件づけ法　*122*
症候性てんかん　*160*
書字表出障害　*35*
心因性の偽発作　*179*
神経心理学的検査　*37, 162*
心的外傷後ストレス障害（PTSD）　*97*
心理神経学的LD　*32*
スピタイジング　*133*
スミス=マジェニス症候群　*124*
正規分布　*11*
脆弱X症候群　*109*
精神（発達）遅滞　*10, 56*
潜因性てんかん　*160*
染色体異常（脆弱性X染色体）　*84*
選択的セロトニン再取り込み阻害薬　*66*
前頭葉てんかん　*166*
全般てんかん　*160*
早期幼児自閉症　*82, 132, 133, 134, 147*

側性化　*153, 154*
側頭葉てんかん　*163*
ソーシャル・スキル・トレーニング（SST）　*21, 44, 68*

● た　行

タイムスリップ　*96, 97*
ダウン症　*85, 109, 113, 120, 121, 124, 129, 130, 132*
多動性・衝動性優勢型　*57*
田中ビネー式知能検査　*140, 142*
WAIS-R　*169*
WHO　*135*
WPPSI　*100, 169*
知能検査　*11*
知能指数（IQ）　*11*
中機能自閉症　*90*
中枢刺激剤　*66*
直観像　*144, 145, 147, 150, 151, 154*
DSM　*86, 135*
DSM-Ⅳ（アメリカ精神医学診断統計マニュアル第4版）　*1, 10, 35, 56, 83, 86, 92, 93*
DNA　*84*
低機能自閉症　*90*
てんかん　*3, 158*
てんかん性脳波異常　*35*
てんかん発作　*158*
統合失調症　*82, 132, 133, 134*
動作性IQ　*140, 142*
トゥレット症候群　*92*
トゥレット・ターナー症候群　*109*
トークン・エコノミー法　*122*
特異的発達障害　*32*
読字障害　*35*
特発性てんかん　*158*
トランスジェニック・マウス　*108*

●な 行

難治性てんかん　*161*
二次障害　*3, 77*
認知行動療法　*20*
脳損傷　*168*

●は 行

発達―差異論争　*11*
発達障害　*1*
発達性協調運動障害　*1*
発達論モデル　*11*
ハノイの塔　*169*
パリオプシア（反復視症）　*144, 150*
反響言語（エコラリア）　*83, 94, 97, 98, 99, 134, 146*
PASSモデル　*12*
非器質型　*11*
ピクシー　*108, 109*
非言語性LD　*3, 36*
微細脳機能障害　*32*
非定型自閉症　*89, 92, 93*
ビネー法知能検査　*12, 169*
憑依　*98*
表出性言語障害　*1*
フェニルケトン尿症　*84*
不注意優勢型　*57*
フロスティッグ型　*130*
フロスティッグ学習プログラム　*112, 130*
フロスティッグ視知覚発達検査　*140, 141, 143*

●ま 行

並列処理　*154*
並列走査　*145*
ベンダーゲシュタルトテスト　*169*
ベントン視覚記銘テスト　*169*
ポジトロン断層画像法（PET）　*152, 169*
ホメオティック　*152*
ホメオチック遺伝子（形態形成遺伝子）　*108, 116*

●ま 行

未熟児網膜症（水晶体後繊維増殖症）　*148, 155*
三宅式記銘検査　*169*
メチールフェニデイト　*66*
蒙古症　*132*
モノ・サヴァン　*133*

●や 行

薬物療法　*66, 161*
優位性　*155*
優位性の病理　*154, 155*
遊戯療法　*21, 82, 121*

●ら 行

ランゲージ・サヴァン　*153*
リーディング・スパンテスト　*169*
レット障害　*1, 89*
レット症候群　*89, 109*

●わ 行

ワーキングメモリ　*41, 63, 165*

執筆者紹介

次良丸睦子（じろうまる　むつこ）
　第4章，第5章，第6章

　聖徳大学大学院臨床心理学研究科教授・同大学家族問題相談センター長
　東京都立大学大学院人文科学研究科心理学専攻博士課程修了
　文学博士

　主な著書・訳書
　『生涯発達臨床心理学』（編著）福村出版　2001年
　『子どもの発達と保育カウンセリング』（共著）金子書房　2000年
　『現代アメリカ・パーソナリティ心理学』（訳）聖徳大学出版部　1999年

五十嵐一枝（いがらし　かずえ）
　序論，第1章，第2章，第3章，第7章

　白百合女子大学大学院文学研究科発達心理学専攻教授
　白百合女子大学文学部児童文化学科発達心理学専攻教授
　日本女子大学大学院家政学研究科児童学専攻修士課程修了
　医学博士　臨床心理士

　主な著書
　『子どもの発達と保育カウンセリング』（共著）金子書房　2000年
　『脳とワーキングメモリ』（共著）京都大学学術出版会　2000年

発達障害の臨床心理学

| 2002 年 5 月 15 日　初版第 1 刷発行 | 定価はカバーに表示 |
| 2011 年 1 月 20 日　初版第 6 刷発行 | してあります。 |

　　　著　者　　次良丸　睦子
　　　　　　　　五十嵐　一枝
　　　発行所　　㈱北大路書房
　　　　〒603-8303　京都市北区紫野十二坊町 12-8
　　　　　　　　　電　話　(075) 431-0361 ㈹
　　　　　　　　　FAX　　(075) 431-9393
　　　　　　　　　振　替　01050-4-2083

© 2002　印刷・製本／㈱太洋社
検印省略　落丁・乱丁はお取り替えいたします。
ISBN978-4-7628-2252-0　　　Printed in Japan